COLLECTION
Entreprise

BTS
1re année

Culture Économique Juridique et Managériale

Sous la direction de **Christophe Ciavaldini**
IA-IPR d'économie-gestion, Académie d'Orléans-Tours

Véronique Deltombe
Professeure d'économie-gestion
Lycée général et technologique Gabriel Fauré, Annecy

Bruno Foray
Professeur d'économie-gestion
Lycée général et technologique Gabriel Fauré, Annecy

Élizabeth Gonzalez
Professeure d'économie-gestion
Lycée général et technologique Sainte Marguerite, Chambray-lès-Tours

Damien Haury
Professeur d'économie-gestion
Lycée général et technologique Fulbert, Chartres

Françoise Mubalegh
Professeure d'économie-gestion
Lycée général et technologique Philibert Dessaignes, Blois

Luc Verdier
Professeur d'économie-gestion
Lycée général et technologique Paul-Louis Courier, Tours

DELAGRAVE

PROGRAMME

THÈME 1 : L'INTÉGRATION DE L'ENTREPRISE DANS SON ENVIRONNEMENT

Pour décrire l'environnement d'une entreprise, il convient de repérer les acteurs avec lesquels elle est en relation. Ces relations de concurrence ou de coopération, marchandes ou non, peuvent être affectées par plusieurs paramètres (taille des entreprises, possibilités d'asymétrie d'information,...). Parmi les composantes environnementales, le prix fait l'objet d'une attention particulière, mais d'autres éléments relatifs à la dynamique du marché et à l'évolution des conditions de concurrence ou de coopération sont à prendre en compte. Le droit intervient pour fournir un cadre aux entreprises afin qu'elles puissent construire des relations équilibrées et sécurisées. La dimension managériale nécessite de s'intéresser aux finalités de l'entreprise et à son modèle économique, mais aussi de repérer les principales opportunités et menaces associées à l'environnement.

Questions	Compétences	Savoirs associés
Comment s'établissent les relations entre l'entreprise et son environnement économique ?	– Identifier les principaux agents économiques en relation avec l'entreprise et leurs rôles (ménages, entreprises, banques, État) – Présenter le fonctionnement des marchés sur lesquels intervient l'entreprise – Repérer l'existence d'externalités pour l'entreprise	– Les agents économiques et leurs rôles – Les échanges entre les agents économiques – Le rôle du marché et son fonctionnement – La concurrence et les relations de coopération – Les barrières à l'entrée – L'asymétrie de l'information – Les externalités positives et négatives – Le rôle des banques et du marché financier
Comment les contrats sécurisent-ils les relations entre l'entreprise et ses partenaires ?	– Qualifier une situation précontractuelle et repérer le processus de formation d'un contrat – Analyser et évaluer les conditions de la validité, les clauses et les effets juridiques d'un contrat	– Les principes contractuels et leur évolution – La formation du contrat – Le contenu du contrat
De quelle manière l'entreprise s'inscrit-elle dans son environnement ?	– Identifier les finalités économique, sociale et sociétale de l'entreprise – Caractériser les différentes parties prenantes de l'entreprise – Caractériser les étapes de création d'une entreprise – Distinguer une démarche entrepreneuriale d'une démarche managériale – Identifier les différentes composantes de la performance de l'entreprise	– Les finalités de l'entreprise – Les parties prenantes – Logique entrepreneuriale – Logique managériale – Les indicateurs de performance

THÈME 2 : LA RÉGULATION DE L'ACTIVITÉ ÉCONOMIQUE

Le fonctionnement de l'économie nécessite une intervention plus ou moins forte de l'État pour fluidifier le marché, corriger des dysfonctionnements et influencer le niveau de l'activité économique. L'État et ses institutions régulent l'activité des agents, notamment par la production de règles de droit général et de droits spécifiques (par exemple, celles édictées par le droit de la concurrence ou de la propriété industrielle). Enfin, l'action publique, à court et à moyen terme, affecte l'organisation et la politique de l'offre de l'entreprise par des incitations mais aussi des contraintes (normes). Le management doit prendre la mesure du rôle de l'État à travers l'analyse économique et juridique de son environnement.

Questions	Compétences	Savoirs associés
Quel est le rôle de l'État dans la régulation économique ?	– Identifier les principales politiques économiques et leurs outils – Repérer l'impact des politiques sur l'environnement de l'entreprise	– Le rôle de l'État (allocation, redistribution, régulation) – La croissance économique – L'existence de déséquilibres : inflation, chômage – Les politiques économiques et leurs finalités – Les politiques conjoncturelles et politiques structurelles – Les limites de l'intervention de l'État dans un contexte d'internationalisation de l'économie – Les principes de la régulation supranationale dans le cadre européen

Comment les activités économiques sont-elles régulées par le droit ?	– Repérer les enjeux du droit de la concurrence et du droit de la propriété industrielle pour l'entreprise	– Le rôle du droit dans la régulation – Le rôle des autorités administratives indépendantes – Le droit de la concurrence – Le droit de la propriété industrielle : brevet et marque
Comment l'entreprise intègre-t-elle la connaissance de son environnement dans sa prise de décision ?	– Repérer les principaux éléments du macro-environnement de l'entreprise – Analyser les évolutions de l'environnement et en identifier les conséquences sur la situation de l'entreprise	– Les caractéristiques de l'environnement : facteurs politiques, légaux, économiques, socioculturels, technologiques et environnementaux – Le rôle de l'innovation

THÈME 3 : L'ORGANISATION DE L'ACTIVITÉ DE L'ENTREPRISE

Pour assurer sa production et offrir des produits adaptés aux besoins des clients, l'entreprise doit organiser ses activités. En particulier, elle est confrontée au choix entre « faire » et « faire faire ». Les autres choix en matière de financement de l'activité, d'exercice de sa responsabilité éthique, sociale et environnementale, constituent également des révélateurs essentiels du fonctionnement de l'entreprise. Enfin, organiser les ressources signifie que l'entreprise coordonne les actions de ses membres afin de réaliser un objectif commun. Il est important que l'encadrement de tout niveau prenne conscience que gérer une entreprise implique de prendre des décisions résultant de choix sous contraintes qui relèvent de différents champs :
– économique avec le choix d'activités productives dépendant d'une analyse de la valeur ;
– juridique avec le choix d'une structure adaptée à un contexte/une situation et la gestion des risques inhérents à l'activité ;
– managérial avec la mise en place de mécanismes de coordination et de contrôle et d'un style de management.

Questions	Compétences	Savoirs associés
Comment les facteurs économiques déterminent-ils les choix de production ?	– Caractériser la structure de coût de l'entreprise – Analyser l'influence de paramètres économiques (taux d'intérêt, coût des facteurs…) sur les décisions de l'entreprise – Argumenter le choix de l'entreprise entre « faire » ou « faire-faire »	– Les facteurs de production (capital, travail, matières premières, connaissances) – Les gains de productivité et coûts de production – La chaîne de valeur – Les principes et finalités de l'impartition
Comment choisir une structure juridique pour l'entreprise ?	– Justifier le choix d'une structure juridique d'entreprise adaptée à une situation donnée	– Les facteurs de choix d'une structure juridique – L'entreprise individuelle et les structures sociétaires (SA, SAS, EURL/SARL) – Les formes juridiques de l'économie sociale et solidaire (coopératives, mutuelles)
Quelles réponses apporte le droit face aux risques auxquels s'expose l'entreprise ?	– Caractériser le risque d'une situation donnée – Identifier la nature juridique de la responsabilité d'une entreprise dans une situation donnée – Analyser une situation juridique d'entreprise mettant en œuvre la responsabilité civile contractuelle ou extracontractuelle	– Les types de risques – L'inexécution du contrat – Responsabilité civile et pénale – Les principes de la responsabilité civile contractuelle et extracontractuelle
Comment l'entreprise organise-t-elle ses ressources ?	– Caractériser les styles de management – Repérer le rôle des différentes parties prenantes et des contre-pouvoirs – Identifier le type de structure, les mécanismes de coordination et de contrôle au sein de l'entreprise – Repérer les ressources et les compétences au sein de l'entreprise – Distinguer les différents processus de l'entreprise	– Les ressources tangibles et intangibles – Les compétences – Les mécanismes de coordination et de contrôle – Les styles de management – Les différents niveaux de management – Les processus de l'entreprise – La responsabilité éthique, sociale, sociétale et environnementale – Les effets d'expérience
Quel financement pour l'entreprise ?	– Identifier le besoin de financement de l'entreprise en fonction du cycle (exploitation /investissement) – Recenser les solutions de financement adaptées à l'entreprise dans une situation donnée	– La distinction cycle d'exploitation, cycle d'investissement – Le compte de résultat de l'entreprise – Le bilan de l'entreprise – Les différents modes de financement – L'équilibre financier de l'entreprise

PRÉSENTATION DE VOTRE OUVRAGE

OUVERTURE DE THÈME

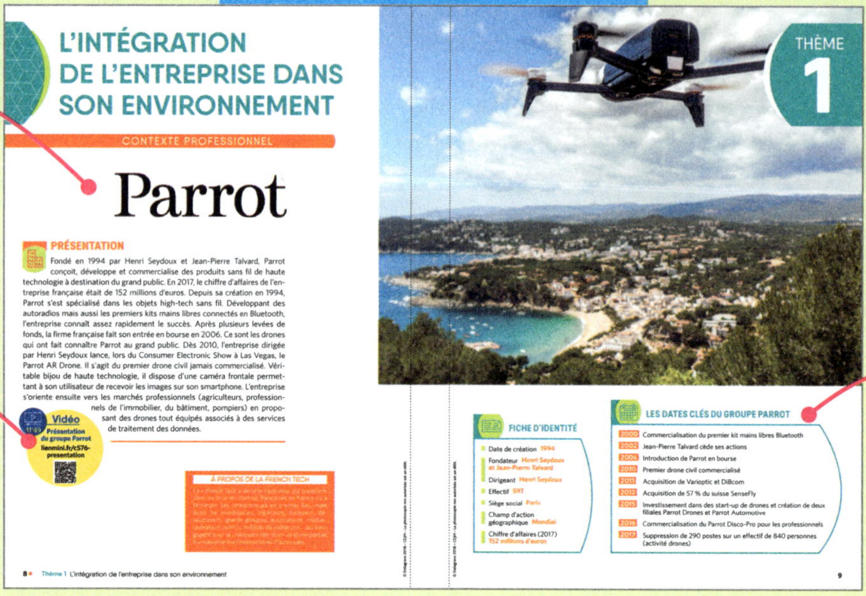

Une entreprise réelle, filée sur tout le thème, pour une approche transversale des trois champs disciplinaires.

De nombreuses vidéos directement accessibles par un code à flasher ou un lien URL à saisir.

Une découverte visuelle et synthétique de l'entreprise.

PROBLÉMATIQUE DU THÈME

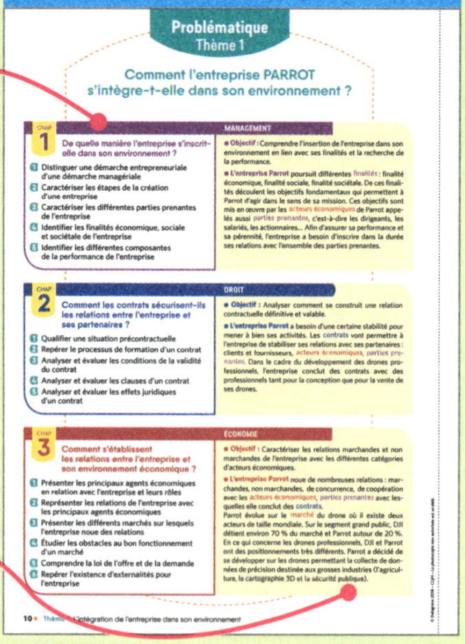

Le plan du thème en un coup d'œil.

Une présentation de l'entreprise sous ses 3 dimensions (managériale, juridique et économique) pour montrer leur complémentarité.

OUVERTURE DE CHAPITRE

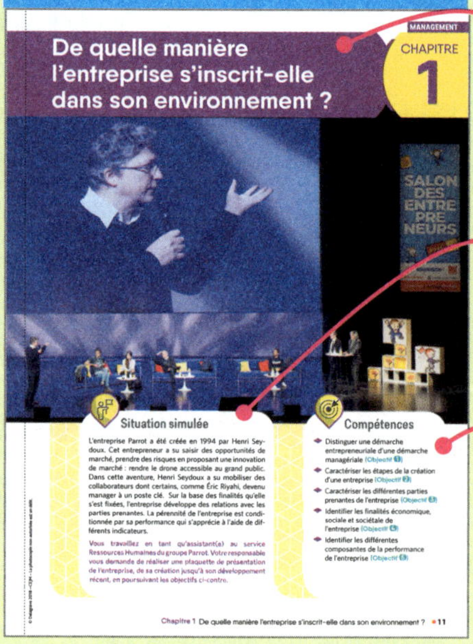

1 question du programme = 1 chapitre de l'ouvrage.

Une situation place l'étudiant au cœur de l'entreprise.

Les compétences du programme traduites en objectifs pour faciliter les apprentissages.

Éditions Delagrave – 5 allée de la 2e D.B. – 75015 Paris
www.editions-delagrave.fr
ISBN : 978-2-206-20576-2

COMPÉTENCES ET SAVOIRS

Un objectif par double page, associé aux savoirs du programme.

Des missions pour mettre l'étudiant en activité. Les termes soulignés correspondent aux savoirs associés et sont à définir préalablement.

Une base documentaire sur l'entreprise étudiée.

Des vidéos sont présentes tout au long du chapitre.

Des ressources apportent les connaissances nécessaires.

APPLICATION

Une application permet de réinvestir les compétences dans un contexte authentique différent.

FAIRE LE POINT

Un schéma met en relation les principales notions du chapitre.

Un lexique apporte les définitions à connaître.

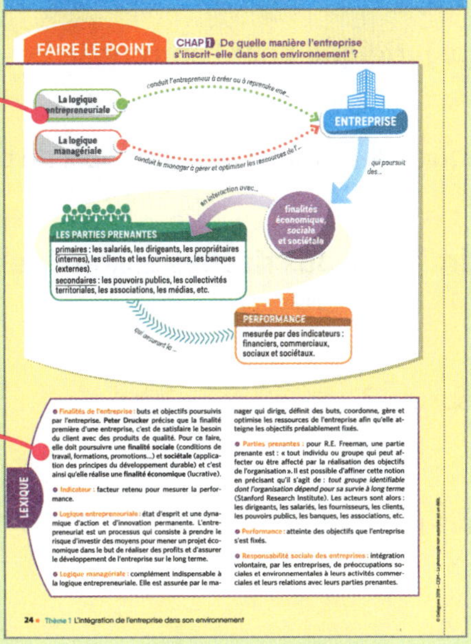

SYNTHÈSE DU THÈME

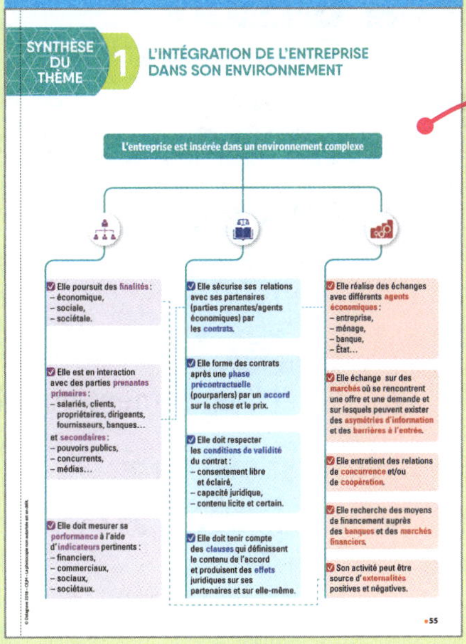

À la fin des thèmes :

- un schéma de synthèse met en évidence la complémentarité entre les trois champs disciplinaires ;
- un sujet permet de s'entraîner à la nouvelle épreuve.

SOMMAIRE

Sommaire des vidéos

THÈME 1 – L'intégration de l'entreprise dans son environnement

THÈME 2 – La régulation de l'activité économique

THÈME 3 – L'organisation de l'activité de l'entreprise

L'INTÉGRATION DE L'ENTREPRISE DANS SON ENVIRONNEMENT

CONTEXTE PROFESSIONNEL

PRÉSENTATION

Fondé en 1994 par Henri Seydoux et Jean-Pierre Talvard, Parrot conçoit, développe et commercialise des produits sans fil de haute technologie à destination du grand public. En 2017, le chiffre d'affaires de l'entreprise française était de 152 millions d'euros. Depuis sa création en 1994, Parrot s'est spécialisé dans les objets high-tech sans fil. Développant des autoradios mais aussi les premiers kits mains libres connectés en Bluetooth, l'entreprise connaît assez rapidement le succès. Après plusieurs levées de fonds, la firme française fait son entrée en bourse en 2006. Ce sont les drones qui ont fait connaître Parrot au grand public. Dès 2010, l'entreprise dirigée par Henri Seydoux lance, lors du Consumer Electronic Show à Las Vegas, le Parrot AR Drone. Il s'agit du premier drone civil jamais commercialisé. Véritable bijou de haute technologie, il dispose d'une caméra frontale permettant à son utilisateur de recevoir les images sur son smartphone. L'entreprise s'oriente ensuite vers les marchés professionnels (agriculteurs, professionnels de l'immobilier, du bâtiment, pompiers) en proposant des drones tout équipés associés à des services de traitement des données.

Vidéo 11'49
Présentation du groupe Parrot
lienmini.fr/c576-presentation

À PROPOS DE LA FRENCH TECH

La « French Tech » désigne tous ceux qui travaillent dans ou pour les start-up françaises en France ou à l'étranger. Les entrepreneurs en premier lieu, mais aussi les investisseurs, ingénieurs, designers, développeurs, grands groupes, associations, médias, opérateurs publics, instituts de recherche... qui s'engagent pour la croissance des start-up d'une part et leur rayonnement international d'autre part.

THÈME 1

FICHE D'IDENTITÉ

- Date de création **1994**
- Fondateur **Henri Seydoux et Jean-Pierre Talvard**
- Dirigeant **Henri Seydoux**
- Effectif **597**
- Siège social **Paris**
- Champ d'action géographique **Mondial**
- Chiffre d'affaires (2017) **152 millions d'euros**

LES DATES CLÉS DU GROUPE PARROT

- **2000** Commercialisation du premier kit mains libres Bluetooth
- **2002** Jean-Pierre Talvard cède ses actions
- **2006** Introduction de Parrot en bourse
- **2010** Premier drone civil commercialisé
- **2011** Acquisition de Varioptic et DiBcom
- **2012** Acquisition de 57 % du suisse SenseFly
- **2015** Investissement dans des start-up de drones et création de deux filiales Parrot Drones et Parrot Automotive
- **2016** Commercialisation du Parrot Disco-Pro pour les professionnels
- **2017** Suppression de 290 postes sur un effectif de 840 personnes (activité drones)

Problématique
Thème 1

Comment l'entreprise PARROT s'intègre-t-elle dans son environnement ?

CHAP 1

De quelle manière l'entreprise s'inscrit-elle dans son environnement ?

1. Distinguer une démarche entrepreneuriale d'une démarche managériale
2. Caractériser les étapes de la création d'une entreprise
3. Caractériser les différentes parties prenantes de l'entreprise
4. Identifier les finalités économique, sociale et sociétale de l'entreprise
5. Identifier les différentes composantes de la performance de l'entreprise

MANAGEMENT

- **Objectif :** Comprendre l'insertion de l'entreprise dans son environnement en lien avec ses finalités et la recherche de la performance.
- **L'entreprise Parrot** poursuit différentes finalités : finalité économique, finalité sociale, finalité sociétale. De ces finalités découlent les objectifs fondamentaux qui permettent à Parrot d'agir dans le sens de sa mission. Ces objectifs sont mis en œuvre par les acteurs économiques de Parrot appelés aussi parties prenantes, c'est-à-dire les dirigeants, les salariés, les actionnaires... Afin d'assurer sa performance et sa pérennité, l'entreprise a besoin d'inscrire dans la durée ses relations avec l'ensemble des parties prenantes.

CHAP 2

Comment les contrats sécurisent-ils les relations entre l'entreprise et ses partenaires ?

1. Qualifier une situation précontractuelle
2. Repérer le processus de formation d'un contrat
3. Analyser et évaluer les conditions de la validité du contrat
4. Analyser et évaluer les clauses d'un contrat
5. Analyser et évaluer les effets juridiques d'un contrat

DROIT

- **Objectif :** Analyser comment se construit une relation contractuelle définitive et valable.
- **L'entreprise Parrot** a besoin d'une certaine stabilité pour mener à bien ses activités. Les contrats vont permettre à l'entreprise de stabiliser ses relations avec ses partenaires : clients et fournisseurs, acteurs économiques, parties prenantes. Dans le cadre du développement des drones professionnels, l'entreprise conclut des contrats avec des professionnels tant pour la conception que pour la vente de ses drones.

CHAP 3

Comment s'établissent les relations entre l'entreprise et son environnement économique ?

1. Présenter les principaux agents économiques en relation avec l'entreprise et leurs rôles
2. Représenter les relations de l'entreprise avec les principaux agents économiques
3. Présenter les différents marchés sur lesquels l'entreprise noue des relations
4. Étudier les obstacles au bon fonctionnement d'un marché
5. Comprendre la loi de l'offre et de la demande
6. Repérer l'existence d'externalités pour l'entreprise

ÉCONOMIE

- **Objectif :** Caractériser les relations marchandes et non marchandes de l'entreprise avec les différentes catégories d'acteurs économiques.
- **L'entreprise Parrot** noue de nombreuses relations : marchandes, non marchandes, de concurrence, de coopération avec les acteurs économiques, parties prenantes avec lesquelles elle conclut des contrats.

Parrot évolue sur le marché du drone où il existe deux acteurs de taille mondiale. Sur le segment grand public, DJI détient environ 70 % du marché et Parrot autour de 20 %. En ce qui concerne les drones professionnels, DJI et Parrot ont des positionnements très différents. Parrot a décidé de se développer sur les drones permettant la collecte de données de précision destinée aux grosses industries (l'agriculture, la cartographie 3D et la sécurité publique).

CHAPITRE 1

De quelle manière l'entreprise s'inscrit-elle dans son environnement ?

Situation simulée

L'entreprise Parrot a été créée en 1994 par Henri Seydoux. Cet entrepreneur a su saisir des opportunités de marché, prendre des risques en proposant une innovation de marché : rendre le drone accessible au grand public. Dans cette aventure, Henri Seydoux a su mobiliser des collaborateurs dont certains, comme Éric Riyahi, devenu manager à un poste clé. Sur la base des finalités qu'elle s'est fixées, l'entreprise développe des relations avec les parties prenantes. La pérennité de l'entreprise est conditionnée par sa performance qui s'apprécie à l'aide de différents indicateurs.

Vous travaillez en tant qu'assistant(e) au service Ressources Humaines du groupe Parrot. Votre responsable vous demande de préparer les éléments nécessaires pour construire une plaquette de présentation de l'entreprise (depuis sa création jusqu'à son développement récent) en poursuivant les objectifs ci-contre.

Compétences

- Distinguer une démarche entrepreneuriale d'une démarche managériale **(Objectif 1)**
- Caractériser les étapes de la création d'une entreprise **(Objectif 2)**
- Caractériser les différentes parties prenantes de l'entreprise **(Objectif 3)**
- Identifier les finalités économique, sociale et sociétale de l'entreprise **(Objectif 4)**
- Identifier les différentes composantes de la performance de l'entreprise **(Objectif 5)**

1 Distinguer une démarche entrepreneuriale d'une démarche managériale

SAVOIRS ASSOCIÉS
- Logique entrepreneuriale
- Logique managériale

Missions

1. **Montrez en quoi, en 1994, Henri Seydoux adopte une <u>démarche entrepreneuriale</u>.**
2. **Expliquez en quoi la démarche d'Éric Riyahi est complémentaire de celle d'Henri Seydoux.**

DOCUMENT 1 De l'idée...

Si Parrot a décidé de se lancer sur le marché ultra-confidentiel du drone civil, où il fait désormais référence, c'est moins par calcul, par passion... que par hasard. « *Au départ, notre produit était une minivoiture Bluetooth avec une caméra,* se souvient Éric Riyahi, vice-président exécutif et directeur général des opérations de l'entreprise, également en charge à l'époque du commercial. *Mais quelque chose ne fonctionnait pas.* » Pour créer un effet « waouh », un membre du service a alors l'idée de le faire voler. C'est le coup de génie qu'il manquait à Parrot pour faire décoller son invention ! « *Nous avons senti qu'il se passait vraiment quelque chose au salon CES [Consumer Electronics Show], où notre stand ne désemplissait pas* », poursuit le manager qui prend alors conscience du potentiel énorme de ce marché. La suite lui donnera raison, puisque quatre ans plus tard, le drone est devenu chez Parrot une famille de produits à part entière, pesant 18 % de son chiffre d'affaires. [...]

Vidéo
3'42
Henri Seydoux entrepreneur
lienmini.fr/c576-idee

Le positionnement original de Parrot sur le marché du drone tient notamment à son CEO (chief executive officer) [équivalent français de PDG] et co-fondateur, Henri Seydoux, un autodidacte au parcours atypique. À la faveur d'une rencontre avec Roland Moreno, l'inventeur de la carte à puce, cet ingénieur visionnaire décide de lancer ses propres inventions. Ce passionné d'informatique travaille dans le domaine du logiciel, puis de l'image de synthèse avant de créer Parrot en 1994. [...]

Sa force est ainsi d'avoir imaginé un usage ludique pour cet objet d'origine militaire, tout en ayant eu l'audace d'investir un marché encore balbutiant, qui ne s'est doté d'un cadre réglementaire qu'en 2012, soit deux ans après le lancement de son premier drone.

A. Moynot, *Action Co*, n° 346, décembre 2014/janvier 2015.

DOCUMENT 2 ... au produit commercialisé

Cette entrée sur un nouveau marché a rendu nécessaire une totale réorganisation commerciale en interne, pilotée par Éric Riyahi. « *Nous sommes passés d'une organisation par région à une organisation mondiale* », explique le manager, qui en profite pour se rapprocher de ses plus gros clients, mondialisés, à l'instar d'Amazon. [...]

En parallèle, Parrot fait évoluer son réseau de vente. « *Nous avons davantage une vision orientée vers les consommateurs que nous touchons par différents canaux de distribution.* » raconte Éric Riyahi qui, pour mieux atteindre ses clients finaux, étend désormais sa présence aux magasins spécialisés et acteurs des télécommunications.

A. Moynot, *Action Co*, n° 346, décembre 2014/janvier 2015.

RESSOURCE 1 La démarche entrepreneuriale

Chez Schumpeter [Joseph Alois], l'entrepreneur est surtout un innovateur : c'est celui qui lance un produit, conçoit une technique de production, ouvre un marché, découvre une source d'approvisionnement ou une nouvelle manière d'organiser la production. Il s'appuie pour cela sur les qualités personnelles : l'aptitude à se comporter en « leader », à rompre avec les habitudes et à se montrer créatif. En rendant les anciennes pratiques obsolètes, il s'approprie une rente, un profit temporaire. Notons que, dans la perspective de Schumpeter, l'entrepreneur n'est pas forcément un fondateur d'entreprise ni un détenteur de capital : dès l'instant qu'un individu met en œuvre une autorité personnelle et une capacité à agir « le premier », on peut parler d'entrepreneur.

O. Guillon, « L'entrepreneur dans la théorie économique », *Économie et Management*, n° 152, juin 2014.

Vidéo 3'00
L'entrepreneur selon Schumpeter
lienmini.fr/c576-entrepreneur

AUTEUR

Joseph Aloïs Schumpeter (1883-1950) a été professeur à l'université de Harvard. Ses apports au management portent sur la définition et le rôle de l'entrepreneur qu'il considère comme une figure phare de la croissance économique.

RESSOURCE 2 La démarche managériale

Qu'est-ce que le management aujourd'hui ? Au fond, il s'agit d'une activité humaine et sociale visant à appréhender l'individu dans sa complexité et ses aspirations au travail, à stimuler les comportements productifs, à animer des équipes et des groupes, à développer les structures organisationnelles et à conduire les activités d'une organisation en vue d'atteindre un certain niveau de performance. Le management s'intéresse principalement au pilotage des activités, au développement des structures et à la conduite des hommes en situation de travail. Finalement, il désigne la manière de faire vivre une organisation. Il tend à intégrer les contradictions auxquelles il est confronté pour tenter de les dépasser et se différencie assez nettement de la gestion qui fait plutôt référence à la recherche de l'allocation optimale des ressources rares.

J.-M. Plane, « De la compétition exacerbée au néomanagement », *Économie et Management*, n° 135, avril 2010.

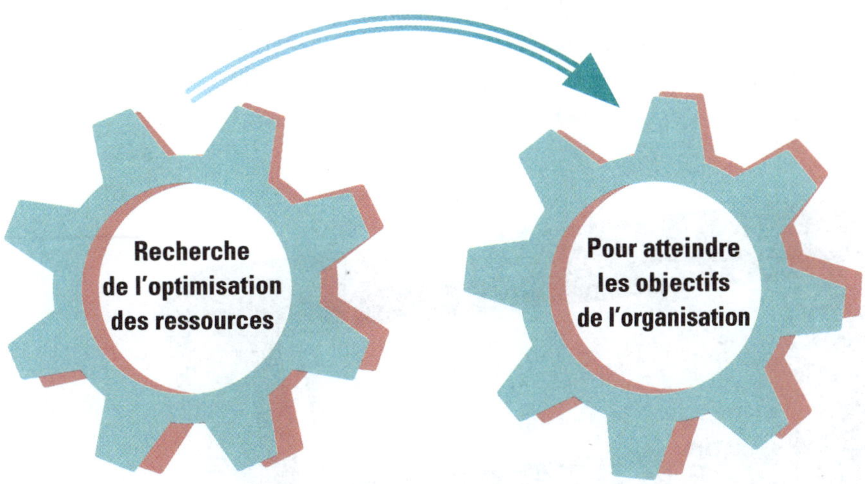

2 Caractériser les étapes de la création d'une entreprise

SAVOIRS ASSOCIÉS
- Logique entrepreneuriale

Missions

Recensez les grandes étapes de la création d'une entreprise puis caractérisez chacune d'elles (en vous aidant des pages 8 et 9).

DOCUMENT 1 Henri Seydoux revient sur ses succès et ses échecs

« *J'ai créé Parrot en 1994 avec pour ambition de concevoir un petit objet qui serait le croisement entre un enregistreur numérique (concept qui, à l'époque, n'existait pas) et un agenda, doté d'un système de reconnaissance vocale permettant de prendre des notes et de les classer. [...] Tout s'est bien passé jusqu'à la mise sur le marché, qui fut un échec. Il est vrai que l'appareil ne fonctionnait pas parfaitement : j'étais surtout un développeur de logiciel, l'électronique n'était pas vraiment ma spécialité. À cette époque, le téléphone cellulaire commençait à se développer.*

J'ai contacté Ericsson pour leur proposer d'intégrer mon logiciel de reconnaissance vocale à leur téléphone. Ils ont refusé car cela leur paraissait trop compliqué à programmer. En revanche, sachant que la loi suédoise interdirait l'usage du téléphone tenu en main au volant, ils étaient intéressés par une application de mon système destinée à l'environnement automobile. [...] J'ai écrit un nouveau programme et demandé un rendez-vous chez Ericsson. Nous sommes alors partis en voiture tester l'appareil sur l'autoroute. L'expérience fut concluante. Il était temps, car ma société était au bord de la faillite. J'ai réussi à convaincre les investisseurs de remettre de l'argent au pot.

Arrive enfin le grand jour : le lancement de notre système mains libres Bluetooth au Salon de l'automobile de Francfort. C'était le 11 septembre 2001. [...] Quatre mois après, Parrot a commencé à devenir rentable : nous étions désormais la seule société au monde à produire des kits mains libres Bluetooth.

En 2005, Hitachi cherchait des technologies européennes à développer au Japon sous forme de joint venture. *Nous avons ouvert un bureau commun et trouvé un premier client : un fabricant japonais d'autoradios qui était intéressé par notre solution Bluetooth. À la suite de ces premiers succès, presque tous les constructeurs japonais et allemands ont adopté nos produits. [...]*

L'entrée en bourse, en 2006, nous a permis de passer de 25 millions d'euros de fonds propres à près de 80 millions. Cela donnait une très grande solidité à l'entreprise.

En 2005, nouvelle idée : le drone jouet piloté par un smartphone. Ce projet nous a demandé cinq ans de travail et malgré un business model *peu convaincant en janvier 2010, nous avons présenté notre premier drone à Las Vegas. Ce fut un succès colossal* ».

Compte-rendu du débat du 15 mars 2016 de l'École de Paris du management avec Henri Seydoux, rédigé par É. Bourguinat, www.ecole.org.

Vidéo 5'18
La success-story d'Henri Seydoux
lienmini.fr/c576-seydoux

RESSOURCE 1 Les étapes clés de création d'une entreprise

Créer une entreprise nécessite d'agir avec méthode. En effet, les différentes étapes de la création d'entreprise s'inscrivent dans un processus structuré dont voici les étapes :

1. La formalisation de l'idée

Il n'y a pas de bonne ou de mauvaise idée dès lors qu'il y a une opportunité à saisir ou un besoin à satisfaire. […]

- Quelle est la capacité de mes futurs clients à accepter mon idée de produit ou service ?
- Quelle est sa réelle utilité par rapport à l'offre existante ?

2. L'approche du marché

L'étude de marché est une étape très importante. Confronter votre produit ou service aux futurs clients vous permettra de cerner leurs attentes, d'adapter et/ou de faire évoluer votre offre en conséquence. […]

3. Le choix du statut juridique

Le choix du statut juridique est déterminant pour votre entreprise. En effet, il aura un impact considérable sur la vie quotidienne de la structure et sur ses possibilités d'évolution. […]

4. L'élaboration du business plan

L'élaboration de votre business plan est la clé de la réussite de votre projet. Il permet de présenter l'ensemble des éléments qui le composent afin de convaincre les investisseurs (banques, *business angels*, etc.) de vous financer. […]

5. La recherche de financements

Il s'agit maintenant de réunir les capitaux nécessaires pour financer les différents besoins durables identifiés dans les étapes précédentes. Plusieurs sources de financement sont possibles : vos deniers personnels, la famille, les amis (encore appelés « Love money »), les organismes privés (les banques, certaines associations ou fonds spécifiques d'aide aux créateurs d'entreprise, les sites de crowdfunding*), les organismes publics (l'État, les régions, les départements, Bpifrance, etc.). […]

6. Les démarches administratives

Il ne reste plus qu'à réaliser les dernières démarches administratives pour ouvrir officiellement votre entreprise. Vous devez notamment vous rapprocher du CFE (centre de formalités des entreprises).

www.creer-mon-business-plan.fr

* Financement participatif.

3 Caractériser les différentes parties prenantes de l'entreprise

SAVOIRS ASSOCIÉS

- Les parties prenantes

Situation simulée

Afin de rédiger une présentation détaillée, votre responsable vous demande de faire un focus sur l'activité drones, première source de revenus du groupe Parrot.

Missions

Classez les parties prenantes de Parrot Drones et précisez leurs attentes.

DOCUMENT 1 Parrot Drones, une société par actions simplifiée unipersonnelle

Parrot Drones est une filiale du groupe Parrot. Cette société a la forme juridique d'une société par actions simplifiée (SAS), au capital social de 60 627 825 €. Elle a la particularité de n'avoir qu'un seul actionnaire : le groupe Parrot. Parrot Drones est dirigé par son président, qui n'est autre qu'Henri Seydoux, entouré de cadres salariés.

© Delagrave, 2018.

DOCUMENT 2 La pérennité partenariale de Parrot Drones

Au sein du groupe Parrot, l'activité drones représente, en 2016, 60 millions d'euros de chiffre d'affaires : 11 millions pour les drones professionnels et 49 millions pour les drones grand public. Ce phénomène a été très largement relayé par les médias qui l'utilisent pour illustrer de nombreux reportages tant militaires, que culturels et sportifs.

En 2016, sous l'effet de la concurrence *low cost* asiatique et du renforcement de la législation datant de 2012 limitant l'utilisation des drones pour le grand public, les ventes ont chuté très fortement conduisant Parrot à envisager un plan social. Ce dernier prévoyait le départ de 290 personnes dont 150 en France sur un total de 840 personnes au sein de son activité drones.

L'une des stratégies du groupe est de se recentrer sur l'activité drones pour les professionnels, notamment l'agriculture, sans pour autant abandonner la branche grand public. Il s'agira de développer une stratégie de vente multicanal (Amazon, Ebay...) nécessitant le recours à de nouveaux fournisseurs.

© Delagrave, 2018.

RESSOURCE 1 Les parties prenantes selon R. E. Freeman

La définition la plus large, et certainement la plus connue et la plus utilisée également, est celle de R.E. Freeman (1984) selon laquelle « *une partie prenante dans l'organisation est tout groupe d'individus ou tout individu qui peut affecter ou être affecté par la réalisation des objectifs organisationnels* ». Il schématise les parties prenantes de la façon suivante :

AUTEUR

R. Edward Freeman, né en 1951 à Colombus en Géorgie, est un universitaire américain, particulièrement connu pour ses travaux sur la théorie des parties prenantes.

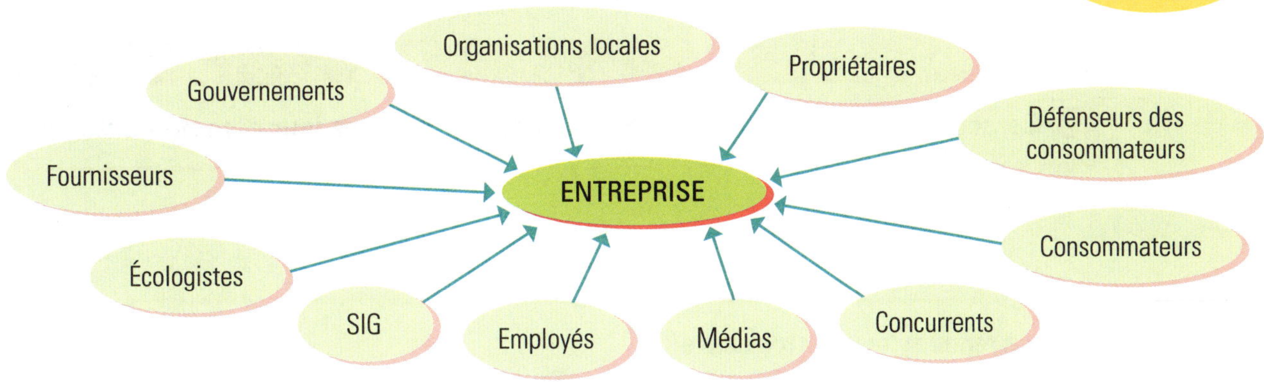

A. Mullenbach-Servayre, « L'apport de la théorie des parties prenantes à la modélisation de la responsabilité sociétale des entreprises », *La Revue des Sciences de Gestion*, n° 223, 2007.

RESSOURCE 2 Les différents types de parties prenantes

On distingue les parties prenantes **primaires** et les parties prenantes **secondaires** en fonction de leur importance et de leur degré de priorité pour l'entreprise.

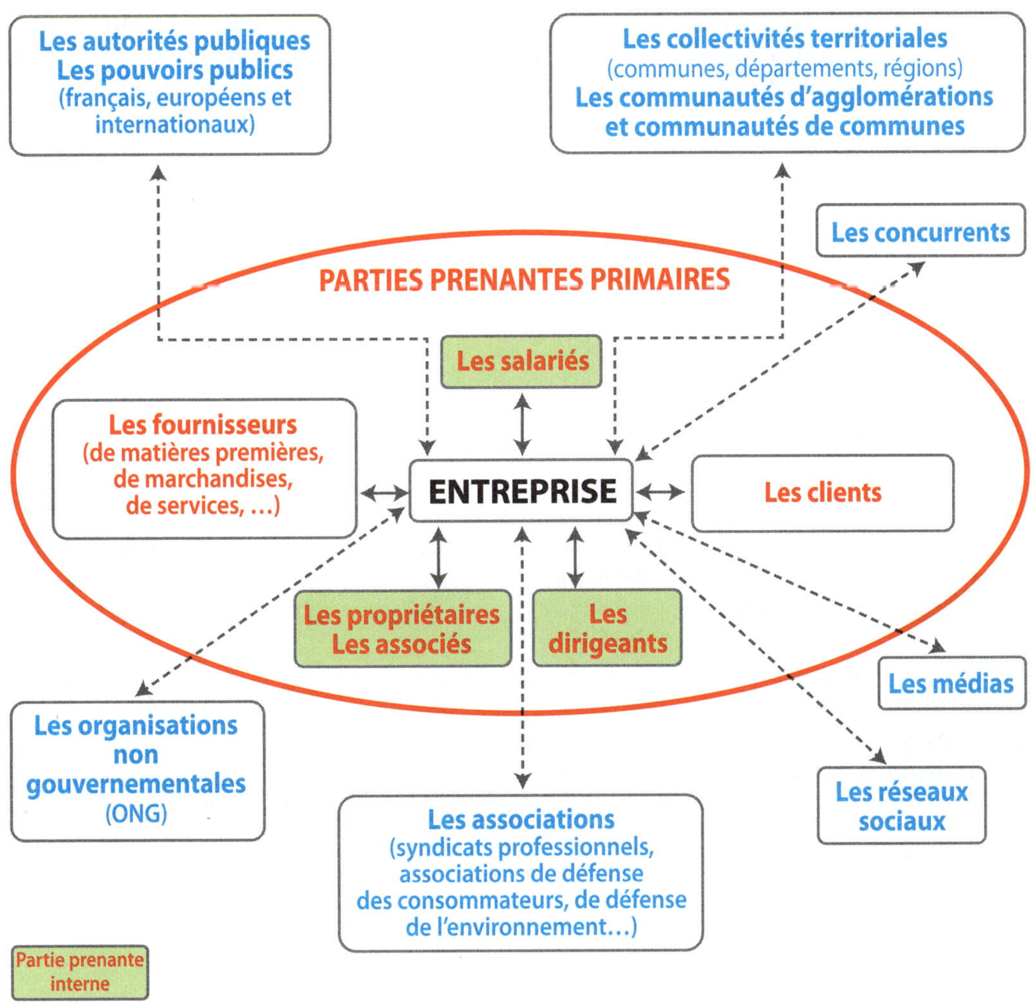

Les **parties prenantes primaires** ont une relation contractuelle et formelle avec l'entreprise : ce sont les groupes dont l'entreprise ne peut se passer pour son fonctionnement et sa survie et dont la participation continue, en conséquence, est essentielle. Il s'agit des propriétaires, des employés, des clients et des fournisseurs.

Les **parties prenantes secondaires**, si elles peuvent certes influencer l'entreprise et sa performance ou être affectées par ses activités, ne sont pas essentielles à sa survie. Il s'agit des médias, des consommateurs, des groupes de pression, des gouvernements, des concurrents, du public et de la société.

© Delagrave, 2018.

4 Identifier les finalités économique, sociale et sociétale de l'entreprise

SAVOIRS ASSOCIÉS
- Les finalités de l'entreprise

Missions

Caractérisez les finalités du groupe Parrot et montrez leur complémentarité.

DOCUMENT 1 Parrot cherche à renouer avec la croissance

Malgré les déconvenues que connaît le groupe depuis quelque temps, Henri Seydoux et ses collaborateurs ont à cœur d'assurer de bonnes conditions de travail aux salariés. Le management est fondé sur la convivialité et la simplicité : usage du prénom et du tutoiement, association sportive et culturelle, thé et café à volonté. Les collaborateurs ont une grande autonomie et liberté d'action. Les évolutions de carrière accompagnées de temps de formation sont possibles, 99 % des managers sont issus de la promotion interne. Tout ce monde œuvre à la satisfaction de la clientèle, grand public et professionnelle, qui souhaite utiliser des produits innovants, de qualité et respectueux de l'environnement. À ce titre, Parrot s'inscrit dans une démarche RSE : le groupe a obtenu de nombreuses certifications, notamment l'ISO 14001. Suite à un audit de sa performance de développement durable, un référent développement durable a été nommé au sein du groupe Parrot. Ses missions sont d'évaluer les impacts environnementaux des produits et des activités de production, d'améliorer les conditions de travail et de fidéliser les collaborateurs. Il s'agit d'inscrire l'entreprise dans une démarche éco-responsable et éthique avec ses différents partenaires. Parrot doit renouer avec la croissance et dégager le profit nécessaire à la satisfaction des parties prenantes concernées et à l'innovation. Développer les ventes aux professionnels, fidéliser les collaborateurs, créer de l'émulation autour de projets communs telle que la démarche RSE, satisfaire les clients, autant d'ingrédients indispensables pour retrouver les résultats financiers de ses débuts.

© Delagrave, 2018.

DOCUMENT 2 Certifications et palmarès

Le système de management de Parrot s'est construit autour d'un triptyque Qualité – Sécurité – Environnement dans une progression marquée par un certain nombre de certifications.

Qualité	ISO 9001 depuis 2002
Environnement	ISO 14001 depuis 2008 et 2010 pour la filiale en Chine
Santé et sécurité au travail	OHSAS 18001 depuis 2009
Convivialité et bonnes conditions de travail	Classement au « Great place to work » depuis 2013

Ces certifications assurent la maîtrise des activités de Parrot sur ces 3 axes et leur conformité à des standards internationaux reconnus et éprouvés.

© Delagrave, 2018.

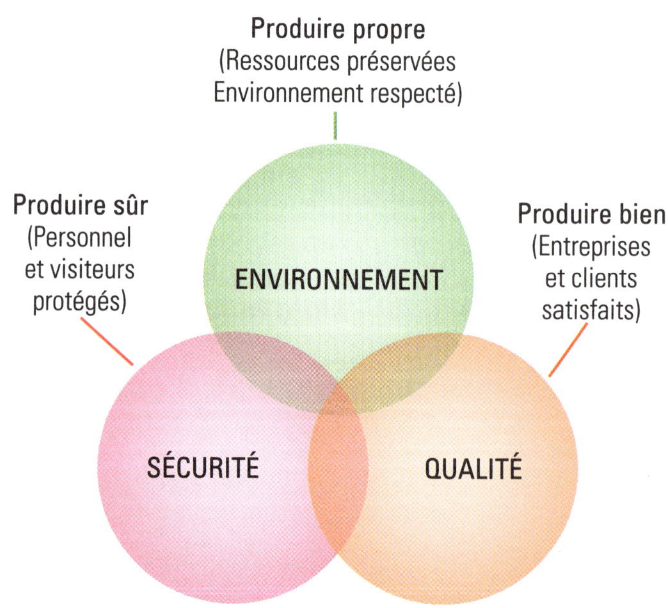

RESSOURCE 1 Les finalités de l'entreprise

Le rôle économique de l'entreprise consiste à assurer le développement et la survie de celle-ci. Elle produit des biens et services, et donc crée de la valeur. Son activité contribue à la croissance économique, et plus généralement à la création d'emplois. En plus de son rôle économique, l'entreprise a des responsabilités vis-à-vis de ses salariés et de l'ensemble de la société. L'entreprise a une responsabilité sociale, c'est-à-dire que son activité à des conséquences humaines et sociales. Elle doit veiller à la satisfaction des salariés. Les salariés attendent des entreprises une rémunération, mais également la sécurité de l'emploi, des conditions de travail convenables [...], un travail intéressant [...], le maintien de leur employabilité [...] par la formation [...]. L'entreprise a également une responsabilité sociétale, c'est-à-dire envers la société en général et les pouvoirs publics. Par son activité, elle contribue à la création d'emplois et au développement de certaines régions. De plus, elle mène de la recherche, ce qui accroît la compétitivité de l'économie. Elle veille également au respect de l'environnement. Enfin, elle participe à la vie culturelle, sportive et associative, par le parrainage ou le mécénat. Les différents rôles de l'entreprise sont interdépendants. En remplissant un rôle économique, l'entreprise joue un rôle social et sociétal.

S. Josien, S. Landrieux-Kartochian, *Management des entreprises*, Gualino, 2017.

RESSOURCE 2 Les apports de Peter Drucker au management

Premièrement, il est probablement le premier théoricien du management à avoir, avant tout, insisté sur l'idée que les organisations n'ont pas à se préoccuper de pouvoir mais de responsabilité. Deuxièmement, il a interpellé les organisations en montrant que les principaux objectifs se trouvent à l'extérieur de celle-ci, dans son propre environnement, puisqu'il s'agit de chercher à satisfaire un consommateur de plus en plus vigilant. En troisième lieu, Drucker [...] a dénoncé dans les années 1960 le caractère irréaliste de la maximisation du profit comme finalité de l'entreprise. Selon lui, celle-ci ne vise qu'à réaliser un profit suffisant compte tenu de ses propres objectifs même s'il pose le principe de la nécessité d'une vision à long terme de l'entreprise.

J.-M. Plane, *Théorie des Organisations*, Dunod, 5e éd., 2017.

AUTEUR

Peter Drucker (1909-2005) a enseigné le management à la New York University de 1950 à 1971. Il est à l'origine de nombreux concepts utilisés dans le monde de l'entreprise, notamment la distinction entre finalités et objectifs de l'entreprise.

RESSOURCE 3 La démarche RSE (responsabilité sociale de l'entreprise)

La Commission européenne a [...] défini la responsabilité sociale des entreprises (RSE) comme « un concept qui désigne l'intégration volontaire, par les entreprises, de préoccupations sociales et environnementales à leurs activités commerciales et leurs relations avec leurs parties prenantes ».

La responsabilité sociale des entreprises concerne les actions de celles-ci qui vont au-delà des obligations juridiques qui leur incombent à l'égard de la société et de l'environnement. [...]

Une telle démarche peut leur [les entreprises] être profitable sur le plan de la gestion des risques, de la réduction des coûts, de l'accès au capital, des relations avec la clientèle, de la gestion des ressources humaines et de la capacité d'innovation.

La RSE leur imposant de s'engager auprès de parties prenantes internes et externes, [...] les entreprises peuvent construire une relation de confiance à long terme vis-à-vis de leurs employés, des consommateurs et des citoyens, sur laquelle elles peuvent asseoir des modèles d'entreprise durables.

eur-lex.europa.eu

Vidéo 2'59
La responsabilité sociale des entreprises
lienmini.fr/c576-rse

5 Identifier les différentes composantes de la performance de l'entreprise

SAVOIRS ASSOCIÉS
- Les indicateurs de performance

Mission

Repérez les différentes composantes de la performance du groupe Parrot, ainsi que les indicateurs de performance correspondants.

DOCUMENT 1 Groupe Parrot, quelques chiffres

	2017	2016
CA	151 871	166 446
Résultat net	- 38 918 €	- 141 372 €
Ratio de l'endettement	- 40,74 %	- 54,44 %
Rentabilité financière	- 15,49 %	- 49,06 %

investir.lesechos.fr

DOCUMENT 2 Les valeurs sociales et sociétales du groupe Parrot

L'ambition du groupe Parrot est véritablement de réduire son impact environnemental tout au long du processus de production et de distribution. Cela passe par une utilisation optimale des ressources, une nouvelle conception des produits, une réduction de la dimension des emballages et donc des coûts de transport, une politique du « zéro papier » ou presque, une utilisation des matières premières recyclées et, pour finir, par la mise en place d'un tri sélectif des déchets.

Depuis 2009, Parrot réalise, tous les ans, une enquête qui constitue un véritable « baromètre social » du groupe. Il a permis de mettre en lumière une forte culture d'entreprise, qui renforce le sentiment d'appartenance des collaborateurs, une ambiance de travail fondée sur la convivialité et la proximité du management. Plus de 90 % des salariés estiment que chaque collaborateur est traité équitablement, quels que soient son sexe, son âge, son origine ethnique ou son éventuel handicap.

Le groupe Parrot propose à tous ses salariés, et plus particulièrement ceux de 45 ans et plus, un entretien de carrière avec la direction des ressources humaines afin d'échanger et de préparer un projet professionnel, une évolution de carrière. Depuis 2006, lors des entretiens annuels d'évaluation, un plan de formation est mis en place afin de permettre aux collaborateurs de développer leurs compétences et d'en acquérir de nouvelles pour continuer à innover et à s'épanouir professionnellement.

© Delagrave, 2018.

RESSOURCE 1 La notion de performance

La **performance** d'une organisation se définit essentiellement comme l'atteinte des objectifs qu'elle s'est fixés. Aujourd'hui, un consensus se dégage pour analyser la performance à l'aune de trois dimensions : une dimension économique et financière révélée par les résultats comptables, financiers et boursiers ; une dimension sociale traduite par la satisfaction des parties prenantes (salariés, clients, fournisseurs, sous-traitants, autres partenaires) ; une dimension environnementale ou sociétale, éclairée par la contribution de l'organisation à l'écologie. Ces trois dimensions contribuent à la performance durable de l'entreprise, c'est-à-dire à sa survie/développement à long terme.

L. Cappelleti, « Vers une performance multidimensionnelle », *Économie et Management*, n° 135, avril 2010.

RESSOURCE 2 La mesure de la performance : efficacité et efficience

L'**efficacité** correspond au niveau de réalisation des objectifs de l'entreprise. Elle est évaluée en comparant le résultat obtenu avec l'objectif visé indépendamment des ressources utilisées ou des coûts engagés. La comparaison du résultat atteint avec les moyens utilisés pour l'obtenir, mesure l'**efficience**. [...] Par exemple, un manager est efficace s'il atteint ses objectifs. Toutefois, un autre manager sera plus efficient s'il parvient aux mêmes résultats, mais plus rapidement et à un coût moindre.

S. Josien, S. Landrieux-Kartochian, *L'essentiel du Management des entreprises*, Gualino, 3e éd. 2013.

RESSOURCE 3 Quelques indicateurs de mesure de la performance

Performance	Indicateurs	Utilité
Financière	**Résultat net**	**Mesurer le solde : ensemble des produits – ensembles des charges.** Résultat net positif : l'entreprise a réalisé des bénéfices. Résultat net négatif : l'entreprise a réalisé des pertes.
	Rentabilité (taux de rentabilité financière)	**Mesurer la rentabilité des capitaux propres.** Capacité d'une entreprise à générer un résultat suffisant pour rémunérer ses associés (actionnaires).
	Taux d'endettement net	**Déterminer le poids de l'endettement d'une entreprise par rapport à ses capitaux propres.** Il indique : – les sources de financement d'une entreprise : sources extérieures (emprunts) et/ou sources intérieures (associés) ; – le niveau de solvabilité d'une entreprise et son risque de défaillance.
	Chiffre d'affaires (CA) (quantitatif)	**Mesurer le niveau d'activité de l'entreprise.**
Commerciale	**Part de marché** (PDM) (quantitatif)	**Déterminer le poids de l'entreprise sur son marché et la situer par rapport à ses concurrents.** CA de l'entreprise / CA du secteur.
Sociale	**Bilan social** : taux d'absentéisme, nombre d'accidents du travail, taux de promotion interne…	**Évaluer le climat social et les conditions de travail**, sources de motivation ou de démotivation des salariés.
Sociétale	**Empreinte écologique**	**Mesurer l'impact des activités humaines sur l'environnement.** Évaluer la consommation humaine des ressources naturelles et la capacité de ces ressources à se régénérer.
	Autres indicateurs : les taux d'émission de CO_2 (émission de dioxyde de carbone), taux de déchets recyclés…	

© Delagrave, 2018.

APPLICATION

Situation simulée

Dans le cadre de votre cursus de STS, vous effectuez votre stage au sein de l'entreprise **Lunettes pour tous**. Votre tuteur vous demande de réaliser une présentation de l'entreprise à partir de la documentation que vous avez recueillie.

LUNETTES POUR TOUS

1. Distinguez ce qui, dans la démarche de Paul Morlet, relève d'une logique entrepreneuriale de ce qui relève d'une logique managériale.
2. Présentez les parties prenantes de « Lunettes pour tous » en précisant leurs attentes.
3. Caractérisez les finalités de « Lunettes pour tous » et montrez leur complémentarité.
4. Identifiez les composantes de la performance de l'entreprise « Lunettes pour tous » et présentez les principaux indicateurs qui la mesurent.

DOCUMENT 1 Le pari fou d'un jeune entrepreneur

Natif de la région lyonnaise, Paul Morlet n'est pas né avec une cuillère d'argent dans la bouche. Élève médiocre, il est orienté vers un BEP d'électricien par ses professeurs, qui ne croyaient guère en lui. Son diplôme en poche, il travaille à la SNCF et parvient à décrocher un bac en alternance. « *Ma mère n'a jamais été aussi fière de moi que ce jour-là* », jure-t-il. Pourtant, son parcours a déjà de quoi faire rougir plus d'un chef d'entreprise. S'ennuyant ferme le long des voies de chemin de fer, il constate un soir devant sa télévision que les lunettes des joueurs de poker pourraient accueillir de la pub sans que cela les gêne. Avec ses maigres économies [4 400 €], à 20 ans, il lance Lulu Frenchie, une marque de lunettes personnalisables. Quatre ans plus tard, le pari semble réussi avec deux millions de paires écoulées et un million et demi d'euros de chiffre d'affaires. Considère-t-il avoir réussi ? « *Réussir ? C'est un bien grand mot. La SNCF n'était pas le plan de carrière dont je rêvais* », réplique Paul Morlet. [...] Paul Morlet l'assure, il ne cherche pas à s'enrichir : « *Deux millions de Français n'ont pas les moyens de se payer des lunettes de vue. Est-ce normal ? L'argent, je peux en gagner autrement. Mais si je peux faire ma petite révolution et que ça sert aux gens, je suis content.* » Pour ce faire, il a négocié les prix au plus bas, rogné sur les marges tout en investissant dans du matériel de pointe.

N. Guégan, www.lepoint.fr, mai 2014.

Vidéo 2'45
Interview de Paul Morlet
lienmini.fr/c576-morlet

DOCUMENT 2 Des lunettes de vue à 10 euros en 10 minutes !

Xavier Niel, le fondateur de Free, séduit par l'esprit entrepreneurial de Paul Morlet, l'encourage à voir au-delà et lui suggère de s'intéresser aux lunettes de vue. En mai 2014, Paul Morlet jette un pavé dans la mare avec l'ouverture de « Lunettes pour tous », une boutique d'un nouveau genre, en plein cœur de Paris.
Son principe ? Proposer des lunettes de vue à prix cassés tout en les fabriquant sur place en moins de dix minutes. Quelques mois plus tard, Xavier Niel entre au capital de « Lunette pour tous », en investissant un million d'euros.
Une vraie petite révolution dans un marché où la France est souvent épinglée pour ses tarifs excessifs, le prix d'une paire de lunettes étant en moyenne de 500 euros. Lui, la propose à dix euros et la fournit en dix minutes. Les opticiens n'ont pas de stock et sous-traitent la fabrication des verres. Leur marge est très importante.

N. Guégan, www.lepoint.fr, mai 2014.

DOCUMENT 3 Comment appliquer un process industriel en magasin

Les opticiens peuvent frémir, un nouveau venu sur le marché bouscule les codes du secteur avec des lunettes de vue et des solaires « low cost », même si « *les verres proviennent des mêmes usines que celles d'Essilor en Chine* » se défendent Paul Morlet, le fondateur de Lunettes pour tous.
[...] Le jeune entrepreneur fonce et met en place un système de fabrication rapide et optimisé. Un lourd processus informatique prend les mesures optiques des clients et les transmet à de robustes machines japonaises améliorées informatiquement. Situées en sous-sol des magasins, elles sont capables de découper les verres à la demande et de fabriquer jusqu'à 500 montures par jour. Grâce à un stock de 14 000 verres et de 2 000 montures, Paul Morlet crée une véritable *« mini-usine en ville »*. [...]
« On fabrique plus de 500 paires sur nos trois magasins et on vend 250 par jour dans notre boutique parisienne, avec une marge brute à 50%, soit près de 100 fois le volume actuel d'un opticien classique », se félicite Paul Morlet. [...]

Ch. De Saintignon,
Les Échos, 21 octobre 2016.

DOCUMENT 4 Lunettes pour tous : une sucess-story

[...] Adepte de la croissance maîtrisée, Lunettes pour tous et ses 105 employés réalisent un chiffre d'affaires de 6 millions d'euros en 2016 et ont doublé leur taux de croissance entre 2015 et 2016. Concernant l'avenir, Paul Morlet est serein : « *nous n'avons pas besoin de faire le tour des investisseurs. Nos magasins sont rentables, nous pouvons tout à fait financer les prochaines ouvertures sur notre BFR.* » [...]

Ch. De Saintignon,
Les Échos, 21 octobre 2016.

FAIRE LE POINT

CHAP 1 De quelle manière l'entreprise s'inscrit-elle dans son environnement ?

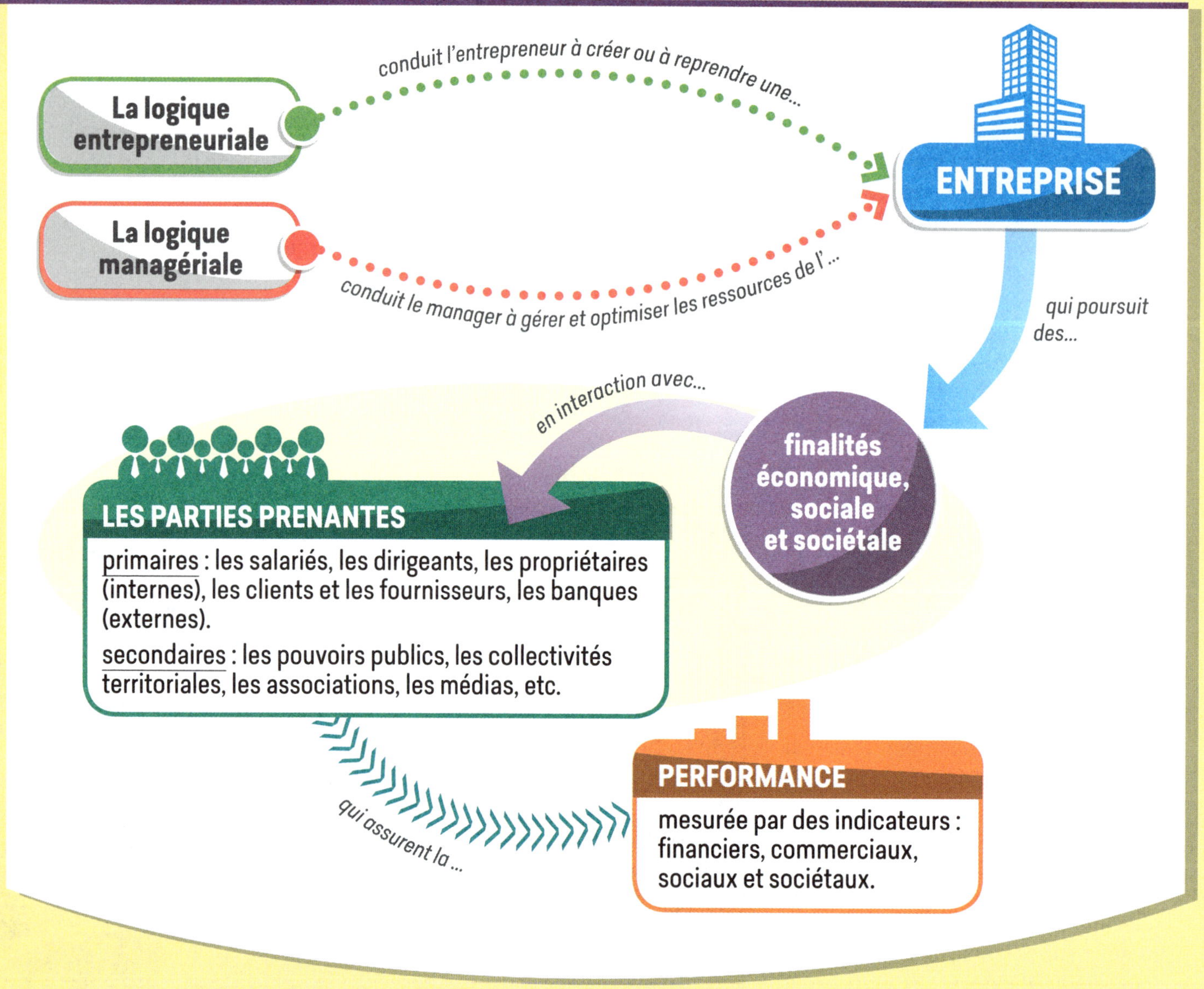

LEXIQUE

- **Finalités de l'entreprise :** buts et objectifs poursuivis par l'entreprise. **Peter Drucker** précise que la finalité première d'une entreprise, c'est de satisfaire le besoin du client avec des produits de qualité. Pour ce faire, elle doit poursuivre une **finalité sociale** (conditions de travail, formations, promotions…) et **sociétale** (application des principes du développement durable) et c'est ainsi qu'elle réalise une **finalité économique** (lucrative).

- **Indicateur :** facteur retenu pour mesurer la performance.

- **Logique entrepreneuriale :** état d'esprit et une dynamique d'action et d'innovation permanente. L'entrepreneuriat est un processus qui consiste à prendre le risque d'investir des moyens pour mener un projet économique dans le but de réaliser des profits et d'assurer le développement de l'entreprise sur le long terme.

- **Logique managériale :** complément indispensable à la logique entrepreneuriale. Elle est assurée par le manager qui dirige, définit des buts, coordonne, gère et optimise les ressources de l'entreprise afin qu'elle atteigne les objectifs préalablement fixés.

- **Parties prenantes :** pour R.E. Freeman, une partie prenante est : « tout individu ou groupe qui peut affecter ou être affecté par la réalisation des objectifs de l'organisation ». Il est possible d'affiner cette notion en précisant qu'il s'agit de : *tout groupe identifiable dont l'organisation dépend pour sa survie à long terme* (Stanford Research Institute). Les acteurs sont alors : les dirigeants, les salariés, les fournisseurs, les clients, les pouvoirs publics, les banques, les associations, etc.

- **Performance :** atteinte des objectifs que l'entreprise s'est fixés.

- **Responsabilité sociale des entreprises :** intégration volontaire, par les entreprises, de préoccupations sociales et environnementales à leurs activités commerciales et leurs relations avec leurs parties prenantes.

Comment les contrats sécurisent-ils les relations entre l'entreprise et ses partenaires ?

CHAPITRE 2

Situation simulée

Dans le cadre du développement de ses produits destinés aux professionnels, Parrot recherche des fournisseurs répondant au cahier des charges de son nouveau drone spécialisé pour l'agriculture (panneau photovoltaïque, châssis). Mais les relations commerciales ne sont pas si simples et les partenaires ont besoin d'être sécurisés. Le droit des contrats va permettre à l'entreprise de stabiliser ses relations avec ses partenaires.

Vous êtes stagiaire au service juridique de la société Parrot et vous devez réaliser le travail préparatoire des différents dossiers soumis au service concernant le développement du nouveau drone.

Compétences

- Qualifier une situation précontractuelle et repérer le processus de formation d'un contrat (Objectifs 1 et 2)
- Analyser et évaluer les conditions de la validité, les clauses et les effets juridiques d'un contrat (Objectifs 3, 4 et 5)

1 Qualifier une situation précontractuelle

SAVOIRS ASSOCIÉS

- Les principes contractuels et leur évolution

Situation simulée

Parrot est à la recherche de fournisseurs pour son nouveau drone à destination de l'agriculture. La société souhaite intégrer un capteur solaire afin d'améliorer l'autonomie du drone. Une relation précontractuelle a été engagée avec la société Altai (société américaine) depuis maintenant 3 mois. Toutefois, malgré les nombreux échanges et déplacements du responsable production de Parrot, Pierre Chanay, la qualité du panneau solaire proposé ne répond pas au cahier des charges fourni.

Missions

1. **Identifiez les éléments qui caractérisent une situation précontractuelle.**
2. **Déduisez de votre réponse précédente l'existence de pourparlers entre Parrot et Altai.**
3. **Proposez une argumentation juridique sur laquelle Pierre Chanay pourrait s'appuyer pour rompre les négociations.**

DOCUMENT 1 Extrait du Code civil

Article 1112

- L'initiative, le déroulement et la rupture des négociations précontractuelles sont libres. Ils doivent impérativement satisfaire aux exigences de la bonne foi.
- En cas de faute commise dans les négociations, la réparation du préjudice qui en résulte ne peut avoir pour objet de compenser la perte des avantages attendus du contrat non conclu.

Article 1112-1

- Celle des parties qui connaît une information dont l'importance est déterminante pour le consentement de l'autre doit l'en informer dès lors que, légitimement, cette dernière ignore cette information ou fait confiance à son cocontractant.
- Néanmoins, ce devoir d'information ne porte pas sur l'estimation de la valeur de la prestation.
- Ont une importance déterminante les informations qui ont un lien direct et nécessaire avec le contenu du contrat ou la qualité des parties.

Article 1240

- Tout fait quelconque de l'homme, qui cause à autrui un dommage, oblige celui par la faute duquel il est arrivé à le réparer.

DOCUMENT 2 Décision de la cour d'appel de Toulon, du 10 juin 1992

Si la liberté est le principe dans le domaine des relations précontractuelles, y compris la volonté de rompre à tout moment les pourparlers, il n'en est pas moins vrai que lorsque ces derniers ont atteint en durée et en intensité un degré suffisant pour faire croire légitimement à une partie que l'autre est sur le point de conclure et, partant pour l'inciter à certaines dépenses la rupture est alors fautive, cause un préjudice et donne lieu à réparation.

© DILA Légifrance, www.legifrance.gouv.fr

RESSOURCE 1 La négociation précontractuelle

La phase de négociation précontractuelle se définit comme la phase de dialogue entre les parties durant laquelle celles-ci forment des propositions et des contre-propositions [...] le législateur a [...] consacré, par les articles 1112 et s. du Code civil, un certain nombre de règles applicables à ladite phase. Les discussions précontractuelles sont placées sous l'égide de la liberté contractuelle, conformément à l'article 1112 nouveau du Code civil. [...] Ainsi, les parties sont, durant ce prologue du processus contractuel, libres de mener leurs négociations comme elles l'entendent, de rompre les pourparlers quand elles le souhaitent, et surtout libres de ne pas conclure *in fine* le contrat. Elles sont dans une phase précontractuelle caractérisée par des discussions entre une partie qui va formuler une offre et une autre partie qui va formuler des contre-propositions, des conditions, etc. [...]
En matière de négociation précontractuelle, les parties qui négocient doivent se comporter de manière loyale et négocier de bonne foi.

www.bruzzodubucq-avocats.com, 21 mars 2017.

RESSOURCE 2 La bonne foi

Lors du déroulement des négociations, l'exigence de **bonne foi** signifie que les parties doivent être véritablement animées par la volonté de contracter. Autrement dit, elles doivent être sincères dans leur démarche de négocier et ne pas délibérément laisser croire à l'autre que les pourparlers ont une chance d'aboutir, alors qu'il n'en est rien.

www.aurelienbamde.com, 12 janvier 2017.

RESSOURCE 3 L'obligation précontractuelle d'information

- **L'obligation d'information** est seulement mise à la charge de la partie qui détient une information déterminante pour le consentement de son cocontractant.
- **Cette information déterminante** n'est due qu'à l'égard du cocontractant qui, légitimement, l'ignore ou fait confiance à l'autre partie.
- **Pour être déterminante,** l'information doit avoir un **lien direct et nécessaire** avec le contenu du contrat ou les qualités des parties.

© Delagrave, 2018.

RESSOURCE 4 La rupture de la négociation

La **rupture des pourparlers** est appréciée par les juges au regard des **circonstances de la rupture**. La faute peut consister dans le fait de rompre subitement les pourparlers. En règle générale, plus les pourparlers sont longs, plus le juge considérera que la rupture est brutale. De plus, quand l'auteur de la rupture n'a pas de motif légitime pour y mettre un terme, le juge aura là encore tendance à reconnaître la rupture brutale des pourparlers. Enfin, quand l'auteur de la rupture a fait croire à l'autre partie que le contrat serait bien conclu [mauvaise foi], est souvent caractérisée la rupture abusive des négociations. Plus des frais importants ont été réalisés lors des négociations, plus la rupture sera considérée fautive. Éclairés par la technique du faisceau d'indices, les juges considèreront la durée et l'état d'avancement des pourparlers pour retenir ou non la **rupture brutale des pourparlers.**

www.bruzzodubucq-avocats.com, 21 mars 2017.

Vidéo 6'41
Les pourparlers
lienmini.fr/c576-pourparler

2 Repérer le processus de formation d'un contrat

SAVOIRS ASSOCIÉS
- La formation du contrat

Situation simulée

Après un certain nombre d'ajustements, le panneau solaire proposé par Altai est validé. Le 15 février, une réunion entre les parties est organisée au siège de la société Parrot. Elles se mettent d'accord sur le nombre de pièces à fournir et sur les conditions de vente (délais, prix). Le 25 février, le responsable du dossier chez Altai souhaite revenir sur le prix fixé, expliquant qu'une erreur d'estimation des coûts a été commise, même si elle ne remet pas en cause sa rentabilité. Pierre Chanay lui explique que le contrat est déjà conclu et qu'il n'est pas possible de revenir en arrière.

Missions

1. **Précisez la date de formation du contrat en justifiant votre réponse.**
2. **Proposez une argumentation juridique que pourrait développer Pierre Chanay pour justifier sa position.**

DOCUMENT 1 Extrait du Code civil

Article 1101

- Le contrat est un accord de volontés entre deux ou plusieurs personnes destiné à créer, modifier, transmettre ou éteindre des obligations.

Article 1109

- Le contrat est consensuel lorsqu'il se forme par le seul échange des consentements quel qu'en soit le mode d'expression.
- Le contrat est solennel lorsque sa validité est subordonnée à des formes déterminées par la loi.
- Le contrat est réel lorsque sa formation est subordonnée à la remise d'une chose.

Article 1113

- Le contrat est formé par la rencontre d'une offre et d'une acceptation par lesquelles les parties manifestent leur volonté de s'engager. Cette volonté peut résulter d'une déclaration ou d'un comportement non équivoque de son auteur.

Article 1114

- L'offre, faite à personne déterminée ou indéterminée, comprend les éléments essentiels du contrat envisagé et exprime la volonté de son auteur d'être lié en cas d'acceptation. À défaut, il y a seulement invitation à entrer en négociation.

Article 1118

- L'acceptation est la manifestation de volonté de son auteur d'être lié dans les termes de l'offre.
- Tant que l'acceptation n'est pas parvenue à l'offrant, elle peut être librement rétractée, pourvu que la rétractation parvienne à l'offrant avant l'acceptation.
- L'acceptation non conforme à l'offre est dépourvue d'effet, sauf à constituer une offre nouvelle.

RESSOURCE 1 L'offre et l'acceptation

L'**offre de vente** est un acte unilatéral émanant du vendeur. L'offrant doit proposer un bien déterminé, à un prix déterminé. L'**acceptation** est l'acte par lequel le futur acquéreur manifeste sa volonté pure et simple de contracter, aux conditions déterminées dans l'offre. S'il propose de contracter à d'autres conditions, il émet une contre-offre. Si cette contre-offre est acceptée, la relation contractuelle est nouée.

© Delagrave, 2018.

RESSOURCE 2 La liberté contractuelle

La formation du contrat repose sur le **principe de la liberté contractuelle**. En vertu de ce principe, chacun est libre :

- de choisir son cocontractant ;
- de conclure ou non le contrat ;
- d'en définir le contenu sous réserve du respect de l'ordre public (article 6 du Code civil) et des lois qui s'imposent directement aux contractants.

Toutefois, des limites apportées à la liberté contractuelle existent :

- le choix du cocontractant peut être limité (ex. : dans le cadre de la vente d'un appartement, le locataire bénéficie d'une priorité) ;
- la loi peut imposer la souscription d'un contrat (ex. : contrat d'assurance automobile) ;
- le contenu du contrat peut être imposé par le cocontractant (ex. : le contenu du contrat d'abonnement de téléphonie mobile est imposé au consommateur par le fournisseur).

© Delagrave, 2018.

RESSOURCE 3 La classification des contrats

La classification permet une qualification du contrat et ainsi de savoir le régime qui s'y applique. Ces classifications peuvent se combiner voire s'additionner. Par exemple, un contrat de transport (SNCF) est à la fois un contrat synallagmatique, d'adhésion, consensuel et à exécution instantanée.

Nom du contrat	Obligations	Exemples
Contrat synallagmatique	Chaque partie a des obligations envers son cocontractant.	Contrat de vente
	ou	
Contrat unilatéral	Une seule partie s'engage.	Contrat de don
Contrat de gré à gré	Les stipulations sont librement négociées entre les parties.	Contrat de vente (ex. : une voiture d'occasion)
	ou	
Contrat d'adhésion	Les conditions générales, soustraites à la négociation, sont déterminées à l'avance par l'une des parties.	Contrat de transport
Contrat consensuel	Seule la rencontre des volontés suffit à former le contrat. Ce type de contrat est le plus répandu.	Contrat de vente Contrat de location
	ou	
Contrat solennel	Il nécessite un écrit (très peu de contrats sont concernés).	Contrat de mariage
	ou	
Contrat réel	La formation du contrat nécessite la remise de la chose, objet du contrat. Ce type de contrat est limité.	Contrat de gage Contrat de dépôt
Contrat à exécution instantanée	Les obligations peuvent s'exécuter en une prestation unique.	Contrat de vente
	ou	
Contrat à exécution successive	Les obligations d'au moins une partie s'exécutent en plusieurs prestations échelonnées dans le temps.	Contrat de location Contrat de travail

© Delagrave, 2018.

3 Analyser et évaluer les conditions de la validité d'un contrat

SAVOIRS ASSOCIÉS
- La formation du contrat

Situation simulée

Le nouveau drone professionnel doit gagner en légèreté. Le responsable de la société Yol, spécialisée dans la construction de châssis en aluminium ou en carbone pour drone grand public, s'engage à construire des châssis pour ce nouveau produit. Parrot conclut un contrat avec la société Yol. Après quelques mois, il s'avère que la société ne possède pas les compétences pour répondre aux attentes du cahier des charges des drones professionnels. La société Parrot souhaite faire annuler ce contrat.

Missions

1. **Identifiez la condition de validité qui semble ne pas être respectée dans ce contrat. Justifiez votre réponse.**
2. **Présentez l'argumentation sur laquelle pourrait s'appuyer la société Parrot pour demander l'annulation du contrat (fait, problème juridique, règle de droit, conclusion).**

DOCUMENT 1 Extrait du Code civil

Article 1101

- Le contrat est un accord de volontés entre deux ou plusieurs personnes destiné à créer, modifier, transmettre ou éteindre des obligations.

Article 1128

- Sont nécessaires à la validité d'un contrat : 1° Le consentement des parties ; 2° Leur capacité de contracter ; 3° Un contenu licite et certain.

Article 1130

- L'erreur, le dol et la violence vicient le consentement lorsqu'ils sont de telle nature que, sans eux, l'une des parties n'aurait pas contracté ou aurait contracté à des conditions substantiellement différentes. [...]

Article 1144

- Le délai de l'action en nullité ne court, en cas d'erreur ou de dol, que du jour où ils ont été découverts et, en cas de violence, que du jour où elle a cessé.

Article 1178

- Un contrat qui ne remplit pas les conditions requises pour sa validité est nul. La nullité doit être prononcée par le juge, à moins que les parties ne la constatent d'un commun accord. Le contrat annulé est censé n'avoir jamais existé.
- Les prestations exécutées donnent lieu à restitution [...]
- Indépendamment de l'annulation du contrat, la partie lésée peut demander réparation du dommage subi dans les conditions du droit commun de la responsabilité extracontractuelle.

DOCUMENT 2 Décision de la Cour de cassation, chambre civile 3, du 21 décembre 2017

Mais attendu qu'ayant relevé que l'appartement était situé dans un quartier vivant [...], au-dessus d'un pub générateur de toute évidence de nuisances sonores, comme il avait pu le constater par la remise d'un compte-rendu d'assemblée générale, dans lequel il était noté de façon très explicite les nuisances sonores liées à la présence de cet établissement, et les plaintes et procédures qu'il avait générées et qui n'étaient pas totalement réglées, et souverainement retenu qu'il n'était pas établi que les demandes faites par les filles des vendeurs au gérant du bar de réduire le volume sonore de la musique dans l'établissement durant les visites avaient eu un rôle déterminant du consentement de M. X... lors de l'acquisition de l'appartement, la cour d'appel, qui a procédé aux recherches prétendument omises et n'était pas tenue de suivre les parties dans le détail de leur argumentation, a pu en déduire que la demande d'annulation de la vente fondée sur le dol ne pouvait être accueillie ; D'où il suit que le moyen n'est pas fondé ; par ces motifs : rejette le pourvoi ; [...]

© DILA Légifrance, www.legifrance.gouv.fr

RESSOURCE 1 Les conditions de validité des contrats

L'offre de vente est un acte unilatéral émanant du vendeur. L'offrant doit proposer un bien déterminé, à un prix déterminé.
Les contrats doivent respecter **3 conditions** pour être valablement formés.

1. Le **consentement libre** et **éclairé** des parties, c'est-à-dire non vicié
2. La **capacité de contracter**
3. Un **contenu licite** et **certain**

Si l'une de ces conditions n'est pas remplie, la **sanction est la nullité du contrat**.

© Delagrave, 2018.

RESSOURCE 2 Le consentement

Le consentement des parties qui s'engagent doit être **libre et éclairé** lors de la conclusion du contrat. Le consentement est libre lorsqu'il n'est pas obtenu par violence. La violence consiste en l'emploi de menaces physiques ou morales dans le but d'intimider et d'inciter à donner son consentement à l'accord.
Le consentement est éclairé lorsqu'il n'est obtenu ni par erreur (l'erreur est le fait de se méprendre sur la réalité, de se tromper) ni par dol (le dol consiste à tromper le contractant soit en lui donnant des informations fausses, soit en gardant le silence sur des informations déterminantes pour la conclusion du contrat).

© Delagrave, 2018.

RESSOURCE 3 La capacité

Pour qu'un contrat soit valablement formé, les parties qui donnent leur consentement doivent être dotées de la **capacité de contracter** : avoir 18 ans révolus et ne pas être majeur incapable.

© Delagrave, 2018.

RESSOURCE 4 Le contenu

Un contenu licite et certain renvoie à l'objet du contrat. Ce dernier fait référence à la chose due en exécution du contrat, ainsi qu'à la prestation due par les parties lors de la conclusion du contrat. Cette prestation consiste soit en une obligation de faire, soit en une obligation de ne pas faire ou soit en une obligation de donner quelque chose. Ces obligations constituent l'objet de l'obligation des parties. L'objet de l'obligation doit exister lors de la conclusion du contrat. Il doit être déterminé précisément ou déterminable à partir d'éléments contenus dans le contrat. Il doit être licite, sachant que seuls les objets qui sont dans le commerce juridique constituent des objets licites.
Enfin, tout contrat doit comporter un objet moral, c'est-à-dire conforme à l'ordre public.

© Delagrave, 2018.

RESSOURCE 5 La liberté contractuelle et ses évolutions

L'autonomie de la volonté et le principe de la liberté contractuelle qui en découle supposent une égalité entre les parties. Le législateur a édicté des règles qui, complétées par les décisions de la jurisprudence, ont essentiellement pour objectif d'instaurer une « morale contractuelle ». Cette morale tend à favoriser :

- la loyauté des parties dans leurs relations précontractuelles et contractuelles, en instaurant certaines prohibitions visant à renforcer la loyauté entre les partenaires commerciaux ;
- un devoir de collaboration et de coopération ;
- la recherche d'un équilibre contractuel entre les parties.

© Delagrave, 2018.

4 Analyser et évaluer les clauses d'un contrat

SAVOIRS ASSOCIÉS
- Le contenu du contrat

Situation simulée

Après avoir obtenu l'annulation du contrat avec la société Yol, Parrot a conclu un contrat pour la conception du châssis du nouveau modèle de drone avec un autre partenaire, la société High. La directrice de la société High considère que l'article 15 est une clause abusive.

Missions

1. **Repérez les clauses générales et les clauses particulières du contrat. Justifiez vos choix.**
2. **Analysez la validité de la clause (article 15).**

DOCUMENT 1 Extrait du contrat entre la société Parrot et la société High

CONTRAT

Entre les soussignés :
– La société Parrot, domiciliée 174 quai de Jemmapes 75010 PARIS, représentée par son directeur du service juridique M. X, le client d'une part,
– La société High, domiciliée 12 rue du Paradis, 69001 LYON, représentée par sa directrice générale Mme Julia G., le prestataire d'autre part,
Il a été convenu ce qui suit :

Article 1 - Objet
Le présent contrat est un contrat de prestations ayant pour objet la conception d'un châssis pour un drone professionnel, dont les conditions sont définies au cahier des charges annexé au présent contrat et en faisant partie intégrante.

Article 2 - Prix
En contrepartie de la réalisation des prestations définies à l'article 1 ci-dessus, le client versera au prestataire la somme forfaitaire de 75 000,00 €, ventilée de la manière suivante : 15 000,00 € à la signature des présentes, 15 000,00 € au 60e jour suivant la signature des présentes, 45 000,00 €, constituant le solde, à la réception du rapport terminal.

Article 3 - Exécution de la prestation
Le prestataire s'engage à mener à bien la tâche précisée à l'article 1, conformément aux règles de l'art et de la meilleure manière. À cet effet, il rassemblera les moyens nécessaires à la réalisation de la mission et remettra, avant le rapport terminal, une pré-étude, au plus tard 60 jours après la conclusion du contrat. [...] L'exécution de la prestation devra être réalisée conformément au calendrier joint dans le cahier des charges et le rapport terminal devra être remis au plus tard le XXXX. [...]

Article 5 - Obligation de confidentialité
Le prestataire considérera comme strictement confidentiel, et s'interdit de divulguer, toute information, document, donnée ou concept, dont il pourra avoir connaissance à l'occasion du présent contrat.

Article 6 - Obligation du client
Le client tiendra à la disposition du prestataire toutes les informations pouvant contribuer à la bonne réalisation de l'objet du présent contrat. À cette fin, le client désigne deux interlocuteurs privilégiés (M. J et M. H.), pour assurer le dialogue dans les diverses étapes de la mission contractée. [...]

Article 9 - Pénalités
Toute méconnaissance des délais stipulés à l'article 3 ci-dessus engendrera l'obligation pour le prestataire de payer au client la somme de 500 €, par jour de retard. [...]

Article 15 - Résiliation-sanction
Tout manquement par le prestataire aux obligations qu'il a en charge, aux termes des articles ci-dessus, entraînera, si bon semble au client, la résiliation de plein droit du présent contrat, quinze jours après mise en demeure d'exécuter par lettre recommandée avec accusé de réception demeurée sans effet, sans préjudice de tous dommages et intérêts.

RESSOURCE 1 Les clauses d'un contrat

Une **clause** est une phrase ou un ensemble de phrases contenues dans le texte d'un acte juridique (tel un contrat) qui définit les droits et les obligations des personnes concernées par cet acte.

www.dictionnaire-juridique.com

RESSOURCE 2 Les clauses particulières d'un contrat

Le contrat est un acte juridique personnalisable. Il comprend des clauses générales (que l'on retrouve dans tous les contrats comme l'objet, le prix...) et des clauses particulières (que les parties peuvent insérer en fonction de leurs objectifs). Ces clauses particulières sont nombreuses. Les plus fréquentes sont les suivantes :

- La **clause de dédit** : clause qui oblige celui qui ne souhaite plus exécuter le contrat, avant un certain délai, à dédommager son cocontractant.
- La **clause de réserve de propriété** : clause qui permet au créancier de conserver la propriété du bien vendu jusqu'à complet paiement.
- La **clause d'indexation** : clause qui prévoit que le prix mentionné au contrat évoluera de manière automatique en fonction de l'évolution d'une autre donnée.
- La **clause de renégociation** : clause qui prévoit l'obligation pour les parties de renégocier le contrat si des données essentielles à son équilibre viennent à changer.
- La **clause limitative ou exclusive de responsabilité** : clause par laquelle le débiteur d'une obligation décide de limiter ou d'exclure par avance sa responsabilité en cas de mauvaise exécution ou d'inexécution du contrat. Cette clause est valable si elle est librement négociée et qu'elle ne vide pas de toute sa substance l'obligation essentielle du cocontractant.
- La **clause résolutoire** : clause qui prévoit qu'en cas de manquement à une obligation contractuelle de l'une des parties, le contrat sera résilié de plein droit. Cela permet d'éviter d'avoir recours à la justice.
- La **clause pénale** : clause qui détermine à l'avance la sanction pécuniaire applicable au cas où l'une des parties n'exécuterait pas ses obligations.

Les cocontractants doivent respecter ces clauses. Entre professionnels, ces aménagements sont tout à fait valables.

© Delagrave, 2018.

RESSOURCE 3 Les clauses abusives

Vidéo 6'46
Les clauses abusives
lienmini.fr/c576-clauses

Le Code de commerce (article L442-6) sanctionne, sur le terrain de la responsabilité, les clauses créant un déséquilibre significatif dans les droits et obligations des parties à un **contrat** conclu par un producteur, commerçant, industriel ou personne immatriculée au répertoire des métiers **avec un partenaire commercial.**

© Delagrave, 2018.

5 Analyser et évaluer les effets juridiques d'un contrat

SAVOIRS ASSOCIÉS
- Le contenu du contrat

Situation simulée

L'article 15 du contrat entre les sociétés Parrot et High a été modifié. La clause résolutoire s'applique maintenant aux deux parties. Les échanges entre les parties sont fructueux et le projet semble bien avancer. Toutefois, soixante jours après la conclusion du contrat, le rapport pré-études n'a toujours pas été remis à la société Parrot. Le directeur du projet de la société Parrot contacte son homologue au sein de la société High afin d'obtenir des explications. La directrice de High souhaite renégocier le prix fixé au contrat car les ingénieurs y passent beaucoup plus de temps que prévu. Le directeur de la société Parrot s'y oppose.

Missions

1. **Retrouvez dans le contrat les différentes obligations des parties. Présentez-les dans un tableau.**
2. **Présentez les arguments juridiques que la société Parrot d'une part, et la société High d'autre part, pourraient invoquer pour faire valoir leurs droits.**

DOCUMENT 1 Extrait du Code civil

Article 1103

- Les contrats légalement formés tiennent lieu de loi à ceux qui les ont faits.

Article 1193

- Les contrats ne peuvent être modifiés ou révoqués que du consentement mutuel des parties, ou pour les causes que la loi autorise.

Article 1194

- Les contrats obligent non seulement à ce qui y est exprimé, mais encore à toutes les suites que leur donnent l'équité, l'usage ou la loi.

Article 1195

- Si un changement de circonstances imprévisible lors de la conclusion du contrat rend l'exécution excessivement onéreuse pour une partie qui n'avait pas accepté d'en assumer le risque, celle-ci peut demander une renégociation du contrat à son cocontractant. Elle continue à exécuter ses obligations durant la renégociation.
- En cas de refus ou d'échec de la renégociation, les parties peuvent convenir de la résolution du contrat, à la date et aux conditions qu'elles déterminent, ou demander d'un commun accord au juge de procéder à son adaptation. À défaut d'accord dans un délai raisonnable, le juge peut, à la demande d'une partie, réviser le contrat ou y mettre fin, à la date et aux conditions qu'il fixe.

Article 1199

- Le contrat ne crée d'obligations qu'entre les parties.
- Les tiers ne peuvent ni demander l'exécution du contrat ni se voir contraints de l'exécuter, sous réserve […].

RESSOURCE 1 Les effets du contrat entre les parties

Le contrat est un accord de volontés créateur de droits et d'obligations pour les parties.

- Le **principe de la force obligatoire** du contrat prévoit qu'entre les parties, le contrat a valeur de loi : il est d'application obligatoire. Les parties doivent respecter l'accord conclu. Un contractant ne peut revenir sur son engagement sans que le cocontractant ne soit d'accord ; les modifications et les révocations unilatérales ne sont pas autorisées.
- Le **contrat s'impose aussi au juge** : en cas de conflit entre les parties, le juge ne peut pas interpréter les clauses claires (qui ne donnaient pas lieu à interprétation) d'un contrat. Deux cas permettent une interprétation par le juge. Soit le juge peut être amené à interpréter une clause qui manque de clarté afin d'en trouver la signification conformément à la volonté des parties. Soit le contrat contient des lacunes ou des vides et l'article 1193 du Code civil autorise le juge à découvrir des obligations qui s'imposent aux parties alors mêmes qu'elles n'avaient pas été envisagées lors de la conclusion du contrat.

© Delagrave, 2018.

RESSOURCE 2 Les effets du contrat à l'égard des tiers

Parce qu'il est une loi contraignante entre les parties, le contrat ne peut pas produire d'effet à l'égard des tiers. C'est le principe de **l'effet relatif du contrat.** Toutefois, si le contrat ne peut nuire au tiers, il peut lui profiter. C'est le cas par exemple des contrats d'assurance qui sont expressément conclus au bénéfice d'un tiers et donc **produisent** des effets à leur égard.

© Delagrave, 2018.

RESSOURCE 3 L'inexécution du contrat

En vertu de la force obligatoire du contrat, chacune des parties doit exécuter ses obligations. Quand l'une des parties ne respecte pas ses engagements (inexécution partielle/totale ou encore mauvaise exécution), le créancier peut soit chercher à obtenir l'exécution du contrat, soit à mettre fin au contrat, c'est-à-dire à obtenir **sa résolution ou résiliation**. Toutefois, le créancier doit, avant toute action en justice, **mettre en demeure** le débiteur. La mise en demeure est l'acte (lettre, acte d'huissier) par lequel un créancier demande à son débiteur d'exécuter ses obligations (payer une somme d'argent, finir des travaux, livrer un produit acheté, etc.).

En l'absence de réponse du débiteur, le créancier peut intenter une action en justice afin d'obliger le débiteur à s'exécuter.

Le juge peut alors :

- obliger le débiteur à exécuter son obligation en nature (ex. : donner le bien, réaliser une prestation) : c'est **l'exécution forcée en nature** ;
- condamner le débiteur à une exécution par équivalent, c'est-à-dire au paiement d'une somme d'argent compensant la non-exécution de l'obligation ;
- mettre fin au contrat (résolution ou résiliation).

Il existe toutefois une exception : **l'exception d'inexécution**. Lorsque le contrat est synallagmatique (chaque partie a des obligations réciproques), la partie qui n'a pas encore exécuté son obligation peut s'abstenir de le faire si son cocontractant n'a pas exécuté la sienne ou a refusé d'y procéder. Dans ce cas, le contrat continue d'exister.

© Delagrave, 2018.

Vidéo 4'44 **Résolution et résiliation**
lienmini.fr/c576-effets

APPLICATION

Situation simulée

Marie Poidevin, gérante de la société **BioMâche**, est maraîchère bio en Bourgogne. Elle cultive des légumes, certaines fines herbes et des fleurs à usage alimentaire. Ses produits sont très appréciés des restaurateurs de la région et des clients qui se rendent sur les différents marchés où elle est présente. Toutefois, pour écouler l'ensemble de sa production et que son activité devienne rentable, elle doit diversifier sa clientèle. Elle a été contactée par la centrale d'achat d'une entreprise de distribution très connue qui lui propose de vendre une partie de sa production et ainsi d'être présente dans les supermarchés se situant dans un rayon de 20 km autour de son entreprise. Elle a rencontré le responsable de la centrale d'achat qui lui a remis un contrat sur les conditions de coopération des deux structures. Les conditions proposées lui semblent raisonnables. Toutefois, une clause prévoit que les supermarchés du groupe peuvent proposer des opérations de promotion sur ses produits sans la prévenir. Ces offres peuvent avoir pour objet de valoriser sa production, d'écouler les produits abîmés... Les frais liés à ces opérations de promotion seront déduits automatiquement des montants à lui verser. Elle considère que cette clause n'est pas légale.

1. Présentez l'entreprise BioMâche.
2. Caractérisez le contrat envisagé entre l'entreprise BioMâche et la centrale d'achat.
3. Présentez les faits juridiquement qualifiés.
4. Retrouvez les règles juridiques sur lesquelles peut s'appuyer Marie Poidevin pour défendre sa position.
5. Présentez votre conclusion.

DOCUMENT 1 Article 1171 du Code civil

Dans un contrat d'adhésion, toute clause qui crée un déséquilibre significatif entre les droits et obligations des parties au contrat est réputée non écrite. L'appréciation du déséquilibre significatif ne porte ni sur l'objet principal du contrat ni sur l'adéquation du prix à la prestation.

DOCUMENT 2 Article L442-6 du Code de commerce

I. - Engage la responsabilité de son auteur et l'oblige à réparer le préjudice causé le fait, par tout producteur, commerçant, industriel ou personne immatriculée au répertoire des métiers :

1° D'obtenir ou de tenter d'obtenir d'un partenaire commercial un avantage quelconque ne correspondant à aucun service commercial effectivement rendu ou manifestement disproportionné au regard de la valeur du service rendu. Un tel avantage peut notamment consister en la participation, non justifiée par un intérêt commun et sans contrepartie proportionnée, au financement d'une opération d'animation ou de promotion commerciale, d'une acquisition ou d'un investissement, en particulier dans le cadre de la rénovation de magasins, du rapprochement d'enseignes ou de centrales de référencement ou d'achat ou de la rémunération de services rendus par une centrale internationale regroupant des distributeurs ; [...]

2° De soumettre ou de tenter de soumettre un partenaire commercial à des obligations créant un déséquilibre significatif dans les droits et obligations des parties ;

3° D'obtenir ou de tenter d'obtenir un avantage, condition préalable à la passation de commandes, sans l'assortir d'un engagement écrit sur un volume d'achat proportionné et, le cas échéant, d'un service demandé par le fournisseur et ayant fait l'objet d'un accord écrit ; [...]

DOCUMENT 3 Le « déséquilibre significatif » dans les contrats B to B (contrats entre professionnels)

Le nouveau droit des clauses abusives depuis l'entrée en vigueur de la réforme du droit des contrats

L'ordonnance n° 2016-131 du 10 février 2016 [...] est entrée en vigueur, et s'applique à tous les contrats conclus depuis 1er octobre 2016, ainsi qu'aux contrats renouvelés après cette date. Pour les procès en cours, on continuera d'appliquer le droit antérieur, à une exception près : les dispositions nouvelles concernant le régime de la preuve sont d'application immédiate. [...]

L'une des grandes nouveautés de cette réforme du 10 février 2016, est qu'a été intégrée dans le droit commun des contrats (cf. le nouvel article 1171 du Code civil), une disposition générale condamnant les « déséquilibres significatifs » dans tous les contrats. [...]

Le déséquilibre significatif dans les contrats conclus entre professionnels (B to B)

Il ne s'agit pas de « clauses abusives » au sens strict, cette terminologie étant réservée au droit de la consommation. [...] Mais, sur le fond, l'idée est la même : un professionnel aurait imposé les termes d'un contrat à un autre professionnel, dans des termes tels que cela a pour objet ou pour effet de provoquer un déséquilibre significatif dans les relations des parties, au détriment de celui qui s'est vu imposer un contrat dont il n'a pas pu choisir les modalités (contrat d'adhésion). Dans ce cas, deux textes ont vocation à s'appliquer : outre le nouvel article 1171 du Code civil, l'article L442-6, I, 2° du Code de commerce (lui aussi modifié par la loi n° 2016-1691 du 9 décembre 2016). [...]

Les tribunaux exercent un véritable contrôle, au cas par cas, des déséquilibres allégués, que certains estiment « significatifs », et d'autres pas : ce qui donne une jurisprudence aussi foisonnante que variée en la matière. Par ailleurs, la Commission d'examen des pratiques commerciales (CEPC) [...] a pour mission de donner des avis ou de formuler des recommandations, notamment, sur les pratiques concernant les relations commerciales entre producteurs ou fournisseurs et distributeurs. [...] Dans l'ensemble, la plupart des sanctions prononcées sur ce terrain, le sont dans le domaine de la grande distribution, le prescripteur de la clause irrégulière étant le distributeur « tout puissant », et la victime de cette même clause étant le modeste fournisseur, acculé par les exigences du géant de la distribution avec lequel il est contraint de contracter pour survivre.

Souvent, les clauses incriminées sont « sans contrepartie et nettement défavorables aux fournisseurs », s'inscrivant dans un « rapport de dépendance lié à la puissance d'achat du distributeur ». Vérifier l'existence d'un déséquilibre significatif suppose d'analyser l'entier contrat, afin de mesurer l'économie générale de la relation contractuelle. Toutefois, en théorie, nul ne peut contester le prix défini puisque ce prix aurait été « librement » consenti. [...]

C. Bernat, Docteur en droit, www.monavocat.fr, 6 janvier 2017.

CHAP 2 Comment les contrats sécurisent-ils les relations entre l'entreprise et ses partenaires ?

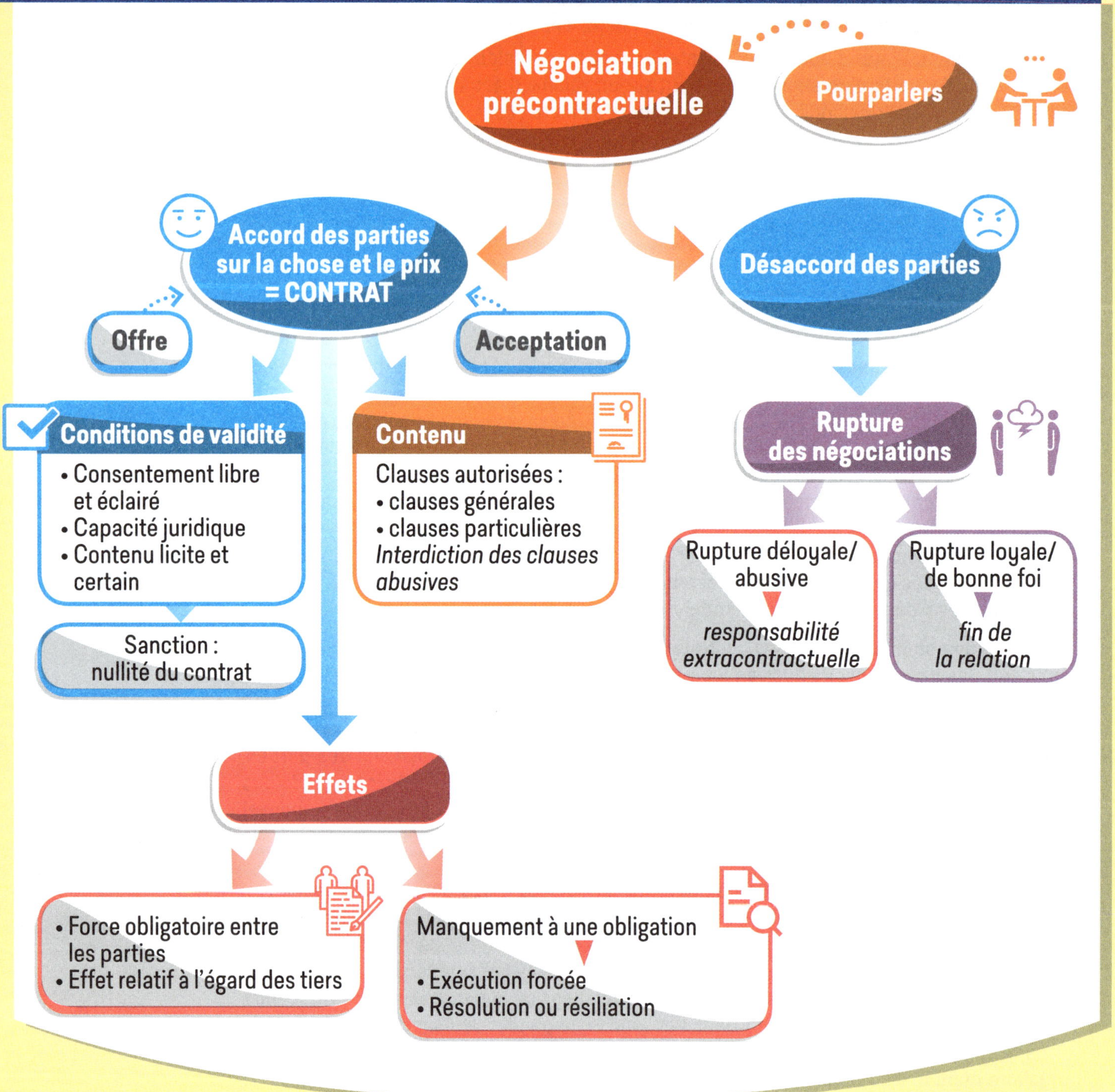

LEXIQUE

- **Contrat :** accord de volonté entre deux ou plusieurs personnes qui s'engagent à donner, faire ou ne pas faire quelque chose.
- **Force obligatoire :** principe selon lequel le contrat a force de loi entre les parties. Les parties s'engagent à respecter les obligations contractées sous peine de sanctions.
- **Résiliation :** fin du lien contractuel pour l'avenir. La résiliation concerne donc les contrats à exécution successive (ex. : contrat de location).
- **Résolution :** anéantissement rétroactif du contrat. Le contrat est censé n'avoir jamais existé. La résolution concerne les contrats à exécution instantanée.
- **Responsabilité extracontractuelle :** principe juridique selon lequel un individu est tenu de réparer le tort causé à autrui en raison de ses actions (ou omissions) ou ceux de personnes ou de biens dont il est responsable.
- **Situation précontractuelle :** phase durant laquelle plusieurs personnes négocient afin d'aboutir à un accord, le contrat.

Comment s'établissent les relations entre l'entreprise et son environnement économique ?

CHAPITRE 3

Situation simulée

Dans le cadre du déploiement de son activité, Parrot échange sur différents marchés (en amont avec ses fournisseurs, en aval avec ses clients), tout en entretenant des relations avec d'autres agents économiques tels que les banques, l'État et les entreprises concurrentes.

Dans le but de préparer le prochain salon TECH'EXPO, qui consacre une table ronde au groupe Parrot, le responsable du service marketing vous demande de réaliser un document de synthèse sur l'environnement économique de l'entreprise, en poursuivant les objectifs ci-contre.

Compétences

- Identifier les principaux agents économiques en relation avec l'entreprise et leurs rôles (ménages, entreprises, banques, État) **(Objectifs 1 et 2)**
- Présenter le fonctionnement des marchés sur lesquels intervient l'entreprise **(Objectifs 3, 4 et 5)**
- Repérer l'existence d'externalités pour l'entreprise **(Objectif 6)**

1 Présenter les principaux agents économiques en relation avec l'entreprise et préciser leurs rôles

SAVOIRS ASSOCIÉS
- Les agents économiques et leurs rôles

Missions

Recensez et classez les agents économiques avec lesquels l'entreprise Parrot est en relation, tout en précisant pour chacun, son rôle économique (dans le cadre de la relation décrite).

DOCUMENT 1 Les partenaires de l'entreprise Parrot : les ménages, les entreprises

[...] Le « Parrot » c'était au départ un agenda électronique à reconnaissance vocale destiné aux non-voyants, le premier produit lancé en 1995 par la société fondée par Henri Seydoux. [...] Sa réussite tient à la fois à sa focalisation sur l'innovation et à la diversité de ses applications : [...] le téléphone, puis [...] l'automobile et, aujourd'hui, les drones et même les pots de fleurs ! [...] Mais la vraie diversification de Parrot, [...] est le lancement, en 2010, d'un bien étrange objet, l'AR Drone. Quatre hélices, un nom qui éveille la curiosité [...], un pilotage intuitif et ultrafacile par smartphone ou tablette. [...] Six ans plus tard, les drones de loisir sont devenus un phénomène de société. [...] Première source de revenus de Parrot [...], l'activité des drones a représenté 56 % du chiffre d'affaires en 2015, et pourrait atteindre 70 % cette année. Pour y parvenir, le groupe a mobilisé son impressionnante branche R&D (17,7 % du chiffre, 45 % des effectifs, essentiellement à Paris) et joué sur la multiplication des modèles. [...] La passion de Parrot pour les machines volantes ou roulantes ne s'arrête pas aux produits grand public. Depuis 2012, le groupe investit aussi beaucoup dans le secteur naissant des drones professionnels – à la fois pour dénicher de nouvelles technologies et pour explorer le secteur des services. Il a multiplié les acquisitions de start-up, de Pix4D (lentilles et traitement optique) à SenseFly (drones pour l'agriculture, la cartographie et l'inspection d'ouvrages) en passant par Airinov (agriculture de précision), MicaSense (collecte et traitement de données), Iconem (sites archéologiques) ou EOS Innovation (robots pour la surveillance d'entrepôts). [...]

S. Chelly, S. Delanglade et B. Georges, *Les Échos*, 2 juin 2016.

Vidéo 9'29
Interview d'Henri Seydoux (1)
lienmini.fr/c576-clients

DOCUMENT 2 Le financement de l'entreprise Parrot : les relations avec les banques

[Pour financer les investissements nécessaires à son développement], Parrot, coté en bourse depuis 2006, a lancé en 2015 une augmentation de capital d'un montant de 300 millions d'euros. Henri Seydoux a investi lui-même dans l'opération à hauteur de près de 90 millions d'euros. [...] Classé dans le top 3 des fabricants de drones grand public et professionnels en 2016, [Parrot fabrique des casques signés Starck et se lance dans le jardinage connecté : un capteur surveillant la santé des plantes est sorti en 2014, et un pot de fleurs bardé de capteurs devrait suivre]. [...]

S. Chelly, S. Delanglade et B. Georges, *Les Échos*, 2 juin 2016.

DOCUMENT 3 Les drones au service des collectivités locales : les relations avec l'État

De plus en plus de communes se tournent aujourd'hui vers les drones pour réaliser des missions de service public dans le cadre de la valorisation du patrimoine, l'urbanisme, ou encore la prévention de risques incendie et inondation.

L. Benamou, www.collectiviteslocales.fr, 13 juin 2016.

RESSOURCE 1 Les agents économiques et leurs rôles

Selon la nomenclature de l'Insee, les différents acteurs de la vie économique sont regroupés dans des ensembles : les unités institutionnelles susceptibles de posséder des actifs, de s'engager dans des activités économiques et de réaliser des opérations avec d'autres unités.

Agent économique	Exemples	Rôle économique principal	Ressources	Dépenses
Entreprise ***Sociétés non financières (SNF)***	*Entreprises privées aux formes juridiques variées*	Produire des biens ou des services marchands	Recettes des ventes	Charges courantes et investissements
Ménage	*Particuliers, consommateurs et clients des entreprises et des banques, usagers du service public*	Consommer et épargner	Revenus du travail et du capital	Charges d'exploitation et investissements
Administration ***Administrations publiques (APU)***	*État* *Collectivités locales*	Produire des biens ou des services collectifs non marchands	Impôts et taxes	Dépenses publiques de fonctionnement et d'infrastructures
Association ***Institutions sans but lucratif au service des ménages (ISBLSM)***	*Associations aux objets divers*	Produire des biens et services non marchands	Cotisations des adhérents, subventions	Dépenses de fonctionnement et d'infrastructures
Banque ***Sociétés financières (SF)***	*Établissements bancaires ou de crédit en ligne ou disposant d'un réseau d'agences*	Élaborer des produits et des services financiers marchands	Rémunération des prestations, intérêts perçus	Charges d'exploitation (notamment intérêts versés et dépenses d'infrastructures)
Reste du monde	*Entreprises clientes à l'étranger* *Fournisseurs étrangers d'entreprises nationales* *Ménages (touristes)*	Rôle économique, ressources et dépenses de chaque catégorie d'acteurs constituant le reste du monde		

© Delagrave, 2018.

2 Représenter les relations de l'entreprise avec les principaux agents économiques

SAVOIRS ASSOCIÉS
- Les échanges entre les agents économiques

Mission

Schématisez les échanges entre le groupe Parrot et les différentes catégories de partenaires avec lesquelles il est en relation.

DOCUMENT 1 Les échanges de Parrot avec ses partenaires

La concurrence a bien failli envoyer Parrot au tapis. Spécialisée depuis plusieurs années sur la production de drones, l'entreprise de high-tech fondée par Henri Seydoux en 1994 retrouve de belles couleurs après s'être infligé un remède de cheval. Sa recette : mettre le cap sur les marchés professionnels et arrêter de cibler le segment grand public, soumis à une guerre des prix menée par le *low cost* chinois. [...]

Le groupe n'a pas pour autant basculé intégralement vers le drone professionnel, il n'abandonne pas le grand public et reste sur les objets connectés avec des casques audio, des pots de fleurs connectés et le kit mains libres. *« Il y a le marché grand public et le marché professionnel,* analyse Chris Roberts, *nous développons un segment entre les deux, le prosumer, autrement dit un drone d'un prix abordable, équipé de capteurs avec des logiciels uniques d'analyse de données. »* Le drone n'est plus un objet vendu seul, c'est désormais un véhicule qui emporte des capteurs, des logiciels et un traitement des données. Six mois plus tard, le premier bilan est encourageant. Le cours de bourse, très malmené – le titre avait perdu 38 % fin 2016 – s'est redressé de 26 % depuis le début de l'année. [...] L'utilisation industrielle a déjà commencé, mais Parrot doit faire face à une rude concurrence. EDF, par exemple, développe désormais ses propres drones pour surveiller son réseau.

Le nerf de la guerre, c'est l'intelligence et l'anticipation, estime Jean-Louis Fréchin, dirigeant fondateur de Nodesign, une entreprise de design qui travaille notamment pour Parrot. [...] À travers Parrot, Henri Seydoux n'hésite pas à miser sur des technologies prometteuses, en prenant, par exemple, une participation majoritaire dans le français Airinov et dans l'américain MicaSense, deux start-up spécialisées dans la cartographie agricole. Une décision parfaitement rationnelle : en agriculture, la prochaine génération de drones sera encore plus performante avec une analyse des conditions météorologiques des champs et l'identification des endroits nécessitant davantage d'engrais.

P. Loubière, www.challenges.fr, 23 septembre 2017.

Vidéo 1'31
Interview d'Henri Seydoux (2)
lienmini.fr/c576-usages

DOCUMENT 2 Les partenaires industriels

Afin d'accorder la plus grande attention aux solutions qu'elle propose, Parrot a noué des partenariats commerciaux ou technologiques avec des entreprises leaders dans leur secteur d'activité.

Les assembleurs : Thales, Sécré, Jabil.

Parrot a choisi les entreprises Jabil, Sécré, Thales pour leur expertise, leur exigence en termes de qualité (normes ISO 9001 et ISO TS16949).

Les fabricants de circuits intégrés spécifiques : STmicroelectronics, ATMEL.

Parrot travaille en étroite collaboration avec ATMEL pour le design et la fabrication des drones et a confié à STmicroelectronics, leader mondial, le développement et la réalisation de solutions sur silicium destinées à un grand nombre d'applications.

Les fournisseurs de composants : Infineon.

Parrot a entrepris un partenariat de longue date avec Infineon qui développe le module Bluetooth des kits mains libres.

www.parrot.com

DOCUMENT 3 Les clients des drones civils selon les usages

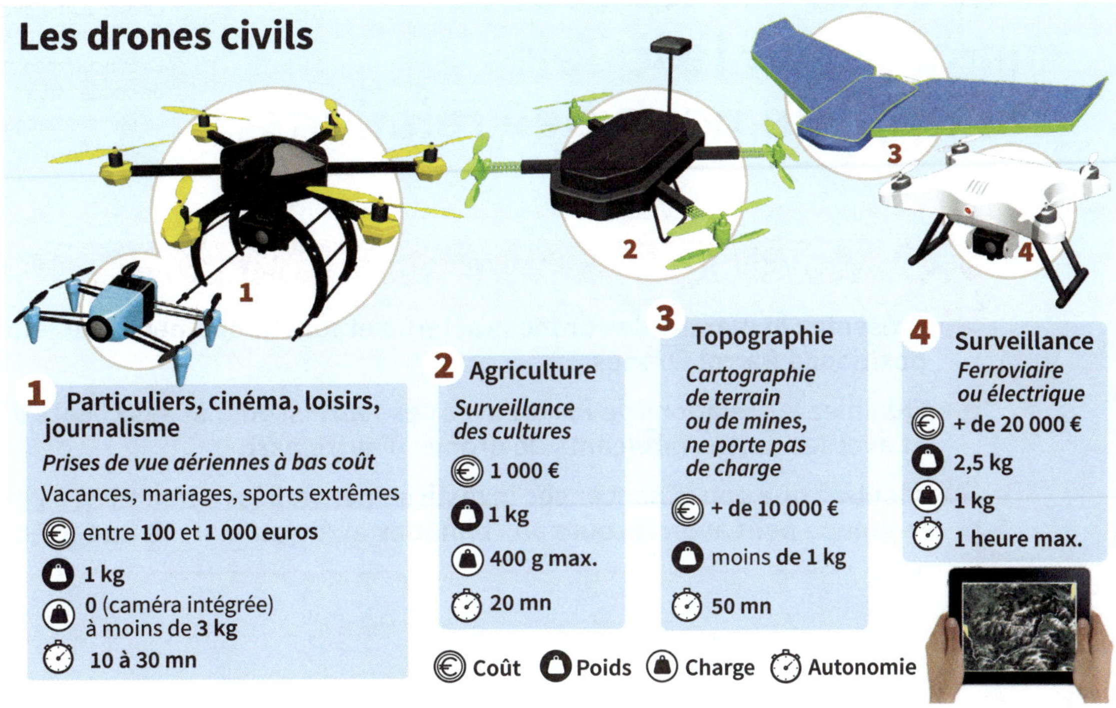

Source : FDPC, cabinet Xerfi, mikrokopter.altigator.com, smartrail.com, technologyreview.com, sensefly.com

RESSOURCE 1 Les échanges entre les agents économiques

Les **agents économiques** ont des besoins complémentaires : un ménage a besoin de travailler pour recevoir un salaire et consommer. Il va donc entrer en relation avec une entreprise ou une administration qui elle a besoin de main-d'œuvre pour produire.
Ces relations créent des **flux** (qui représentent une circulation de biens, de crédits…) soit **réels** (des biens) soit **monétaires** (des salaires). Un flux est toujours compensé par un autre. Si un ménage propose son travail à une entreprise (flux réel), l'entreprise lui versera un salaire (flux monétaire).

© Delagrave, 2018.

Vidéo 4'46
Le circuit économique
lienmini.fr/c576-circuit

RESSOURCE 2 Le schéma du circuit économique

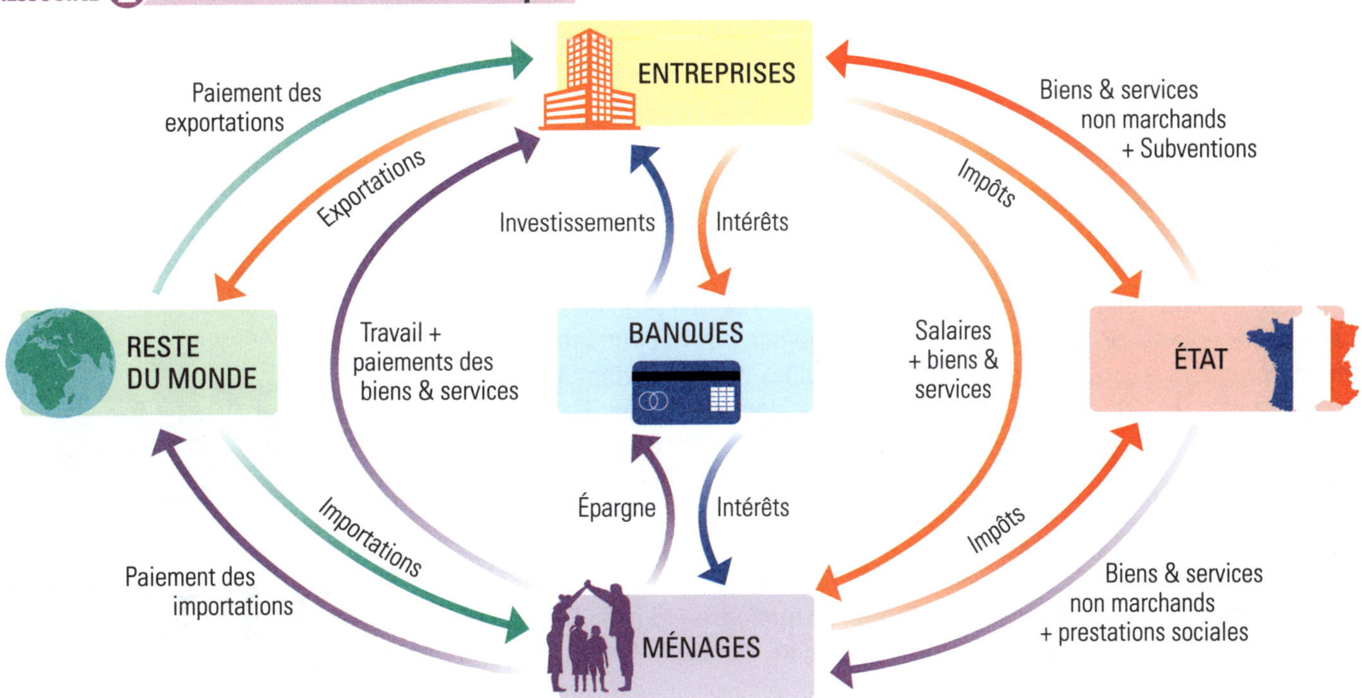

Source : leconomiste.eu, juin 2015.

3 Présenter les différents marchés sur lesquels l'entreprise noue des relations

SAVOIRS ASSOCIÉS
- Le rôle du marché et son fonctionnement
- La concurrence et les relations de coopération
- Le rôle des banques et du marché financier

Missions

1. **Présentez le marché des drones (acteurs et fonctionnement) sur lequel est positionné Parrot Drones.**
2. **Qualifiez les relations de Parrot avec ses fournisseurs et ses clients d'une part, et avec les autres fabricants de drones d'autre part.**
3. **Montrez que pour financer ses investissements, liés notamment à l'innovation, le groupe peut avoir recours aux banques et/ou au marché financier.**

DOCUMENT 1 Le marché des drones

Le marché des drones devrait atteindre 6 milliards de dollars (+ 34 %) en 2017 selon les analyses du cabinet Gartner. Trois millions d'appareils devraient être produits, soit une hausse de 39 %. Les perspectives font même état d'un marché atteignant 11,2 milliards de dollars à l'horizon 2020. Mais il importe de distinguer deux sous-ensembles dont les trajectoires devraient nettement diverger.

Les drones destinés au grand public pour une utilisation loisir écrasent pour le moment, en nombre d'unités vendues, les appareils à vocation professionnelle. Mais ces derniers devraient, en 2017, battre largement en valeur les premiers : 3,7 milliards d'euros contre 2,4 milliards, toujours selon Gartner. Et cette tendance lourde devrait se poursuivre et s'amplifier dans les prochaines années, à mesure que les applications professionnelles vont se développer.

www.bpifrance.fr, 22 mars 2017.

DOCUMENT 2 La concurrence sur le marché des drones

Les lancements de produits s'enchaînent chez les fabricants de drones. [...] Malgré la pléthore de fabricants, et contrairement à ce que l'on constate sur d'autres matériels technologiques, comme les smartphones ou les caméras, la valeur moyenne du produit ne s'effondre pas. [...] La compétition ne se joue pas encore autant sur les prix que sur la technologie. DJI et Yuneec ont ainsi été les premiers à proposer des modèles capables d'éviter automatiquement les obstacles. De son côté, le français Hexo, également imité par DJI, a développé un système de vol autonome pour son drone, qui suit et filme l'utilisateur sans pilote. [...] Le véritable réservoir de croissance pour les fabricants de drones sera rapidement celui des applications commerciales. D'après PwC, le marché des services fournis par des drones pourrait atteindre 115 milliards d'euros en 2020, principalement dans le bâtiment, l'agriculture et la sécurité.

S. Dumoulin, *Les Échos*, 20 septembre 2016.

Vidéo 5'31
La concurrence
lienmini.fr/c576-concurrence

HEXO

DJI

YUNEEC ELECTRIC AVIATION

RESSOURCE 1 Le fonctionnement du marché

Le marché d'un bien ou d'un service est un lieu de rencontre entre deux catégories d'acteurs : les offreurs et les demandeurs de ce bien ou de ce service. Les quantités totales proposées sur le marché forment **l'offre**, tandis que les quantités souhaitées par tous les demandeurs correspondent à la **demande**. La confrontation de l'offre et de la demande aboutit à la fixation du prix d'équilibre, celui qui permet à l'offre et à la demande de coïncider. En effet, lorsque l'offre excède la demande, le prix tend à baisser : des offreurs se retirent du marché et de nouveaux demandeurs y arrivent à mesure que le prix baisse jusqu'à atteindre l'équilibre. À l'inverse, lorsque la demande est supérieure à l'offre, le prix augmente faisant progressivement baisser la demande et augmenter l'offre jusqu'au point d'égalisation entre les deux.
Il existe différents types de marché :

Types de marché	Marché des biens et services	Marché du travail	Marché des capitaux
Types d'échanges	Des biens et services sont offerts en échange de monnaie.	De la force de travail est offerte contre un salaire (monnaie).	Des capitaux matérialisés sous forme de titres (actions, obligations) sont offerts en échange de monnaie.

© Delagrave, 2018.

Vidéo 5'51
Le marché du travail
lienmini.fr/c576-travail

RESSOURCE 2 Une diversité de relations interentreprises

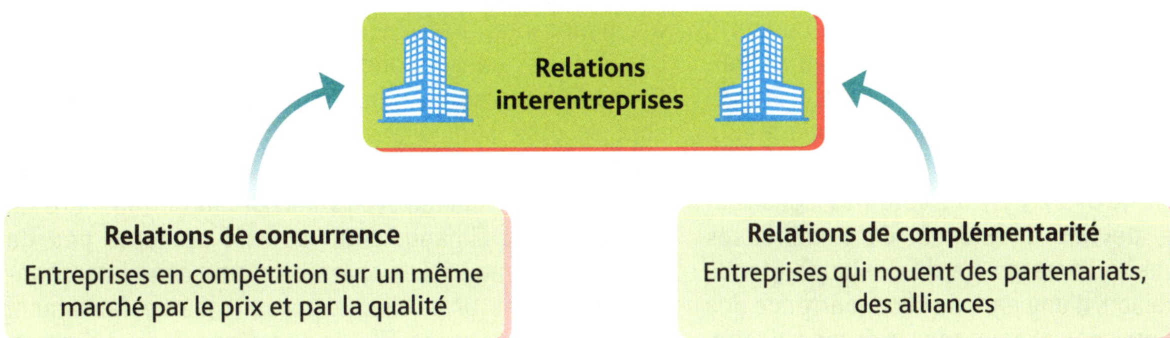

© Delagrave, 2018.

RESSOURCE 3 Le rôle des banques et du marché financier

Le marché financier, marché des capitaux à long terme (intervenants : entreprises, banques*, État, investisseurs institutionnels* - **parfois pour le compte des ménages)*		**Les banques (SF)**
Marché primaire : lieu d'émission des titres « neufs » Introduction en bourse ou augmentation de capital par des sociétés de capitaux (SNF et SF) → émissions d'actions nouvelles Lancement d'un emprunt obligataire par des SNF, SF ou APU → émissions d'obligations nouvelles *Réponse aux besoins de financement de l'économie*	**Marché secondaire : lieu de négociation de titres « d'occasion »** Échanges quotidiens de titres (actions, obligations…) précédemment émis et qui conduisent à la fixation des cours (prix) des titres financiers au jour le jour *Réponse au besoin de liquidité des titres*	Acteurs qui mettent en relation les agents économiques à besoin de financement et ceux à capacité de financement *Réponse aux besoins de financement de l'économie*

© Delagrave, 2018.

Vidéo 3'20
Les sources de financement des entreprises
lienmini.fr/c576-financement

4

Étudier les obstacles au bon fonctionnement d'un marché

SAVOIRS ASSOCIÉS
- Les barrières à l'entrée
- L'asymétrie de l'information

Missions

1 **Identifiez, en les regroupant, les barrières à l'entrée potentielles sur le marché des drones et présentez leur évolution prévisible.**

2 **Expliquez, à partir d'exemples de votre choix, en quoi les acteurs présents sur le marché des drones peuvent être confrontés à des asymétries d'information.**

DOCUMENT 1 Les barrières à l'entrée sur le marché des drones

Du point de vue des acteurs, l'industrie est également disparate, avec peu de constructeurs, mais une forte croissance des opérateurs. [...] Coté opérateurs, l'arrivée progressive des réglementations *ad hoc* a permis la multiplication des acteurs. Ainsi, alors qu'à la fin de l'année 2012 quasiment aucun opérateur n'existait, la France est aujourd'hui le pays qui compte le plus d'opérateurs avec 430 entreprises habilitées par la Direction Générale de l'Aviation Civile (DGAC). [...] Du côté des constructeurs, l'industrie devrait assister à de nombreuses fusions et, à terme, à l'émergence de quelques grands spécialistes, en raison, d'une part, de la concurrence des sociétés, jusqu'alors spécialisées dans le drone militaire, qui commercialisent désormais des drones à vocation civile utilisés pour faire de la surveillance ou destinés à un usage industriel (Lockheed, Airbus, Thales, etc.) et, d'autre part, de la maturité du drone de loisir (64 % du marché du drone civil). [...]

Selon l'opérateur RedBird, spécialisé dans la prestation de services aux professionnels, seuls 10 % des opérateurs sont aujourd'hui à même de livrer des solutions complètes intégrant à la fois la captation et le traitement des données pour répondre à une demande spécifique. Environ 90 % des opérateurs de drones professionnels sont en effet spécialisés dans l'audiovisuel (prises de vues aériennes, etc.). Avec un matériel à faible coût et une prestation limitée (voire inexistante) en matière de traitement de l'image, cette activité présente peu de barrières à l'entrée. Les opérateurs sont donc interchangeables et les gros clients peuvent même facilement développer leur propre service de drone dédié à l'image. On devrait par conséquent assister à l'amenuisement du segment des opérateurs dédiés à l'audiovisuel, au profit d'opérateurs dotés d'expertises fortes sur le traitement des données récoltées.

L. Schreiber et E. Ostiari, Analystes ISR, *Mirova Responsible Investing*, 20 mai 2014.

DOCUMENT 2 Les asymétries d'information sur le marché des drones

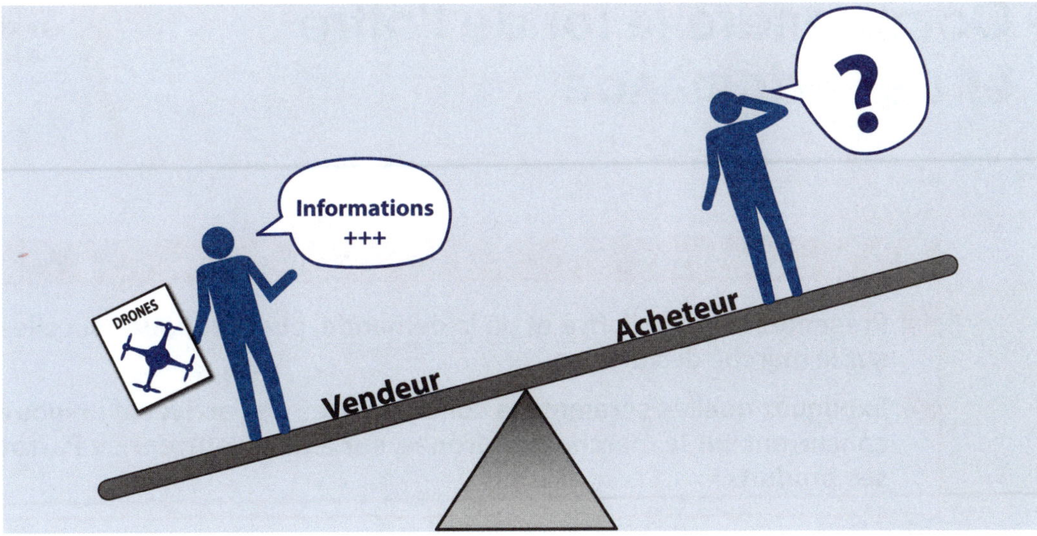

© Delagrave, 2018.

RESSOURCE 1 Les barrières à l'entrée

Barrières à l'entrée = ensemble de désavantages auxquels sont soumis les *concurrents potentiels* incapables de rivaliser efficacement avec les entreprises en place		
Typologie des barrières à l'entrée		
Barrières à l'entrée naturelles (inévitables) *résultant des caractéristiques de production*	**Barrières à l'entrée stratégiques** *résultant d'une stratégie délibérée d'une ou plusieurs firme(s) établie(s) sur le marché*	**Barrières à l'entrée institutionnelles** *résultant de l'action publique (réglementation) et/ou de celle d'organismes privés*
- meilleure maîtrise des techniques (apprentissage/expérience) - meilleure maîtrise des coûts - économies d'échelle - taille des équipements (aéronautique)	- différenciation des produits ou services (différents modèles d'automobiles)	- professions réglementées (pharmacie, étude notariale) - normes ISO

© Delagrave, 2018.

RESSOURCE 2 L'asymétrie d'information

L'asymétrie d'information désigne une situation dans laquelle deux agents, dans le cadre d'un échange, disposent d'une inégalité d'informations. Ce constat va à l'encontre d'un marché où la concurrence serait pure et parfaite, où acheteurs et vendeurs seraient rationnels et fonderaient leurs choix sur les mêmes informations. De telles inégalités d'informations peuvent être retrouvées dans une multitude de situations économiques (employeur/candidat, vendeur/acheteur, assureur/assuré, etc.).
L'un des exemples les plus connus est celui du marché des voitures d'occasion, mis en avant par G. Akerlof (1970). Les acheteurs, ne possédant pas les mêmes informations que les vendeurs sur l'état réel d'une voiture, peuvent en effet être conduits à acheter de véritables tacots (*lemons*).
On distingue deux types d'asymétrie d'information. D'une part, celle de la « sélection adverse » ou « antisélection » (*ex-ante*), où l'une des parties peut fausser ou dissimuler une partie des informations, en vue d'amener plus facilement une transaction. D'autre part, celle de l'« aléa moral » (*ex-post*), où l'une des parties du contrat peut chercher à prendre des risques, après la conclusion de l'échange, afin d'en tirer un bénéfice supérieur. Un assuré prendra par exemple moins de précautions qu'un non-assuré, se sentant relativement protégé par sa police d'assurance.

www.financedemarche.fr

5 Comprendre la loi de l'offre et de la demande

SAVOIRS ASSOCIÉS
- La loi de l'offre et de la demande

Missions

1. **Présentez la loi de l'offre et de la demande, puis expliquez si celle-ci se vérifie sur le marché des drones.**
2. **Expliquez quelles seraient les conséquences de l'arrivée d'un nouveau concurrent sur le marché des drones, sur lequel l'entreprise Parrot propose ses produits.**

DOCUMENT 1 Le marché français des drones grand public équipés de caméras

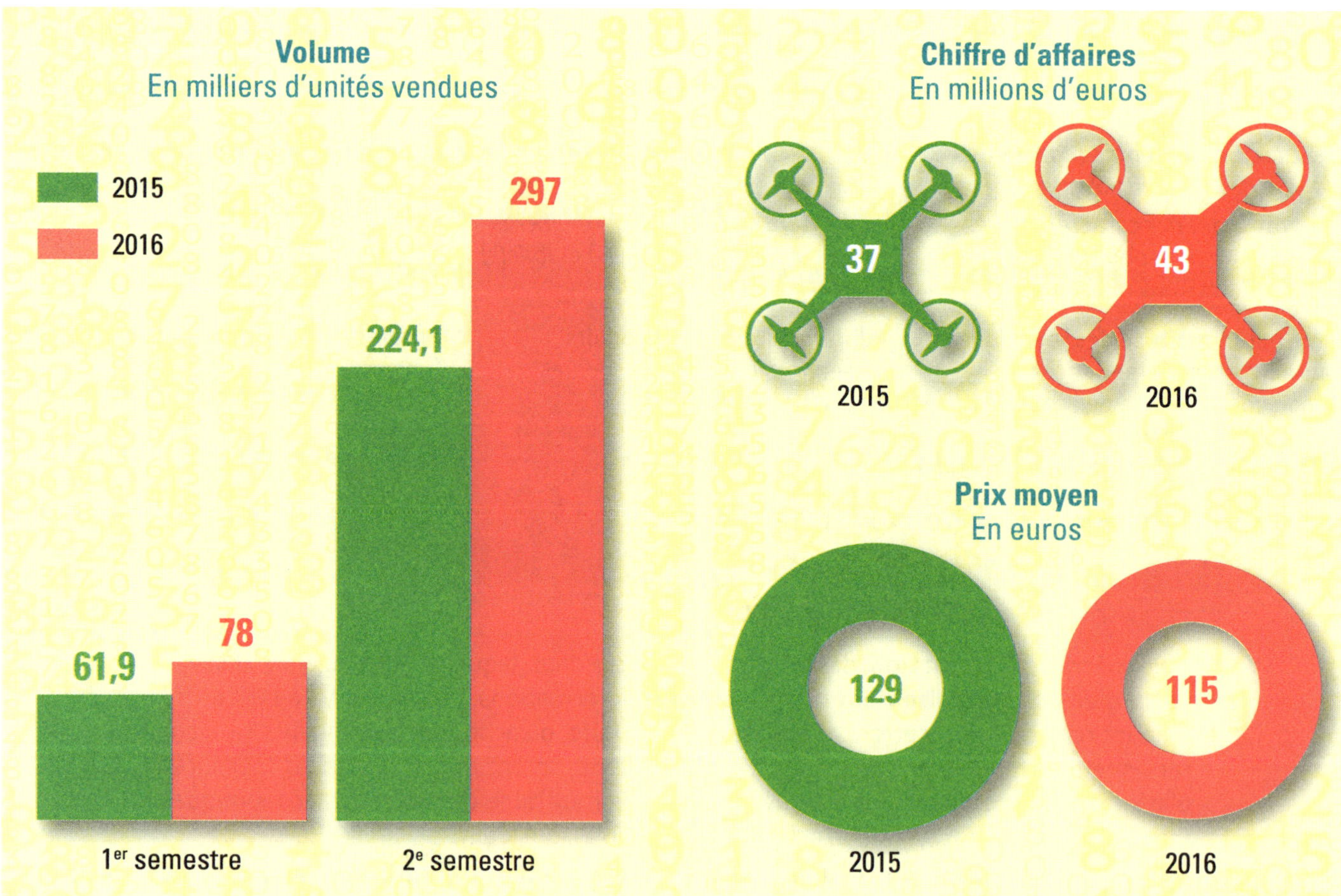

Source : GfK, septembre 2016.

DOCUMENT 2 Le prix des drones de loisir

Segment très dynamique depuis près de 5 ans, les drones de loisir ont logiquement vu leur prix baisser de manière sensible. Ainsi, pour une cinquantaine d'euros seulement, il est possible de s'offrir des machines solides et suffisamment stables pour les mettre dans toutes les mains, ou presque.

A. Billault, www.cnetfrance.fr, 31 janvier 2018.

DOCUMENT 3 Les drones, une offre pléthorique

Le secteur des drones a subi un léger « trou d'air » ces derniers mois. De nombreux fabricants ont dû revoir leur stratégie de développement à la baisse. [...] En 2016, le marché s'est retrouvé saturé par une offre grand public trop riche ; ce qui a entraîné une chute des prix.

S. Ehrhardt, www.iredic.fr, 4 novembre 2017.

RESSOURCE 1 La loi de l'offre et de la demande

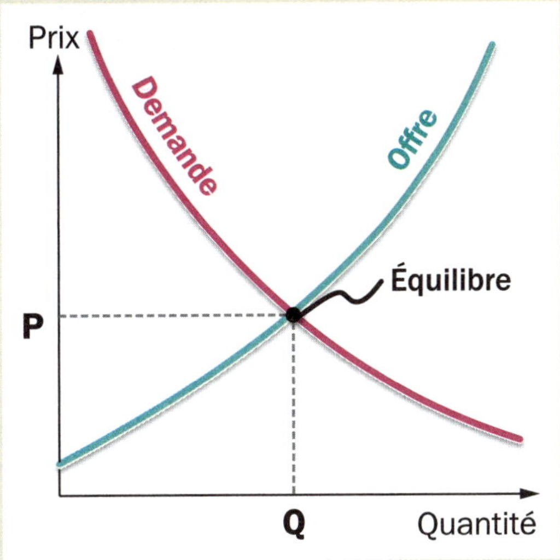

L'expression de loi de l'offre et de la demande est utilisée pour la première fois par Alfred Marshall*. Il en propose une représentation graphique devenue universelle : la courbe de demande décroît lorsque le prix augmente ; la courbe d'offre suit le mouvement inverse. Il arrive donc forcément un moment où les deux courbes se coupent, déterminant ainsi un prix et une quantité d'équilibre. N'est-ce pas l'évidence ? Quand les fraises sont rares, leur prix est élevé, ce qui permet d'éliminer les acheteurs en surnombre.

La loi de l'offre et de la demande agit donc à la fois comme le produit d'un aimant et d'une écrémeuse : si le prix baisse, des producteurs disparaissent ou réduisent leur production au profit d'autres, plus rentables (c'est l'écrémage). L'inverse est également vrai lorsque le prix monte. La variation simultanée des prix et des quantités permet d'arriver à une situation où, pour un prix donné, toute l'offre est écoulée et toute la demande est satisfaite.

Sauf que les choses ne sont pas toujours aussi simples. Il arrive que, lorsque les prix baissent, la demande diminue également. Ce peut être le cas lorsqu'il y a asymétrie d'information, c'est-à-dire lorsque le vendeur dispose d'informations que l'acheteur potentiel n'a pas.

* Économiste britannique (1842-1924).

© Delagrave, 2018.

6 Repérer l'existence d'externalités pour l'entreprise

SAVOIRS ASSOCIÉS

- Externalités positives et négatives

Missions

1 **Recensez et classez les externalités découlant de l'activité innovante des fabricants de drones.**

2 **En prenant appui sur l'exemple des drones, réfléchissez à l'impact global des nouvelles technologies sur l'activité des entreprises.**

DOCUMENT 1 L'intérêt des drones civils

En France, l'usage du drone explose dans une multitude de secteurs professionnels tels que la cartographie, l'agriculture, la topographie, du fait de leur disponibilité, de leur prix réduit et des avantages qu'ils procurent dans différentes activités professionnelles. En un temps limité, les drones permettent de voler en altitude sur de grandes distances et de faire des relevés extrêmement précis sur un grand nombre de paramètres (imagerie thermique, relevé topographique, calcul de distance, calcul de volume, etc.). [...]

Le drone pour l'agriculture permet de réaliser des tâches dix fois plus rapidement et à moindre coût. Parmi les usages : l'épandage de produits, d'engrais ou la réalisation d'une cartographie agronomique. Il permet aussi de déterminer la composition d'un sol en quelques minutes, grâce à la spectrographie, et facilite le dosage différencié en produits phytosanitaires, adapté aux caractéristiques des différentes zones d'un champ.

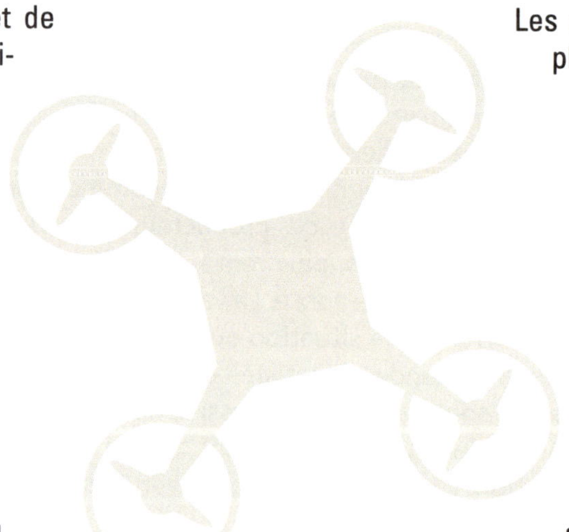

Le drone est un formidable outil pour effectuer des relevés topographiques avec une précision absolue. Il est susceptible de parcourir de grandes zones afin de recueillir tous types d'information (mesure, distance, température, hygrométrie, infrarouge, hauteur, etc.). En quelques minutes de vol à 150 mètres d'altitude, un drone sera capable de détecter toute anomalie de terrain afin d'aider tous les professionnels dans leur prise de décisions, sans l'intervention de géomètres. Les données télémétriques recueillies par le drone pourront ensuite être utilisées via des logiciels spécialisés comme « Cardinal » et permettront de générer des cartes géoréférencées. Par la suite, un simple clic de souris permettra de calculer une distance, un parcours, le volume d'un monticule... La carte interactive deviendra ainsi un outil très fiable d'aide à la décision pour les maîtres d'ouvrage. L'utilisation du drone professionnel est même parfois obligatoire, [pour des raisons de sécurité et de protection des personnes], dans des zones dangereuses (chantiers, carrières, mines) où le passage d'engins de plusieurs centaines de tonnes est fréquent.

Les drones sont également de plus en plus plébiscités par les professionnels de l'immobilier. Ils peuvent proposer des photos et des vidéos des biens particulièrement riches en informations, notamment sur la configuration des lieux. Certains drones, équipés d'une caméra adaptée, permettent de générer des vidéos interactives à 360 degrés. Cela facilite la promotion des biens et peut constituer, pour les professionnels de l'immobilier qui y ont recours, un élément notoire de différenciation vis-à-vis de leurs concurrents.

Les drones sont enfin de plus en plus utilisés par les professionnels du cinéma et des tournages de films ou reportages. En fait, ils sont utilisés dans près de 50 % des films afin de capter des vidéos aériennes au format RAW. La réalisation de plans aériens, qui exigeait auparavant la location d'un hélicoptère, peut désormais s'effectuer à l'aide d'un drone professionnel, réduisant ainsi considérablement les coûts de tournage.

www.les-drones.com

DOCUMENT 2 Les limites des drones civils professionnels du point de vue de leurs usages

Certains usages du drone peuvent comporter des risques tels que la collecte d'informations (images et sons) à l'insu des personnes. Utilisés pour la surveillance de certaines villes ou de manifestations, les drones pourraient également porter atteinte aux droits et à la liberté des personnes. Un drone peut en effet, en toute discrétion, prendre des photographies, filmer, capter des sons ou encore géolocaliser des personnes et ainsi faire intrusion dans la vie privée des individus sans attirer leur attention.

L. Schreiber et E. Ostiari, Analystes ISR, *Mirova Responsible Investing*, 20 mai 2014.

RESSOURCE 1 Les externalités positives et négatives

Les économistes désignent par « externalité » ou « effet externe » le fait que l'activité de production ou de consommation d'un agent affecte le bien-être d'un autre sans qu'aucun des deux reçoive ou paye une compensation pour cet effet. Une externalité présente ainsi deux traits caractéristiques. D'une part, elle concerne un effet secondaire, une retombée extérieure d'une activité principale de production ou de consommation. D'autre part, l'interaction entre l'émetteur et le récepteur de cet effet ne s'accompagne d'aucune contrepartie marchande.
Une externalité peut être positive ou négative selon que sa conséquence sur le bien-être est favorable ou défavorable. La pollution sous toutes ses formes est un exemple typique d'externalité négative : lorsqu'une usine rejette des déchets dans l'environnement, elle inflige, sans contrepartie, une nuisance aux habitants de la région. L'encombrement dû à la circulation automobile est un exemple d'externalité négative réciproque : chaque automobiliste est à la fois gêneur et gêné, émetteur et récepteur. La vaccination contre des maladies contagieuses, les retombées technologiques d'une innovation du domaine public sont, en revanche, des externalités positives. L'effet de réseau constitue l'exemple type d'externalité positive réciproque : la valeur accordée par un consommateur à un service de réseau augmente lorsque le nombre de consommateurs de ce service s'accroît. Ainsi en est-il par exemple du téléphone : plus nombreux sont les correspondants accessibles, plus le raccordement devient intéressant pour un nouvel abonné.

www.universalis.fr

Vidéo 5'13
Les externalités
lienmini.fr/c576-externalite

APPLICATION

Situation simulée

Dans le cadre de votre cursus de STS, vous effectuez votre stage au sein d'une entreprise du secteur du numérique. Vous avez eu l'opportunité d'assister à une conférence sur les nouvelles technologies du numérique. Votre tuteur vous demande de réaliser un focus sur un mode de captation des films et musiques actuellement en plein essor : la vidéo à la demande (VOD). Pour ce faire, vous décidez d'analyser ce nouveau marché et son fonctionnement.

NETFLIX

1. Présentez l'entreprise Netflix.
2. Recensez et classez les agents économiques avec lesquels l'entreprise Netflix est en relation.
3. Analysez le marché de la VOD sur lequel est positionnée l'entreprise Netflix.
4. Qualifiez les relations de l'entreprise Netflix avec ses fournisseurs et ses clients d'une part, avec les autres entreprises de VOD d'autre part.
5. Montrez que, pour financer ses investissements, l'entreprise Netflix a recours au marché financier. Indiquez auprès de quel type d'institution elle peut chercher à obtenir des moyens de financement.
6. Expliquez en quoi le marché de la VOD est concerné tant par des barrières à l'entrée que par des externalités.

DOCUMENT 1 L'entreprise Netflix

Leader mondial de la diffusion de films, séries et documentaires en flux continu, ou *streaming*, l'entreprise américaine Netflix a bouleversé l'industrie de la vidéo à la demande. Fondée en 1997, elle revendique dix ans plus tard plus de 110 millions d'utilisateurs avec un abonnement mensuel. [...] Son offre de streaming légale s'oppose ainsi à la pratique de téléchargement illégal.

www.lexpansion.lexpress.fr

DOCUMENT 2 L'évolution du marché du streaming

Les plates-formes de streaming sont entrées dans une guerre aux parts de marché qui fait rage aussi bien du côté de la vidéo que de l'audio. [...] L'offre est diverse, souvent peu onéreuse et chaque service a ses avantages et ses inconvénients. [Sur ce marché] certains services vont s'effondrer, n'arrivant plus à trouver l'équilibre. D'autres vont émerger [...] – on pense aux Français de Molotov.tv. [...]

Service	Abonnés France	Abonnés Monde
Netflix	Autour de 900 000	117 millions
Canal Play	700 000	Indisponible
Hulu	Indisponible	12 millions
Amazon	Non communiqué	63 millions

+ 50 %

Le marché de la vidéo à la demande devrait rassembler **469 millions** d'utilisateurs en 2021, contre **317 millions** en 2016 (7,8 millions en France).

J. Cadot, www.numerama.com, 7 février 2017.

DOCUMENT 3 Les tarifs de Netflix

	Essentiel	Standard	Premium
Tarif mensuel	7,99 €	10,99 €	13,99 €
HD Disponible	X	✓	✓
Ultra HD Disponible	X	X	✓
Écrans disponibles en simultané	1	2	4
Netflix sur votre ordinateur, TV, smartphone et tablette	✓	✓	✓

Source : www.netflix.com, juin 2018.

DOCUMENT 4 Deezer, Apple ou Spotify ? Les pistes économiques pour choisir une plate-forme de streaming

Quel service de streaming choisir ? Deezer ? Spotify ? Apple Music ? Tidal, ou même Amazon Music ? [...] La recommandation de la théorie économique [...] : choisir celui dont la victoire dans la bataille de la concurrence est anticipée. Nous sommes en effet de plain-pied dans le monde économique des plates-formes et de ses puissantes externalités de réseau. [...] Plus un service de streaming comptera d'abonnés : plus un abonné aura de chances de pouvoir échanger ses listes de lecture et ses avis avec d'autres ; plus appropriées seront les suggestions de titres qui lui seront faites ; plus d'artistes et de labels auront intérêt à être présents dans son catalogue. Et, inversement, plus d'artistes et de labels seront présents dans un catalogue, plus il est intéressant d'y être abonné. D'où des effets boule de neige et une course entre les plates-formes pour recruter le plus de clients des deux côtés de leur marché, et ce le plus vite possible. D'où une marginalisation et une disparition progressive de celles qui n'y parviendront pas.

F. Lévêque, www.mines-paristech.fr, 19 septembre 2017.

DOCUMENT 5 Le développement de Netflix

Netflix conforte sa position de leader. Le service de streaming vidéo a bouclé une année 2017 record avec 117,6 millions d'utilisateurs dans le monde. [...] C'est la meilleure année en termes de recrutement pour le groupe dirigé par Reed Hastings. L'entreprise a attiré 8,3 millions d'abonnés supplémentaires au dernier trimestre, dont près de 2 millions aux États-Unis et 6,36 millions à l'international. [...] Pour continuer de captiver ses clients, l'entreprise américaine ne lésine pas sur les moyens. Elle prévoit de dépenser 7,5 à 8 milliards de dollars en contenus – contre 7 milliards en 2017. [...] Si la production de créations originales se révèle très coûteuse, celle-ci est indispensable pour se différencier de la concurrence – Amazon, Hulu, Apple et HBO. [...] Alors que son chiffre d'affaires est en hausse (3 milliards de dollars au dernier trimestre), et qu'il engrange toujours plus d'abonnés (près de 110 millions), Netflix a annoncé son intention de lever 1,6 milliard de dollars sur le marché obligataire. Et ce, dans le cadre d'une opération réservée à des investisseurs institutionnels.

www.latribune.fr, 24 janvier 2018.

DOCUMENT 6 Les relations de Netflix avec ses fournisseurs

Netflix s'associe avec des fournisseurs de contenu pour obtenir les droits de diffusion pour un vaste choix de séries TV et de films. Nous produisons également nos propres contenus originaux ou achetons des droits exclusifs de diffusion en streaming. C'est le cas de titres comme *Orange is the New Black*, *Stranger Things*, *BoJack Horseman*, *Unbreakable Kimmy Schmidt* et bien d'autres. Ces productions sont appelées « programmes originaux Netflix ».

help.netflix.com

DOCUMENT 7 La politique du CNC : des barrières à l'entrée sur le marché de la VOD

L'offre en matière de VOD et SVOD étant de plus en plus importante en France, [...] le CNC a annoncé mercredi avoir mis en place [...] un catalogue des vidéos à la demande pour offrir un tour d'horizon global de l'offre VOD et SVOD française. Une simple recherche avec un titre de film permet d'accéder à une fiche sur laquelle tous les services qui le diffusent sont référencés, ainsi que certaines informations pratiques : langues disponibles, compatibilité Mac, tarifs à l'achat et à la location. [...] La proposition du CNC est mise en place simplement, et s'avère très facile d'utilisation. [...] [Son] intérêt est de valoriser l'offre légale, au détriment des sites de téléchargement et de streaming qui, eux, ne le sont pas. [...] On remarque cependant un absent de taille dans les catalogues référencés par le CNC : l'américain Netflix, dont l'arrivée en France en septembre dernier a beaucoup fait parler d'elle, y compris dans les hautes sphères du Gouvernement. Plusieurs pistes sont à envisager : soit le CNC a décidé de ne pas inclure la plate-forme de SVOD dans ses partenaires initiaux, soit Netflix n'a pas souhaité y prendre part – l'indexation du catalogue d'un service nécessite une intervention que Netflix n'est peut-être pas prêt à faire [...]. Il est également possible que ce ne soit que partie remise, puisque l'Américain n'est pas le seul absent de ce lancement, même si c'est le plus notable. Dans son communiqué, le CNC explique en tout cas que son service est « *ouvert à l'ensemble des éditeurs et distributeurs VOD souhaitant voir leur offre référencée* ».

Dans l'immédiat, il est possible de consulter la disponibilité d'environ 10 000 œuvres sur une dizaine de plates-formes : ARTE, Canal Play, Éditions Montparnasse, MyTF1 VOD et Orange.

A. Oeillet, www.clubic.com, 29 janvier 2015.

FAIRE LE POINT

CHAP 3 Comment s'établissent les relations entre l'entreprise et son environnement économique ?

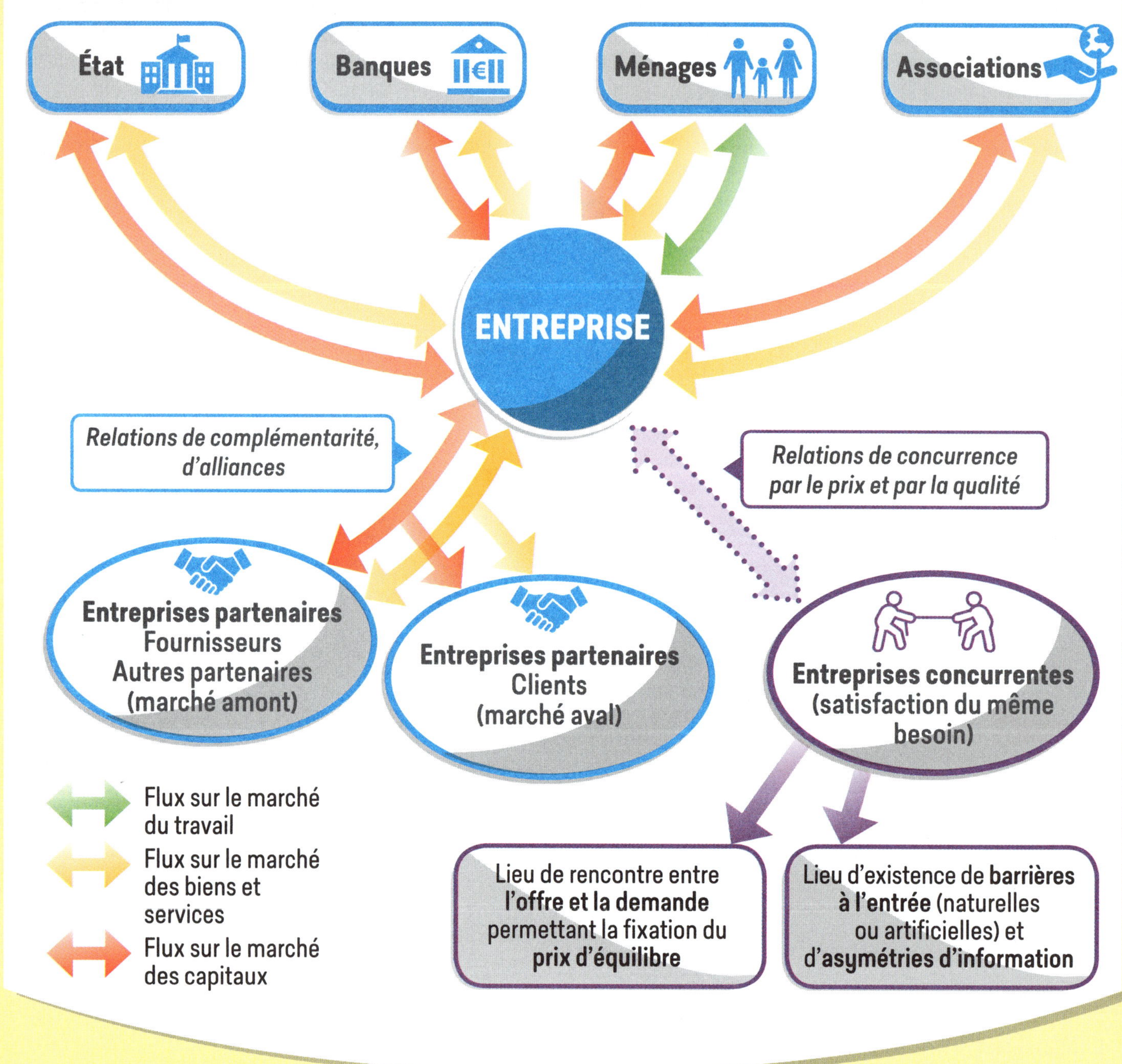

LEXIQUE

- **Agent économique :** unité institutionnelle qui se caractérise par sa contribution à l'activité économique. *Ex. : les ménages qui consomment, les entreprises qui produisent…*
- **Asymétrie d'information :** situation de marché déséquilibrée du fait que l'offreur et le demandeur ne disposent pas des mêmes informations sur le bien ou le service échangé.
- **Barrière à l'entrée :** obstacle (technique, juridique…) rencontré par une entreprise pour accéder à un marché.
- **Concurrence :** relation de compétition entre des entreprises qui offrent des biens ou services permettant de satisfaire le même besoin.
- **Coopération :** relation établie par une entreprise avec d'autres entreprises dans une logique de partenariat, de complémentarité.
- **Échanges :** relations sur un marché qui se traduisent par des flux physiques et monétaires entre des agents économiques.
- **Externalités :** effets indirects non recherchés qui résultent de l'activité d'une entreprise et qui ne sont pas pris en compte par le marché (non comptabilisés). Certaines externalités sont positives, d'autres négatives.

SYNTHÈSE DU THÈME 1

L'INTÉGRATION DE L'ENTREPRISE DANS SON ENVIRONNEMENT

L'entreprise est insérée dans un environnement complexe

- Elle poursuit des **finalités** :
  - économique,
  - sociale,
  - sociétale.
- Elle est en interaction avec des parties **prenantes primaires** :
  - salariés, clients, propriétaires, dirigeants, fournisseurs, banques…

  et **secondaires** :
  - pouvoirs publics,
  - concurrents,
  - médias…
- Elle doit mesurer sa **performance** à l'aide d'**indicateurs** pertinents :
  - financiers,
  - commerciaux,
  - sociaux,
  - sociétaux.

- Elle sécurise ses relations avec ses partenaires (parties prenantes/agents économiques) par les **contrats**.
- Elle forme des contrats après une **phase précontractuelle** (pourparlers) par un **accord** sur la chose et le prix.
- Elle doit respecter les **conditions de validité** du contrat :
  - consentement libre et éclairé,
  - capacité juridique,
  - contenu licite et certain.
- Elle doit tenir compte des **clauses** qui définissent le contenu de l'accord et produisent des **effets** juridiques sur ses partenaires et sur elle-même.

- Elle réalise des échanges avec différents **agents économiques** :
  - entreprise,
  - ménage,
  - banque,
  - État…
- Elle échange sur des **marchés** où se rencontrent une offre et une demande et sur lesquels peuvent exister des **asymétries d'information** et des **barrières à l'entrée**.
- Elle entretient des relations de **concurrence** et/ou de **coopération**.
- Elle recherche des moyens de financement auprès des **banques** et des **marchés financiers**.
- Son activité peut être source d'**externalités** positives et négatives.

LA RÉGULATION DE L'ACTIVITÉ ÉCONOMIQUE

CONTEXTE PROFESSIONNEL

BOUYGUES

PRÉSENTATION

Le groupe Bouygues, fondé en 1952 par Francis Bouygues, est à l'origine une entreprise de BTP et de construction, développée grâce aux programmes de reconstruction, initiés par l'État français au lendemain de la Seconde Guerre mondiale. Au fil des décennies, Bouygues développe un savoir-faire et une renommée qui dépassent les frontières et lui permettent de créer des chantiers colossaux, livrés en un temps record, avec des matériaux innovants, comme le Parc des Princes en 1972, la grande Mosquée de Casablanca en 1993 ou la route solaire « Wattway » en 2015. Le développement et la diversification du groupe se poursuivent avec la prise de contrôle de TF1 en 1987 et le lancement de Bouygues Telecom en 1994. Aujourd'hui, Bouygues réalise un chiffre d'affaires de 32,9 milliards d'euros répartis entre les métiers de la construction, avec les filiales Bouygues Construction (BTP et Énergies et Services), Bouygues Immobilier et Colas (routes), et les métiers de la télécommunication et des médias, avec les filiales TF1 et Bouygues Telecom.

Vidéo 6'36
Présentation du groupe Bouygues
lienmini.fr/c576-bouygues

BOUYGUES

Construction

Bouygues Construction (1952) **100 %**

Bouygues Immobilier (1956) **100 %**

COLAS — We open the way (1986) **96,6 %**

Médias

TF1 depuis (1987) **43,9 %**

Télécoms

bouygues telecom (1994) **90,5 %**

Transports

ALSTOM depuis (2006) **28 %**

Challenger, siège social de Bouygues Construction à Guyancourt (78).

FICHE D'IDENTITÉ

- Date de création **1952**
- Fondateur **Francis Bouygues**
- Président Directeur Général **Martin Bouygues**
- Effectif **plus de 115 530 employés dans le monde**
- Siège social **Paris**
- Champ d'action géographique **Mondial**
- Chiffre d'affaires (2017) **32 904 millions d'euros**

LES DATES CLÉS DU GROUPE BOUYGUES

1956	Lancement de la marque Bouygues Immobilier
1960	Participation à la construction de la gare Montparnasse
1972	Construction du Parc des Princes (nouveau logo orange et blanc, de forme ovale en rappel du Parc des Princes)
1983	Construction du pont de Bubiyan au Koweït, symbole du rayonnement international du groupe Bouygues
1986	Bouygues, numéro 1 mondial du BTP
1987	Bouygues, actionnaire majoritaire de TF1
1993	Construction du tunnel sous la Manche
1994	Lancement de Bouygues Telecom
2007	Bouygues Telecom, fournisseur d'accès à Internet pour le grand public et les professionnels
2009	Création de la Fondation Bouygues Immobilier en faveur du développement durable
2011	Construction du Green Office de Meudon, premier immeuble de bureaux à énergie positive en France
2015	Lancement de l'offre de logements connectés
2018	Réalisation de projets immobiliers certifiés HQE au Maroc

Problématique
Thème 2

Comment la régulation de l'activité économique, par l'État et les pouvoirs publics supranationaux, influe-t-elle sur le fonctionnement du groupe Bouygues ?

CHAP 4

Comment l'entreprise intègre-t-elle la connaissance de son environnement dans sa prise de décision ?

1. Repérer les principaux éléments du macro-environnement de l'entreprise
2. Analyser les évolutions de l'environnement et en identifier les conséquences sur la situation de l'entreprise

MANAGEMENT

- **Objectifs :** Mettre en évidence les enjeux, pour la prise de décision, des différents acteurs de l'entreprise ; analyser les dimensions du macro-environnement ; montrer en quoi l'innovation est un moyen pour l'entreprise de conserver ou de développer un avantage concurrentiel.
- **Le groupe Bouygues** évolue aujourd'hui dans un environnement concurrentiel qui contraint le groupe à innover afin de conserver sa place de leader. L'innovation constitue un facteur clé du succès, à condition d'être protégée (brevets, marques). Avant toute prise de décision importante, le groupe s'appuie notamment sur une analyse méthodique de son macro-environnement.

CHAP 5

Comment les activités économiques sont-elles régulées par le droit ?

1. Identifier le rôle de l'autorité de la concurrence à travers une situation présumée d'entente
2. Analyser une situation juridique d'entreprise au regard de la notion d'abus de position dominante
3. Identifier les enjeux et les acteurs de la propriété industrielle à travers le dépôt de brevet d'invention
4. Analyser une situation juridique d'entreprise mettant en œuvre le droit des marques

DROIT

- **Objectifs :** Mettre en évidence les enjeux, pour l'entreprise, de la régulation des marchés, mais également des inventions et des marques ; identifier les missions des principaux acteurs dans ces domaines ; maîtriser la mise en œuvre du droit positif, tant en matière de concurrence que de propriété industrielle.
- **Le groupe Bouygues** doit faire face à une pression concurrentielle plus ou moins élevée en fonction de ses différents métiers. La maîtrise de son macro-environnement est essentielle car les éventuelles sanctions financières peuvent être importantes. De plus, la compétitivité du groupe ne peut reposer uniquement sur une performance en termes de gestion de l'environnement, l'innovation est un élément central que l'entreprise doit protéger.

CHAP 6

Quel est le rôle de l'État dans la régulation économique ?

1. Identifier les principales fonctions de l'État et son rôle d'accompagnement de la croissance économique
2. Analyser la conjoncture et les caractéristiques structurelles d'une économie pour mettre en évidence les déséquilibres
3. Caractériser les politiques conjoncturelles et les politiques structurelles
4. Distinguer politique d'offre et politique de demande
5. Comprendre l'incidence du contexte international sur les politiques économiques
6. Apprécier l'influence du cadre européen sur la régulation de l'activité économique pour un État membre

ÉCONOMIE

- **Objectifs :** Mettre en évidence les incidences, sur le fonctionnement de l'entreprise, de la régulation de l'activité économique par les pouvoirs publics nationaux et supranationaux.
- Comme toute entreprise, **le groupe Bouygues** veille à repérer les changements induits par les décisions des pouvoirs publics dans le cadre de la régulation de l'activité économique. Les mesures gouvernementales contribuent, en effet, à faire évoluer le macro-environnement et, en particulier, les facteurs politiques, légaux et économiques. Dans un contexte où l'immatériel est devenu un moteur essentiel de la croissance économique, les gouvernements soutiennent la recherche-développement et l'innovation, l'éducation et la formation, le développement des technologies de l'information et de la communication. Dans cette « économie de la connaissance », la protection de la propriété intellectuelle devient alors un enjeu de première importance.

CHAPITRE 4

Comment l'entreprise intègre-t-elle la connaissance de son environnement dans sa prise de décision ?

Situation simulée

Au cours de ces dernières décennies, le groupe Bouygues a diversifié ses activités. En effet, en 1956 est lancée officiellement la marque Bouygues Immobilier, spécialisée dans la construction des bâtiments à destination d'une clientèle diversifiée : collectivités territoriales, bureaux pour professionnels, logements pour particuliers.

Sur le secteur de la construction des logements pour particuliers, Bouygues Immobilier détient un avantage concurrentiel grâce à son engagement constant dans une dynamique d'innovation, désormais principalement orientée vers le respect de l'environnement et la domotique. Ces choix permettent à l'entreprise d'être en phase avec les évolutions de son macro-environnement.

Vous êtes stagiaire au sein du service R&D de Bouygues Immobilier. Le responsable du service doit identifier les nouvelles tendances en matière de logement individuel. À cet effet, il vous sollicite pour réaliser un diagnostic du macro-environnement de l'entreprise.

Compétences

- Repérer les principaux éléments du macro-environnement de l'entreprise **(Objectif 1)**
- Analyser les évolutions de l'environnement et en identifier les conséquences sur la situation de l'entreprise **(Objectif 2)**

1 Repérer les principaux éléments du macro-environnement de l'entreprise

SAVOIRS ASSOCIÉS

- Les caractéristiques de l'environnement : facteurs politiques, légaux, économiques, socioculturels, technologiques et environnementaux

Missions

1. **En prenant appui sur la méthode PESTEL, identifiez et classez les caractéristiques du macro-environnement de Bouygues Immobilier.**
2. **Expliquez, pour chacune, en quoi elles peuvent influer sur les décisions de l'entreprise.**

DOCUMENT 1 Immobilier : les taux d'intérêt devraient rester attractifs en 2018

« *Après une année 2017 "exceptionnelle", 2018 devrait être " dynamique" pour l'immobilier grâce à des taux d'intérêt de crédit toujours attractifs, en dépit d'une montée des prix et d'un recentrage d'aides publiques* », ont déclaré, le 31 janvier, les experts du Crédit foncier, une annonce reprise par l'AFP.

[…]

Dans le neuf, 419 000 logements ont été mis en chantier en 2017, soit une hausse de 16 % sur un an, et 130 000 maisons individuelles neuves ont été commercialisées (+ 15 %). En 2018, les taux d'intérêt de crédit devraient rester « *attractifs* », prédit le Crédit foncier, qui estime qu'ils devraient s'établir à 1,65 % en moyenne en fin d'année.

J. Porier, www.lemonde.fr, 31 janvier 2018.

DOCUMENT 2 Les aides de l'État à l'accession à la propriété

Quatre aides d'État à l'acquisition de la résidence principale coexistent aujourd'hui pour les primo-accédants :
- l'aide personnelle au logement pour l'accession (APL-accession) ;
- le prêt d'accession sociale (PAS) ;
- le prêt à taux zéro renforcé (PTZ +) ;
- le prêt social de location-accession (PSLA).

www.data.gouv.fr

DOCUMENT 3 Construire une maison dans les normes

Les normes thermiques

Depuis janvier 2013, les nouvelles maisons doivent respecter la réglementation thermique 2012 (RT 2012). Cette nouvelle norme a pour but de faire baisser la consommation d'énergie de l'habitation et de limiter les émissions de dioxyde de carbone (CO_2). [...] Une nouvelle réglementation thermique est votée régulièrement. La RT 2020 imposera que les bâtiments neufs soient à énergie positive*.

Les normes parasismiques

Toute nouvelle construction réalisée dans une zone considérée comme « à risque » au niveau sismique, doit respecter les normes parasismiques. [...]

Les normes d'accessibilité

[Un arrêt du 24 décembre 2015, abrogeant celui du 1er août 2006, définit de nouvelles règles techniques d'accessibilité applicables lors de la construction.]

www.m-habitat.fr

*Bâtiments qui produisent plus d'énergie (électricité, chaleur) qu'ils n'en consomment pour leur fonctionnement.

DOCUMENT 4 Être propriétaire de son logement : une priorité pour les Français

Pour 91 % des Français, être propriétaire de son logement est quelque chose d'important, selon une étude réalisée en 2016 par l'institut de sondages Ipsos et le site boursedescrédits.com. Cela est même « essentiel » pour 47 % des personnes interrogées.
71 % des Français rêvent d'une maison individuelle personnalisée, aux lignes contemporaines, dotée d'une toiture plate, jouant sur des volumes cubiques, décorée dans des tons neutres et modernes comme le gris anthracite et le blanc cassé. La maison doit donner la part belle à la lumière naturelle : puits de lumière, fenêtres de toit, grandes baies vitrées, ouvertures savamment orientées pour optimiser les apports lumineux.

© Delagrave, 2018.

DOCUMENT 5 Domotique, « wearables » : le marché français en pleine croissance

Les consommateurs français ont mis un peu de temps avant de s'y mettre, mais cette fois c'est la bonne, selon GfK : les objets connectés pour la maison et à porter sur soi sont en train d'entrer dans les mœurs. Alors que se tient la foire aux technologies numériques du MedPi, le marché français de l'Internet des objets a franchi le milliard d'euros de chiffre d'affaires en 2017 (+ 33 % par rapport à l'année précédente).
La majorité de ce marché est constituée des produits domotiques (ils pèsent 57 % du secteur). 2,9 millions de ces objets ont été vendus l'an dernier, ce qui représente une progression de 42 % d'une année sur l'autre. Les appareils destinés à la sécurité (alarmes, caméras) ou à l'automatisation (volets, thermostats) tiennent le haut du pavé, suivis par l'électroménager connecté.

M. Bazoge, www.igen.fr, 4 avril 2018.

1 Repérer les principaux éléments du macro-environnement de l'entreprise (suite)

DOCUMENT 6 **9 Français sur 10 accordent de l'importance aux caractéristiques écologiques d'un logement**

D'après une enquête réalisée par Harris Interactive en 2017, plus de 9 Français sur 10 indiquent accorder de l'importance aux caractéristiques écologiques d'un logement. Si les Français se veulent écocitoyens dans l'acquisition de leur logement et dans sa rénovation, ils souhaitent également faire rimer écologie avec économie.

www.hardis-interactive.fr, 29 mars 2017.

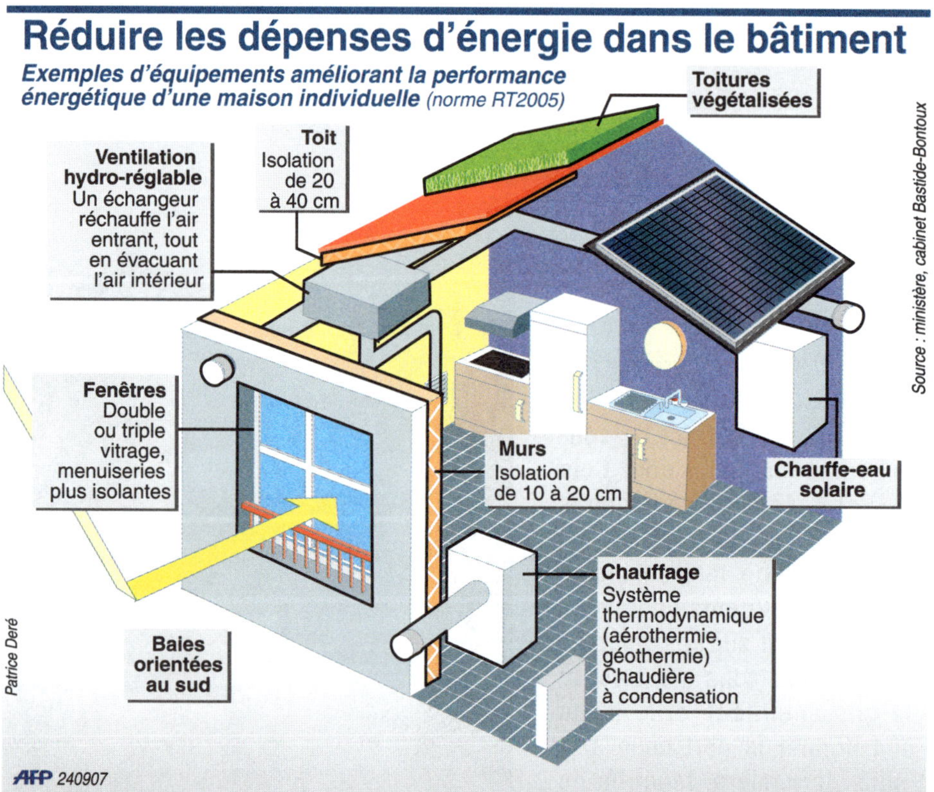

DOCUMENT 7 **Comment diminuer l'empreinte énergétique et carbone des logements**

Le bâtiment est le premier secteur énergivore avec 43 % de l'énergie utilisée en France devant le transport (32 %), l'industrie (21 %) et l'agriculture (2 %). En 2015, le secteur résidentiel est le deuxième contributeur aux gaz à effet de serre derrière les trafics routiers (principalement diesel). […] Pour diminuer l'empreinte énergétique et carbone de l'habitat, de nombreux procédés et systèmes sont désormais disponibles, qu'ils soient issus de technologies récentes en lien avec certaines énergies renouvelables, [cela concerne l'isolation intérieure et extérieure ainsi que les sources de chauffage du logement], ou plus anciennes comme certains matériaux de construction oubliés et pourtant efficaces. L'habitat écologique devra s'imposer sur le marché de la construction. [Parmi les techniques d'amélioration du chauffage et d'augmentation des gains d'énergie, les logements s'équipent également de techniques électroniques regroupées sous l'appellation « domotique ». L'automatisation à distance et ou en présentiel des systèmes de chauffage, d'éclairage, de fermeture des volets… offre de réels gains d'énergie et financiers.]

www.notre-planete.info

RESSOURCE 1 L'environnement

L'**environnement** d'une entreprise peut être défini comme le contexte externe susceptible d'avoir une influence sur son action. [...] Le **micro-environnement** est composé d'éléments qui influencent l'entreprise mais qu'elle a le pouvoir de modifier. [...] Le **macro-environnement** est composé d'éléments qui influencent l'entreprise mais que celle-ci peut très difficilement modifier, voire pas du tout.
[...] **L'analyse PESTEL** est un modèle permettant d'identifier l'influence positive (opportunités) ou négative (menaces) que peuvent exercer, sur une organisation, les facteurs macro-environnementaux.

S. Josien, S. Landrieux-Kartochian, *Management des entreprises*, Gualino, 2017.

Vidéo 3'59 **Le PESTEL : analyser le macro-environnement (1)**
lienmini.fr/c576-pestel

Vidéo 5'02 **Le PESTEL : analyser le macro-environnement (2)**
lienmini.fr/c576-pestel2

RESSOURCE 2 Les deux niveaux de l'environnement

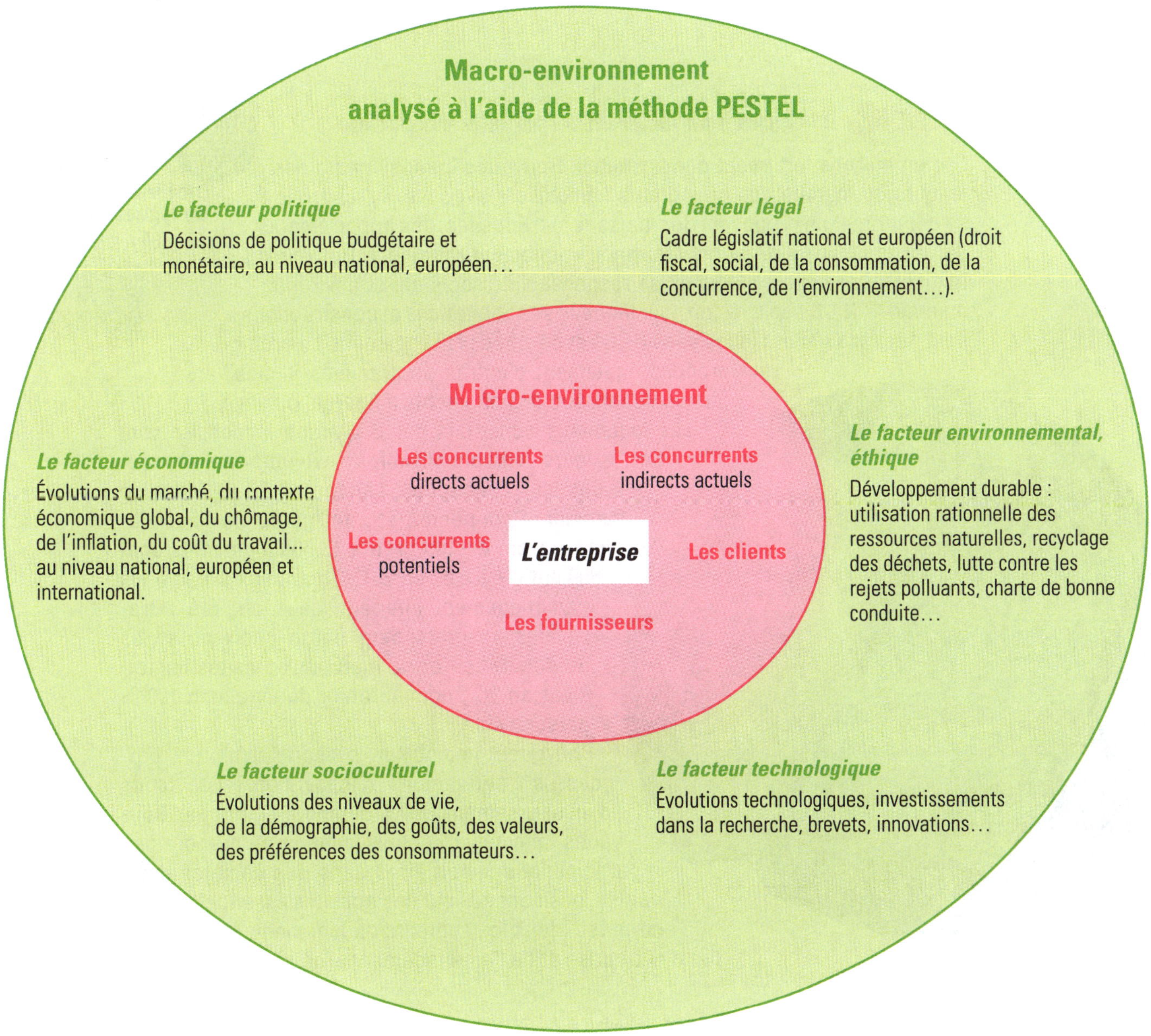

© Delagrave, 2018.

2 Analyser les évolutions de l'environnement et en identifier les conséquences sur la situation de l'entreprise

SAVOIRS ASSOCIÉS

- Les caractéristiques de l'environnement : facteurs politiques, légaux, économiques, socioculturels, technologiques et environnementaux
- Le rôle de l'innovation

Missions

1. **Expliquez en quoi les évolutions des différentes composantes du macro-environnement (cf. pages précédentes) peuvent être porteuses d'opportunités et/ou de menaces pour Bouygues Immobilier.**

2. **Montrez en quoi l'innovation permet à Bouygues Immobilier de répondre aux évolutions de l'environnement et d'assurer sa compétitivité.**

DOCUMENT 1 Bouygues Immobilier en perpétuelle innovation

Vidéo 5'08
La culture de l'innovation chez Bouygues Immobilier
lienmini.fr/c576-innovation

Sur un marché fortement concurrentiel, Bouygues Immobilier, un des leaders du marché des promoteurs immobiliers avec Nexity, cherche à se démarquer en proposant des maisons individuelles, des appartements ou des immeubles de bureau garantis « logement durable ». Bouygues Immobilier assume pleinement sa responsabilité sociétale et environnementale (RSE). C'est la raison pour laquelle ses habitations et constructions sont nécessairement labellisées BBC* et certifiées NF Logement. Le promoteur propose également d'autres programmes immobiliers innovants tels que des bâtiments à énergie positive.

Les logements construits par Bouygues Immobilier sont par ailleurs personnalisables, évolutifs et connectés dès leur conception. Lancée en 2016, l'offre de logements connectés et intelligents via l'application Flexom est intégrée à 13 000 logements dont 600 ont été livrés en 2017. Quant aux prestations d'aménagement intérieur, elles ont été retravaillées en profondeur (large choix de styles de décoration et de matériaux ; visites immersives en 3D ; configurateur de logement 100 % personnalisé…).

Bouygues Immobilier s'inscrit dans un processus permanent d'innovation. Le fonds d'investissement BIRD, détenu à 100 % par Bouygues Immobilier, a pour vocation de prendre des participations minoritaires dans des sociétés innovantes, positionnées sur des activités essentielles pour l'entreprise (dans les secteurs du logement, de l'immobilier d'entreprise et de l'aménagement urbain).

© Delagrave, 2018.

*« Bâtiment Basse Consommation ».

RESSOURCE 1 Définition de l'innovation par l'OCDE*

Une **innovation** est la mise en œuvre d'un produit nouveau ou significativement amélioré (bien ou service), d'un processus [méthode de production ou de livraison nouvelle ou significativement améliorée], d'une nouvelle méthode de commercialisation ou d'une nouvelle méthode organisationnelle dans les pratiques commerciales, l'organisation du lieu de travail ou les relations externes.

www.oecd.org, 9 septembre 2005.

*Organisation de coopération et de développement économique.

RESSOURCE 2 L'éclairage de Schumpeter

[Selon Schumpeter, l'innovation concerne « les nouveaux objets de consommation, les nouvelles méthodes de production et de transports, les nouveaux marchés, les nouveaux types d'organisation industrielle. »]
Ces formes d'innovations dues à des entrepreneurs dynamiques, constituent le principal facteur d'évolution des économies. [...] L'apparition de l'innovation assure l'expansion économique et un monopole temporaire à l'entrepreneur dynamique. L'effet d'imitation fait perdre le superprofit. La croissance se ralentit jusqu'à l'apparition providentielle d'une « nouvelle innovation ».

A.-C. Martinet, A. Silem, *Lexique de Gestion et de Management*, Dunod, 2016.

AUTEUR

Joseph Aloïs Schumpeter (1883-1950) a été professeur à l'université de Harvard. Ses apports au management portent sur le rôle de l'entrepreneur et sur celui de l'innovation. Selon Schumpeter, l'innovation et le progrès technique sont le moteur du système économique à travers le phénomène de « destruction créatrice ».

RESSOURCE 3 La compétitivité

La compétitivité d'une entreprise est sa capacité à maintenir ou à accroître ses parts de marché et son aptitude à faire face à la concurrence.

Les 2 composantes de la compétitivité

La compétitivité-prix
- Vente de produits ou de services à un prix inférieur à celui des concurrents pour un même niveau de qualité

La compétitivité hors prix
- Vente de produits ou de services présentant des caractéristiques distinctives par rapport à celles des concurrents

Les sources de compétitivité
- Réduction des coûts
- Amélioration de la productivité
- Amélioration de la qualité (au sens large)

© Delagrave, 2018.

RESSOURCE 4 La notion d'avantage concurrentiel

Théorisé par Michael Porter en 1985 dans un livre éponyme, **l'avantage concurrentiel**, ou avantage compétitif, est l'élément qui différencie fondamentalement l'offre d'une entreprise par rapport à celle de ses concurrents, et qui constitue donc sa puissance de différenciation. La stratégie mise en place par une entreprise doit contribuer à la création, puis à la pérennité de cet avantage.

www.e-marketing.fr

Vidéo 4'42
L'avantage concurrentiel
lienmini.fr/c576-avantage

APPLICATION

Situation simulée

Monsieur Palaci, propriétaire du **garage CarSmart**, envisage de proposer un service de nettoyage automobile à domicile. Cette nouvelle prestation s'appuierait sur des unités mobiles se déplaçant auprès de la clientèle. Il souhaite donner la possibilité à des personnes sans emploi, confrontées à des difficultés d'insertion, d'occuper un poste en CDD ou CDI par l'intermédiaire du contrat initiative emploi (CIE). Vous effectuez une période de formation au sein du garage CarSmart. M. Palaci s'interroge sur la pertinence de son projet. À l'aide de la documentation jointe, il vous est demandé de réaliser une étude du macro-environnement afin d'apprécier le bien-fondé de ce projet.

GARAGE CarSmart

1. Présentez l'entreprise CarSmart.
2. En prenant appui sur le modèle PESTEL, identifiez et classez les caractéristiques du macro-environnement du garage CarSmart.
3. Expliquez en quoi les évolutions des différentes composantes du macro-environnement peuvent être porteuses d'opportunités et/ou de menaces pour CarSmart dans le cadre de son projet.
4. Montrez en quoi la création d'un service de nettoyage automobile à domicile constitue une réponse aux évolutions de l'environnement et s'appuie sur différentes formes d'innovation.

DOCUMENT 1 Le marché du lavage automobile en France

Depuis 2008, le marché du lavage automobile connaît de fortes évolutions dues à l'arrivée de méthodes de lavage innovantes et au développement de nouveaux réseaux de franchise.
En France, selon une étude de l'institut IFOP de 2017, 84 % des automobilistes lavent leurs véhicules au moins deux fois par an. 78 % d'entre eux affirment préférer un lavage en station ou par jets à haute pression, [et 54 % se rendent chez un professionnel pour le lavage de leur véhicule].
Les automobilistes français dépensent entre 6 € et 15 € pour une prestation de lavage classique.

www.mediapme.com

DOCUMENT 2 Plusieurs procédés de lavage automobile

- Le lavage par rouleaux représente 38 % du marché.
- Le lavage par jets haute pression représente 30 % du marché, avec Éléphant Bleu comme leader incontesté et ses quelque 500 centres dans l'Hexagone. On trouve aussi Hydrostar, Immojet, ou Crocojet.
- 7 % du marché est détenu par les stations-service qui proposent un lavage à la main.
- Les laveurs mobiles qui interviennent chez les particuliers ou auprès des entreprises ne représentent quant à eux que 3 % du marché.

© Delagrave, 2018.

DOCUMENT 3 Les laveurs mobiles : les derniers acteurs qui montent

Depuis maintenant plus de deux décennies, les consommateurs affirment toujours plus leur volonté de consommer dans le respect des principes du développement durable. L'automobile, deuxième poste de dépenses des ménages français, n'y échappe pas. L'automobiliste français trentenaire souhaite devenir écoresponsable et les professionnels du secteur l'ont bien entendu.

Déjà garages et centres-auto utilisent des consommables plus écologiques lors des révisions (plaquettes de frein, pneumatiques...) et recyclent les huiles usagées (batteries, pneumatiques et catalyseurs). Désormais, ce sont les centres de lavage auto écologiques qui se multiplient.

Certains ont la particularité d'intervenir directement chez le client (particulier ou entreprise). Ils proposent de nouveaux procédés de lavage plus respectueux de l'environnement : des machines à vapeur qui consomment 100 fois moins d'eau que la haute pression, voire 150 fois moins que le rouleau classique, ou des produits fabriqués à partir de végétaux et contenant moins d'additifs chimiques. Sur ce créneau, de nombreuses enseignes se développent : Écolave, Ecoline Wash... Certains réseaux misent aussi sur le lavage sans eau comme CosmétiCar ou Sineo.

© Delagrave, 2018.

DOCUMENT 4 Les grandes tendances du marché du nettoyage automobile

- Le développement de réseaux de franchise, sous la forme de centres de lavage ou d'unités mobiles ; [...]
- Le développement de nouvelles technologies pour les portiques de lavage : rouleaux sans rayure, haute pression, tunnel vapeur...
- Le développement de nouvelles solutions de nettoyage pour les prestations à domicile : lavage à sec, lavage à la vapeur, utilisation de produits écologiques.

www.creerentreprise.fr, 26 mars 2018.

DOCUMENT 5 La réglementation pour le lavage ou nettoyage de voitures

Depuis la loi n° 92-3 du 3 janvier 1992, la réglementation exige que les eaux de lavage soient traitées afin de séparer l'eau des hydrocarbures avant leur rejet dans les égouts. Les centres de lavage auto doivent donc être équipés de systèmes de traitement des eaux. Les prestataires laveurs à domicile doivent, quant à eux, opter pour des technologies adaptées à cette contrainte.

« *Pour les lavages sur site, il est interdit de laisser sur le sol de l'eau polluée* », précise Jérémy Richard, fondateur du réseau Écolave*.

Les centres de lavage auto qui utilisent des produits d'origine végétale, plus respectueux de l'environnement et biodégradables, doivent se conformer aux normes du règlement européen en vigueur depuis le 1er mai 2009.

*Source : www.flotauto.com, 31 juillet 2013.

© Delagrave, 2018.

DOCUMENT 6 Le lavage automobile (presque) sans eau

Le lavage du véhicule est réalisé à la main, par un professionnel qui utilise des produits adaptés. L'opération est réalisée par la pulvérisation sur la carrosserie d'un produit de chimie végétale 100 % d'origine naturelle, exclusivement issu de ressources renouvelables et 100 % biodégradable. Le professionnel utilise des lingettes microfibres réutilisables qui n'engendrent aucun rejet dans l'environnement. Ce type de prestations « *emploie moins de 5 litres, une quantité incluant l'eau contenue dans les produits et celle nécessaire au lavage des lingettes* », détaille Laurent Corbellini, directeur marketing d'ALD Automotive France.

www.flotauto.com

FAIRE LE POINT

CHAP 4 Comment l'entreprise intègre-t-elle la connaissance de son environnement dans sa prise de décision ?

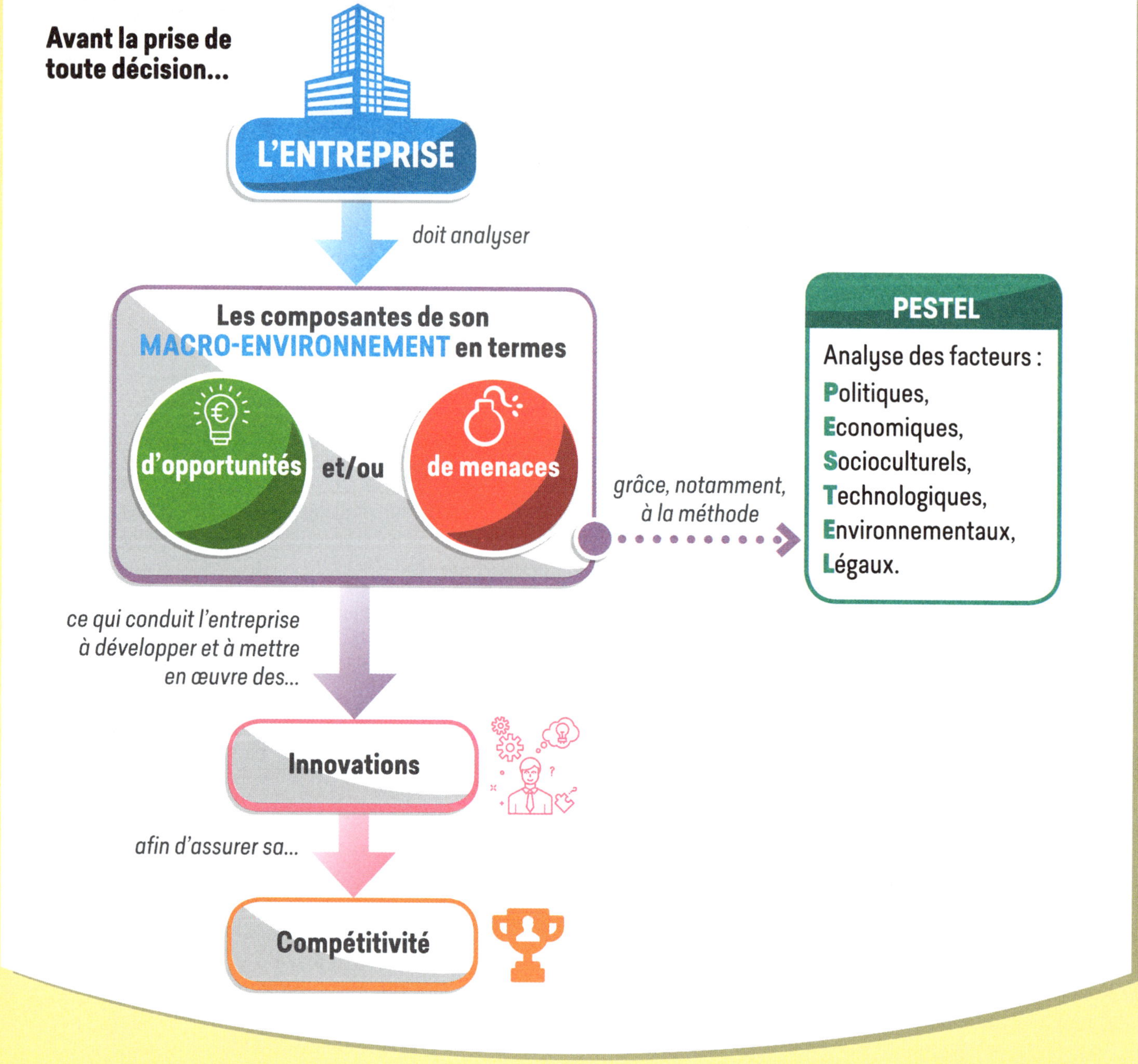

LEXIQUE

- **Compétitivité :** capacité, pour une entreprise, à maintenir ou à accroître ses parts de marché ; aptitude à faire face à la concurrence.

- **Innovation :** mise en œuvre, au sein de l'entreprise, d'une invention dans le domaine économique. L'OCDE, dans le Manuel d'Oslo, définit 4 catégories d'innovation : **l'innovation de produit** (bien ou service), soit l'introduction d'un bien ou d'un service nouveau ou sensiblement amélioré ; **l'innovation de procédé**, soit la mise en œuvre d'une méthode de production ou de distribution nouvelle ou sensiblement améliorée ; **l'innovation d'organisation**, soit la mise en œuvre d'une nouvelle méthode organisationnelle dans les pratiques, l'organisation du lieu de travail ou les relations extérieures de la firme ; et enfin, **l'innovation de marketing**, soit la mise en œuvre d'une nouvelle méthode de commercialisation.

- **Macro-environnement :** éléments extérieurs à l'entreprise, dont l'évolution influence sa situation et sur lesquels elle agit difficilement.

- **PESTEL :** modèle qui permet d'analyser le macro-environnement de l'entreprise en termes d'opportunités et/ou de menaces au travers des facteurs : **P**olitiques, **E**conomiques, **S**ocioculturels, **T**echnologiques, **E**nvironnementaux et **L**égaux.

CHAPITRE 5

Comment les activités économiques sont-elles régulées par le droit ?

Situation simulée

Un groupe tel que Bouygues se doit de respecter l'ensemble des règles juridiques en vigueur. Si toutes ces règles s'imposent au groupe, le fait que l'entreprise soit de nature conglomérale augmente la variété des situations juridiques auxquelles il est confronté, notamment en matière de concurrence et de propriété industrielle.

Vous êtes stagiaire auprès de la direction générale du groupe Bouygues à Paris. Votre tuteur, qui souhaite se faire une idée de vos compétences juridiques, vous propose de travailler sur 4 situations très différentes concernant 4 des 5 filiales du groupe Bouygues.

Compétences

- Repérer les enjeux du droit de la concurrence et du droit de la propriété industrielle pour l'entreprise. **(Objectifs 1 et 2)**
- Identifier les enjeux du dépôt de brevet d'invention et analyser le droit des marques. **(Objectifs 3 et 4)**

1 Identifier le rôle de l'autorité de la concurrence à travers une situation présumée d'entente

SAVOIRS ASSOCIÉS
- Le rôle des autorités administratives indépendantes
- Le droit de la concurrence

Situation simulée

Le groupe Bouygues, représenté notamment par sa filiale Bouygues Construction, est un acteur majeur des différents marchés passés pour la réalisation du Grand Paris. Une excellente nouvelle pour le groupe. Cependant, l'omniprésence sur ces mêmes marchés des géants du BTP que sont les sociétés Vinci, Eiffage et Bouygues, associée à l'explosion des coûts du projet, jettent un doute sur le respect des règles de concurrence. Si aucune action n'est actuellement engagée contre Bouygues Construction, votre tuteur souhaite que vous analysiez les risques que peut faire naître cette situation au regard notamment de précédentes condamnations.

Missions

1. **Vérifiez que les compétences de l'Autorité de la concurrence lui permettraient d'intervenir dans le cadre du projet du Grand Paris.**
2. **Identifiez la relation qui peut exister entre l'intensité concurrentielle d'un marché et le risque d'entente.**
3. **Recherchez les conditions qui amèneraient l'Autorité de la concurrence à estimer que les marchés identifiés par la Cour des comptes, pour la mise en œuvre du Grand Paris, pourraient relever d'une entente.**

DOCUMENT 1 Bouygues condamné pour entente en 2008

Octobre 2008 - Le Conseil de la concurrence* a encore frappé. Quinze jours après l'amende record infligée aux opérateurs télécoms, l'organe de contrôle s'attaque désormais aux groupes de BTP. Six entreprises spécialisées dans la fourniture d'enrobés bitumeux pour la construction de routes ont été sanctionnées pour un montant global de 33,6 millions d'euros. La plupart des six entreprises sont aujourd'hui filiales des trois plus grands groupes de construction français, à savoir Bouygues, Vinci et Eiffage. [...] La plus importante partie de l'amende revient à Colas, la filiale de Bouygues, qui devra payer 21 millions d'euros.

www.latribune.fr, 19 octobre 2008.

* Devenu Autorité de la Concurrence en 2009.

DOCUMENT 2 Rapport de la Cour des comptes sur la Société du Grand Paris (Extraits)

Créée par l'État en 2010, la Société du Grand Paris (SGP) a en charge la réalisation de l'infrastructure nouvelle de métro en rocade autour de Paris. La masse des marchés passés par la SGP et le caractère concentré des grands acteurs français de l'ingénierie et des travaux publics rendent l'établissement très exposé aux risques d'ententes et de pratiques anticoncurrentielles. [...] S'agissant des marchés de travaux, il peut néanmoins être relevé la situation d'un marché concernant un lot de génie civil pour la ligne 15 Sud attribué en juin 2017. Pour ce marché, cinq groupements avaient déposé une candidature et été admis à remettre une offre. Seuls deux d'entre eux ont effectivement déposé une offre, ce qui a considérablement réduit l'intensité concurrentielle du marché.

www.ccomptes.fr, décembre 2017.

RESSOURCE 1 Les pratiques commerciales anticoncurrentielles interdites : les ententes

Afin de protéger le consommateur et de garantir la concurrence entre les professionnels, certaines pratiques commerciales sont interdites, telles que les ententes ou l'abus de position dominante (cf. objectif 2).

Une **entente** est caractérisée par une concertation entre plusieurs acteurs économiques qui décident d'agir ensemble pour ajuster leurs comportements, au lieu de concevoir leur stratégie commerciale de façon indépendante, comme l'exige la loi. De telles ententes sont prohibées lorsqu'elles empêchent, restreignent ou faussent le jeu de la concurrence sur un marché. Barrières à l'entrée des concurrents sur un marché, échanges d'informations sur les prix, répartitions de marchés en sont quelques exemples. On distingue les **ententes « horizontales »**, qui impliquent plusieurs entreprises concurrentes pour un même type de produit ou de service, des **ententes « verticales »**, conclues entre des opérateurs situés à différents niveaux de la chaîne économique, comme par exemple entre fournisseurs et distributeurs.

www.autoritedelaconcurrence.fr

Vidéo 3'23
Les ententes illicites
lienmini.fr/c576-entente

RESSOURCE 2 Les missions de l'Autorité de la concurrence

Vidéo 9'07
Isabelle de Silva, présidente de l'Autorité de la concurrence
lienmini.fr/c576-autorite

Spécialisée dans l'analyse et la régulation de la concurrence sur l'ensemble des marchés, l'Autorité de la concurrence est, en France, l'institution chargée de **garantir** le **respect de l'ordre public économique**. L'Autorité de la concurrence exerce […] une action répressive à l'encontre des pratiques anticoncurrentielles et intervient, de sa propre initiative ou à la demande de plaignants, dès que la concurrence est faussée sur un marché, quels que soient l'activité concernée ou le statut, privé ou public, des opérateurs. […]

Elle a trois missions principales :

– elle contrôle les opérations de fusion et acquisition d'entreprises (concentrations) ;

– elle peut, dans le cadre de dossiers contentieux, prononcer des injonctions et/ou des sanctions à l'encontre d'entreprises ou organismes ayant mis en œuvre des pratiques anticoncurrentielles ;

– enfin, dans le cadre de ses compétences consultatives, elle peut émettre des avis ou des recommandations à l'attention des pouvoirs publics, du Parlement ou des acteurs économiques.

www.autoritedelaconcurrence.fr

RESSOURCE 3 Les autorités administratives indépendantes

Les autorités administratives indépendantes (AAI) sont des institutions de l'État chargées, en son nom, d'assurer la régulation de secteurs considérés comme essentiels et pour lesquels le Gouvernement veut éviter d'intervenir directement. [...] On distingue celles chargées de la régulation des activités économiques (ex. : Autorité de la concurrence, Autorité de régulation des communications électroniques et des postes) et celles protégeant les droits des citoyens (ex. : Défenseur des droits).

Les autorités (1) administratives/publiques (2) indépendantes (3) présentent trois caractères :

• (1) elles disposent d'un certain nombre de pouvoirs (recommandation, décision, réglementation, sanction) ;

• (2) elles agissent au nom de l'État et certaines compétences dévolues à l'administration leur sont déléguées (ex. : le pouvoir réglementaire) ;

• (3) elles sont indépendantes à la fois des secteurs contrôlés mais aussi des pouvoirs publics.

www.vie-publique.fr

2 Analyser une situation juridique d'entreprise au regard de la notion d'abus de position dominante

SAVOIRS ASSOCIÉS
- Le droit de la concurrence
- L'abus de position dominante

Situation simulée

Depuis janvier 2018, il y a des changements au sein des chaînes du groupe TF1, filiale du groupe Bouygues. En effet, HD1 devient TF1 Séries Films et NT1 devient TFX. La maison-mère (TF1) a bien l'intention de poursuivre sa campagne de publicité croisée au sein de ses trois chaînes. Votre tuteur vous demande de vérifier si cette réorganisation peut avoir une incidence sur la validité juridique de cette campagne, notamment en termes d'abus de position dominante.

Missions

1. **Vérifiez si la situation du groupe TF1 peut être considérée comme un abus de position dominante sur le marché de la publicité télévisée en France.**
2. **Présentez la position du groupe Canal+ (D8) lors du litige né en 2013, au regard du droit à la concurrence.**
3. **Indiquez en quoi la décision de l'Autorité de la concurrence en date du 25 juillet 2017 est remise en cause par la récente réorganisation au sein des chaînes du groupe TF1.**

DOCUMENT 1 Part d'audience du groupe TF1

Porté par le succès de la stratégie multi-chaînes, le groupe TF1 affiche une croissance soutenue depuis la rentrée et se positionne en décembre comme le groupe leader de la TV en France. Le groupe TF1 signe en décembre son mois record de l'année avec 28,5 % de part d'audience sur les individus de 4 ans et +, se plaçant ainsi en tête des groupes TV en France. Le groupe renforce notamment son leadership sur les cibles de référence avec 34,2 % de part d'audience sur les FRDA-50* et 31,2 % sur les 25-49 ans.

www.tf1pub.fr

*Femmes responsables des achats du foyer, de moins de 50 ans.

DOCUMENT 2 Décision du 25 juillet 2017 relative à des pratiques mises en œuvre dans le secteur de la publicité télévisuelle

L'Autorité de la concurrence avait été saisie en juin 2013 par Canal+, qui accusait TF1 d'abuser de sa position dominante sur le marché de la publicité télévisée. La filiale de Bouygues a toujours été considérée en position dominante sur ce marché, car elle en détient près de la moitié (41,6% en brut en 2016). […] Canal+ jugeait « discriminatoire » la diffusion sur l'antenne de TF1 des bandes annonces pour HD1, étant donné que les chaînes concurrentes ne pouvaient pas en faire autant.

Vu la lettre, enregistrée le 12 juin 2013 […] par laquelle les sociétés du groupe Canal+ (Canal+ Régie, D8 et D17) ont saisi l'Autorité de la concurrence de pratiques mises en œuvre dans le secteur de la publicité télévisuelle. […] L'Autorité de la concurrence a décidé qu'il n'y avait pas lieu de poursuivre la procédure ouverte par la saisine du groupe Canal+ en ce qui concerne des pratiques mises en œuvre par le groupe TF1 dans le secteur de la publicité télévisuelle. En premier lieu, l'Autorité a estimé que la promotion croisée des programmes de HD1 sur l'antenne de TF1 ne constituait pas un abus de position dominante. Cette pratique consiste, pour une chaîne, à annoncer la diffusion d'un programme d'une autre chaîne par un message à caractère purement informatif. En l'espèce, l'Autorité a retenu que la pratique mise en œuvre par le groupe TF1 n'était pas discriminatoire et qu'elle n'avait pas été de nature à évincer la concurrence sur le marché de la publicité télévisuelle.

www.autoritedelaconcurrence.fr

DOCUMENT 3 Extrait du Code de commerce

Article L420-1

• Sont prohibées même par l'intermédiaire direct ou indirect d'une société du groupe implantée hors de France, lorsqu'elles ont pour objet ou peuvent avoir pour effet d'empêcher, de restreindre ou de fausser le jeu de la concurrence sur un marché, les actions concertées, conventions, ententes expresses ou tacites ou coalitions, notamment lorsqu'elles tendent à :
– limiter l'accès au marché ou le libre exercice de la concurrence par d'autres entreprises ;
– faire obstacle à la fixation des prix par le libre jeu du marché en favorisant artificiellement leur hausse ou leur baisse ;

Article L420-2

• Est prohibée, dans les conditions prévues à l'article L. 420-1, l'exploitation abusive par une entreprise ou un groupe d'entreprises d'une position dominante sur le marché intérieur ou une partie substantielle de celui-ci. Ces abus peuvent notamment consister en refus de vente, en ventes liées ou en conditions de vente discriminatoires ainsi que dans la rupture de relations commerciales établies, au seul motif que le partenaire refuse de se soumettre à des conditions commerciales injustifiées.

DOCUMENT 4 Traité de fonctionnement de l'Union européenne

Article 102

• Est incompatible avec le marché intérieur et interdit, dans la mesure où le commerce entre États membres est susceptible d'en être affecté, le fait pour une ou plusieurs entreprises d'exploiter de façon abusive une position dominante sur le marché intérieur ou dans une partie substantielle de celui-ci. Ces pratiques abusives peuvent notamment consister à :
– imposer de façon directe ou indirecte des prix d'achat ou de vente ou d'autres conditions de transaction non équitables, [...]
– appliquer à l'égard de partenaires commerciaux des conditions inégales à des prestations équivalentes, en leur infligeant de ce fait un désavantage dans la concurrence.

eur-lex.europa.eu

RESSOURCE 1 Les pratiques commerciales anticoncurrentielles interdites : l'abus de position dominante

La position dominante consiste, pour une entreprise, à disposer d'une puissance économique qui lui donne le pouvoir de faire obstacle au maintien d'une concurrence effective sur un marché déterminé. [...] Le simple constat de la forte part de marché d'une entreprise ne permet pas de conclure à lui seul à l'existence d'une position dominante. En revanche, si l'entreprise concernée dispose d'une avance technologique telle qu'elle lui permet d'augmenter ses prix sans craindre une érosion de sa clientèle, cette entreprise peut être considérée comme étant en position dominante. Il en va de même d'une entreprise qui détient des marques d'une très forte notoriété auprès des consommateurs, au point que les distributeurs ne peuvent se passer de ces marques. [...] Il résulte de la jurisprudence [...] que si toute entreprise en situation de position dominante doit veiller à ne pas abuser de son pouvoir de marché, cette responsabilité est plus importante lorsque cette position est héritée d'un ancien monopole légal et que la pratique en cause est en lien avec cet ancien statut.

www.economie.gouv.fr

Vidéo 3'02
L'abus de position dominante
lienmini.fr/c576-abus

RESSOURCE 2 L'Autorité de la concurrence et les abus de position dominante

Les abus de position dominante sont en général des pratiques unilatérales émanant d'un acteur économique qui use de sa position de force sur un marché pour le verrouiller, pour évincer ses concurrents ou pour empêcher l'arrivée de nouveaux entrants. L'Autorité, à l'issue d'une procédure contradictoire au cours de laquelle l'ensemble des parties auront fait valoir leurs points de vue, peut décider qu'il n'y a pas lieu de poursuivre la procédure (décision de non-lieu), ou bien rejeter la saisine pour défaut d'éléments probants (décision de rejet). Mais elle peut également constater l'existence d'infractions, prononcer des sanctions, imposer des injonctions ou encore obtenir de l'entreprise des engagements volontaires de changement de comportement pour l'avenir.

www.autoritedelaconcurrence.fr

3 Identifier les enjeux et les acteurs de la propriété industrielle à travers le dépôt de brevet d'invention

SAVOIRS ASSOCIÉS

- Le droit de la propriété industrielle : le brevet

Situation simulée

Début 2017, Colas, filiale du groupe Bouygues, a mis en œuvre le procédé Wattway, plus connu sous le concept de route solaire. Cette mise en œuvre découle d'une innovation majeure qui date de 2015. Si Colas est manifestement leader sur le marché français, voire européen, la Chine a équipé, il y a quelques mois, deux kilomètres de voie rapide en dalles photovoltaïques. Votre tuteur vous demande de trouver comment Colas peut vérifier que la technologie chinoise n'est pas issue d'une contrefaçon.

Missions

1. **Identifiez les enjeux du dépôt de brevets d'invention pour Colas.**
2. **Présentez le régime juridique des brevets déposés par Colas en droit français ainsi que le rôle de l'INPI dans la procédure de dépôt.**
3. **Vérifiez si la technologie chinoise de route solaire, mise en œuvre postérieurement à la Wattway de Colas, respecte le droit de propriété industrielle.**

DOCUMENT 1 Extrait du Code de la propriété intellectuelle

Article L615-1

- Toute atteinte portée aux droits du propriétaire du brevet, tels qu'ils sont définis aux articles L. 613-3 à L. 613-6, constitue une contrefaçon.
- La contrefaçon engage la responsabilité civile de son auteur.

DOCUMENT 2 La Wattway, une innovation brevetée à l'INPI

Wattway est une innovation française brevetée au terme de 5 années de recherche menées par Colas, leader mondial des infrastructures de transport, et l'INES Institut national de l'énergie solaire. [...] Les dalles Wattway comprennent des cellules photovoltaïques enrobées dans un substrat multicouches. Ces cellules captent l'énergie solaire au travers d'une très fine feuille de silicium polycristallin permettant de produire de l'électricité. [...] Les dalles sont adaptables aux routes du monde entier et capables de supporter la circulation de tout type de véhicule, y compris les poids lourds. Très fines (quelques millimètres d'épaisseur) et pourtant résistantes, antidérapantes, conçues pour durer, les dalles Wattway sont posées et collées directement sur la chaussée, sans travaux de génie civil.

www.wattwaybycolas.com, octobre 2015.

DOCUMENT 3 La Chine a son autoroute solaire

La Jinan expressway est une autoroute qui vient d'ouvrir à l'est de la Chine. Mais à la différence d'une autoroute classique, celle-ci produit de l'énergie. [...] Les panneaux solaires sont protégés des véhicules par une couche de béton transparent.

www.francetvinfo.fr, 8 janvier 2018.

RESSOURCE 1 L'INPI

L'Institut national de la propriété industrielle (INPI) est un établissement public dépendant du ministère de l'économie. [...] En France, l'INPI joue un rôle essentiel dans la protection industrielle. Il est l'organisme qui gère à titre de compétence exclusive les brevets, les marques et les dessins et modèles. [...] Les titres de propriété industrielle délivrés par l'INPI ne sont valables que sur le territoire français. [...] Tous les dépôts de brevet s'effectuent auprès de l'INPI.

www.jurifiable.com

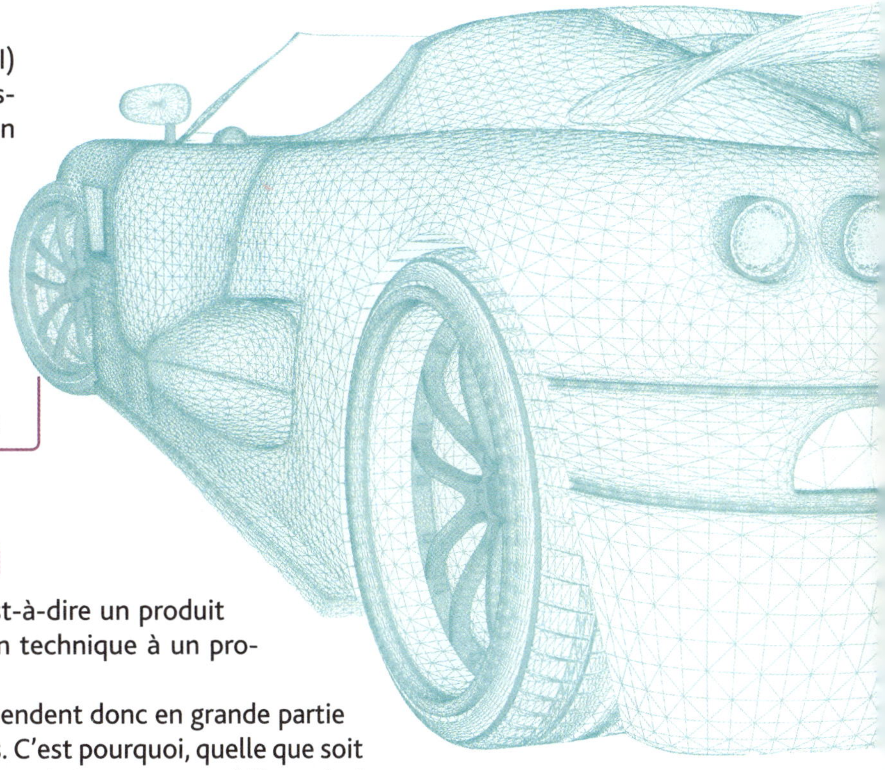

RESSOURCE 2 Le brevet : une protection efficace

Le brevet protège une innovation technique, c'est-à-dire un produit ou un procédé qui apporte une nouvelle solution technique à un problème technique donné. [...]

La réussite et la pérennité de votre entreprise dépendent donc en grande partie de votre capacité à imaginer de nouveaux produits. C'est pourquoi, quelle que soit la nature de votre création, celle-ci mérite d'être protégée. Vous rentabilisez ainsi une partie de vos recherches et vous vous assurez un avantage compétitif stratégique, dans un environnement de plus en plus concurrentiel et mondialisé. [...]

En déposant votre brevet à l'INPI, vous obtenez un monopole d'exploitation sur le territoire pour une durée maximale de 20 ans.

Un enjeu commercial

- Le brevet rend l'invention publique en même temps qu'il la protège.
- Il vous permet d'interdire toute exploitation (utilisation, fabrication, importation...) de votre invention effectuée sans votre autorisation. Vous pouvez poursuivre les contrefacteurs devant les tribunaux.
- Il vous donne les moyens de conquérir de nouveaux marchés par des dépôts à l'étranger et des concessions de licence.

www.inpi.fr - base Marques.

Vidéo
4'42
Conditions de protection d'une invention par le brevet
lienmini.fr/c576-brevet

RESSOURCE 3 Les critères de brevetabilité

L'invention pour laquelle vous envisagez de demander un brevet doit être non seulement une solution technique à un problème technique, mais doit également être nouvelle, impliquer une activité inventive et être susceptible d'application industrielle.

www.inpi.fr- base Marques.

RESSOURCE 4 La protection internationale du brevet

Trois options s'offrent à vous lorsque vous souhaitez déposer un brevet au niveau international. [...] Le brevet étant un droit applicable territorialement, il ne vous donne des droits que dans le ou les pays où vous l'avez déposé.

- **L'enregistrement local** auprès des offices nationaux de propriété intellectuelle des pays ciblés : l'Organisation mondiale pour la propriété intellectuelle (OMPI) propose un répertoire des offices de propriété intellectuelle de tous ses États membres. [...]
- **L'enregistrement régional** : déposer votre brevet dans plusieurs pays appartenant à un même organisme régional de propriété intellectuelle. [...]
- **L'enregistrement international** : si les pays que vous ciblez sont nombreux, [...] vous avez alors la possibilité de mener une procédure internationale, à partir de laquelle plusieurs dépôts nationaux ou régionaux sont réalisables. [...] Le dépôt est à réaliser en une seule langue auprès de l'INPI qui la transmettra à l'OMPI.

import-export.societegenerale.fr

RESSOURCE 5 La contrefaçon

Sont considérées comme une contrefaçon : [...] toute copie, importation ou vente d'une invention, sans le consentement du titulaire du brevet.

www.service-public.fr

4 Analyser une situation juridique d'entreprise mettant en œuvre le droit des marques

SAVOIRS ASSOCIÉS

• Le droit de la propriété industrielle : la marque

Situation simulée

Vous connaissez la marque B&You (B and You) de Bouygues Telecom. À l'occasion de recherches, votre tuteur a appris qu'une entreprise de multiservices dans la région Auvergne-Rhône-Alpes utilisait la marque B and You (Bernard and You) dans le cadre de son activité professionnelle, et ce depuis 1995. Votre tuteur trouve la situation cocasse et souhaiterait savoir s'il y a atteinte aux droits de l'entreprise Bouygues Telecom.

Missions

1. **Expliquez pourquoi, dans son jugement, le TGI de Paris n'a pas retenu la contrefaçon pour l'usage de la mention « Les Forfaits 100 % ».**
2. **Vérifiez si la marque B and You (Bernard and You) peut être qualifiée de contrefaçon de marque.**

DOCUMENT 1 Jugement du TGI de Paris, 26 octobre 2007

La société BOUYGUES TELECOM, [...] demande au Tribunal : d'interdire à SFR tout usage de la marque « SFR 100 % » et toute reproduction à l'identique et par imitation de la marque antérieure « FORFAIT 100 % » dont BOUYGUES TELECOM est titulaire, sous astreinte de 10 000 € par infraction constatée à compter de la signification du jugement à intervenir ; [...]

Attendu qu'en premier lieu, la société BOUYGUES TELECOM expose que dans le cadre de la campagne publicitaire litigieuse, la société SFR a reproduit à l'identique la marque « Forfait 100 % », à plusieurs reprises, sur le site Internet accessible à l'adresse http://www.sfr.fr ; [...]

Attendu qu'il ressort du constat d'huissier dressé le 9 juin 2007 à l'initiative de la demanderesse que le site internet de la société SFR comporte les mentions « Les forfaits 100 % » (annexe 5 du constat), « Composez votre offre FORFAIT 100 % » (annexe 6 du constat), et une mention « Votre offre : FORFAIT 100 % 2H (1 mois offert) » (annexe 6 du constat) ;

Attendu que l'article L. 713-2 a) du Code de la propriété intellectuelle prohibe, sauf autorisation du propriétaire, la reproduction, l'usage ou l'apposition d'une marque pour des produits ou services identiques à ceux désignés dans l'enregistrement ; [...]

Attendu que les mentions précitées, visibles à l'annexe 6 du constat d'huissier reproduisent à l'identique la marque « FORFAIT 100 % » ; [...]

PAR CES MOTIFS [...]

– DIT qu'en faisant usage de la mention « Les Forfaits 100 % » sur son site internet www.sfr.fr, la Société Française du Radiotéléphone n'a pas commis d'actes de contrefaçon ; [...]

– DIT qu'en faisant usage, sur son site Internet www.sfr.fr, de la dénomination « FORFAIT 100 % » dans les mentions « Composez votre offre FORFAIT 100 % » et « Votre offre : FORFAIT 100 % 2H (1 mois offert) », sans l'autorisation de la société BOUYGUES TELECOM, pour désigner des services identiques à ceux désignés par la marque « FORFAIT 100 % », la Société Française du Radiotéléphone a commis des actes de contrefaçon.

© DILA Légifrance, www.legifrance.gouv.fr

DOCUMENT 2 Extrait du Code de la propriété intellectuelle

Article L716-1

• L'atteinte portée au droit du propriétaire de la marque constitue une contrefaçon engageant la responsabilité civile de son auteur. Constitue une atteinte aux droits de la marque la violation des interdictions prévues aux articles L. 713-2, L. 713-3 et L. 713-4.

Article L716-2

• Les faits antérieurs à la publication de la demande d'enregistrement de la marque ne peuvent être considérés comme ayant porté atteinte aux droits qui y sont attachés.
• Cependant, pourront être constatés et poursuivis les faits postérieurs à la notification faite au présumé contrefacteur d'une copie de la demande d'enregistrement. Le tribunal saisi sursoit à statuer jusqu'à la publication de l'enregistrement.

DOCUMENT 3 B&You : une marque de Bouygues Telecom

Marque : B&YOU une idée de Bouygues Telecom
Type : Marque semi-figurative
Classification de Nice : 9 ; 35 ; 38 ; 42
Produits et services :

- 9 ordinateurs ; périphériques d'ordinateurs [...] permettant de se connecter à un réseau de communication mondiale de type Internet, à des chaînes télévisées, radiophoniques, à des réseaux téléphoniques, de télécommunication ; terminaux multimédia ; appareils téléphoniques ; [...]
- 35 opérations promotionnelles et publicitaires en vue de fidéliser la clientèle dans le domaine de la téléphonie mobile ; [...]
- 38 communications téléphoniques, radio téléphoniques et radiophoniques ; [...]
- 42 location de temps d'accès à un centre serveur de bases de données et au réseau Internet ; hébergement de sites informatiques (sites Web) sur le réseau Internet. [...]

Déposant : BOUYGUES TÉLÉCOM, Société Anonyme, 32, avenue Hoche, 75008, PARIS, FR (SIREN 397480930)
Statut : Marque enregistrée
Date de dépôt / Enregistrement : 2011-12-16

www.inpi.fr - base Marques.

RESSOURCE 1 La marque : un droit de propriété industrielle

Une marque, c'est-à-dire un signe, un terme ou une expression représentant une entreprise, un bien ou un service, doit être déposée auprès de l'Institut national de la propriété industrielle (INPI) pour conférer au déposant un droit exclusif sur cette marque.
Pour cela, il faut d'abord choisir une marque qui soit un signe distinctif. La marque ne doit pas être un terme décrivant le produit ou le service, la description étant commune à tous les objets de la même espèce. Les signes « génériques, usuels ou nécessaires » sont donc exclus.
Il faut ensuite vérifier que le signe choisi ne correspond pas à une marque déjà existante dans le ou les secteurs d'activités choisis. Pour cela, l'INPI propose de réaliser une « recherche d'antériorité » en vue de vérifier l'existence éventuelle de marques analogues, dans les domaines choisis. En effet, le droit à la marque est limité par le principe de « spécialité » : on doit indiquer lors du dépôt pour quels types d'activités on entend déposer. [...]
En outre, il faut être vigilant sur le fait que le terme choisi ne doit pas être identique à un nom commercial ou une dénomination sociale déjà existant. S'il en résulte un risque de confusion dans l'esprit du public, les titulaires du nom ou de la dénomination sociale pourraient agir contre le déposant de la marque s'ils disposent d'un enregistrement antérieur au dépôt de ladite marque.

www.jesuisentrepreneur.fr

Vidéo 4'10
Choisir sa marque et la protéger
lienmini.fr/c576-marque

RESSOURCE 2 La marque : un monopole renouvelable indéfiniment

En déposant votre marque à l'INPI, vous obtenez un monopole d'exploitation sur le territoire français pour 10 ans, renouvelable indéfiniment. Vous êtes ainsi le seul à pouvoir l'utiliser, ce qui permet de mieux commercialiser et promouvoir vos produits et services. Vous pouvez vous défendre en poursuivant en justice toute personne qui imiterait ou utiliserait votre marque. [...]
C'est à vous de déterminer avec précision les produits et/ou services pour lesquels vous voulez utiliser votre marque. La protection obtenue dépendra uniquement des produits et/ou services mentionnés dans le dépôt. Prenez donc le temps de bien formaliser vos besoins. Une fois que vous avez identifié les produits et/ou services pour lesquels vous déposez une marque, vous devez les ordonner en fonction de la classification internationale dite « classification de Nice » et, enfin, les mentionner sur le formulaire de dépôt de marque.

www.inpi.fr - base Marques.

APPLICATION

Situation simulée

James est un citoyen britannique adepte de ski. Il se rend tous les ans en Haute-Savoie dans une petite station : La Sambuy. Lors de la dernière saison, il a remarqué un logo sur fond bleu qu'il n'avait encore jamais vu : « **In Annecy Mountains** ». Si le logo lui paraît sympathique, il n'en va pas de même pour les caractères. En effet, depuis quelques années, James relate ses exploits aux sports d'hiver sur un blog dénommé « In Annecy Mountains ». Déstabilisé par cette découverte, il vous demande conseil. Il souhaiterait savoir notamment si cette situation pourrait être à l'origine d'un litige juridique.

IN ANNECY MOUNTAINS

In Annecy Mountains

1. Présentez les faits juridiquement qualifiés.
2. Retrouvez les règles juridiques sur lesquelles pourrait s'appuyer James pour échapper au délit de contrefaçon.
3. Présentez votre conclusion.

DOCUMENT 1 Lancement de la marque « In Annecy Mountains »

Ce mercredi 6 décembre [2017], l'agglomération du Grand Annecy et les communautés de communes des Vallées de Thônes et des Sources du Lac ont dévoilé leur nouvelle marque de territoire : « In Annecy Mountains ». Cette nouvelle identité permettra de valoriser à la fois le territoire, son activité touristique et son développement économique.

www.haute-savoie.cci.fr, 7 décembre 2017.

DOCUMENT 2 Code de la propriété intellectuelle

Article L711-1

• La marque de fabrique, de commerce ou de service est un signe susceptible de représentation graphique servant à distinguer les produits ou services d'une personne physique ou morale. Peuvent notamment constituer un tel signe :

– Les dénominations sous toutes les formes telles que : mots, assemblages de mots, noms patronymiques et géographiques, pseudonymes, lettres, chiffres, sigles ; [...]

– Les signes figuratifs tels que : dessins, étiquettes, cachets, lisières, reliefs, hologrammes, logos, images de synthèse ; les formes, notamment celles du produit ou de son conditionnement ou celles caractérisant un service ; les dispositions, combinaisons ou nuances de couleurs.

DOCUMENT 3 Notice de marque déposée auprès de l'INPI

Marque : IN ANNECY MOUTAINS
Type : Marque semi-figurative
Classification des éléments figuratifs : 01.15.15 ; 37.02.09 ; 37.02.14
Classification de Nice : 3 ; 4 ; 8 ; 9 ; 14 ; 16 ; 18 ; 20 ; 21 ; 22 ; 24 ; 25 ; 28 ; 32 ; 33 ; 34 ; 35 ; 36 ; 39 ; 41 ; 43 ; 45
Produits et services
- 3 préparations pour blanchir et autres substances pour lessiver ; préparations pour nettoyer ; [...]
- 4 bougies ; mèches pour l'éclairage ; [...]
- 9 appareils et instruments scientifiques, nautiques ; [...]
- 22 tentes, voiles, sacs à linge en toile ; [...]
- 35 publicité ; gestion des affaires commerciales ; [...]
- 43 services hôteliers ; réservation d'hôtel ; [...]

Déposant : OFFICE DE TOURISME DU LAC D'ANNECY, établissement public industriel et commercial, 1 rue Jean Jaurès, 74000, ANNECY, FR (SIREN 492855309)
Mandataire / destinataire de la correspondance : CABINET PONCET, Madame Florence PONCET, 7 chemin de Tillier, BP 317, 74008, ANNECY CEDEX, FR
Numéro : 4399743
Statut : Marque enregistrée
Date de dépôt / Enregistrement : 2017-10-26
Lieu de dépôt : 92 INPI - Dépôt électronique
Historique
Publication 2017-11-17 (BOPI 2017-46)
Enregistrement avec modification 2018-04-06 (BOPI 2018-14)

www.inpi.fr - base Marques.

DOCUMENT 4 Cour de cassation, Chambre commerciale, 25 mars 2014 : contrefaçon de marque

Attendu, selon l'arrêt attaqué, que la société Lézard graphique, [...] qui exerce une activité d'imprimerie sous le nom commercial et l'enseigne Lézard graphique, est titulaire de la marque verbale « lézard graphique » et de la marque semi-figurative « lézard » accompagnée de la représentation d'un lézard de couleur verte [...] que faisant valoir que la société Studio Lézard graphique, [...] titulaire de la marque semi-figurative « studio lézard » accompagnée d'un dessin représentant un lézard stylisé [...], portait atteinte à ses marques et se rendait coupable d'actes de concurrence déloyale, la société lézard graphique l'a fait assigner en contrefaçon et usage frauduleux des marques « lézard » et « lézard graphique », en nullité de la marque « studio lézard » ainsi que pour actes de concurrence déloyale ; [...]

Attendu que pour rejeter la demande en nullité de la marque « studio lézard », l'arrêt relève [...] que le nom, les couleurs et le graphisme du lézard sont différents et en déduit qu'aucune confusion dans l'esprit du public ne peut être faite entre les marques qui sont parfaitement distinctes ;

Attendu qu'en se déterminant ainsi, au vu des seules différences relevées entre les signes, sans rechercher si les ressemblances existantes n'étaient pas de nature à créer un risque de confusion pour un consommateur d'attention moyenne n'ayant pas simultanément sous les yeux les deux marques, la cour d'appel a privé sa décision de base légale ;

PAR CES MOTIFS, CASSE ET ANNULE

© DILA Légifrance, www.legifrance.gouv.fr

FAIRE LE POINT

CHAP 5 Comment les activités économiques sont-elles régulées par le droit ?

La régulation de l'activité économique

s'appuie sur **le droit de la concurrence**

- **AAI Autorité de la concurrence**
- **Commission européenne**

Objectifs
- Garantir la libre concurrence entre les entreprises
- Préserver la loyauté dans la relation

Lutte contre les pratiques anticoncurrentielles :
- Ententes
- Abus de position dominante

SANCTIONS pour pratiques anticoncurrentielles :
- Dommages-intérêts (responsabilité civile extracontractuelle)
- Amendes (responsabilité pénale, administrative)

s'appuie sur **le droit de la propriété industrielle**

- **INPI**
- **OMPI**

Objectifs
- Limiter la concurrence pendant une durée déterminée afin d'encourager l'innovation
- Protéger et valoriser les inventions nouvelles et les marques

Droit des brevets : monopole d'exploitation pendant 20 ans

Droit des marques : monopole d'exploitation pendant 10 ans renouvelable

SANCTIONS pour contrefaçon :
- Dommages-intérêts/Publicité/Astreinte (responsabilité civile extracontractuelle)
- Amendes (responsabilité pénale)

LEXIQUE

- **Abus de position dominante :** pratique unilatérale d'un acteur en position de force pour verrouiller la concurrence.
- **Brevet :** titre de propriété industrielle concernant une invention permettant un monopole d'exploitation.
- **Entente :** concertation entre plusieurs acteurs pour ajuster leurs pratiques commerciales.
- **Invention :** solution technique nouvelle inventive susceptible d'application industrielle.
- **Marque :** signe, terme ou expression distinctif représentant une entreprise, un bien ou un service.

CHAPITRE 6

Quel est le rôle de l'État dans la régulation économique ?

Situation simulée

Dans le cadre de sa veille informationnelle, le groupe Bouygues s'intéresse aux mesures de politique économique prises par le Gouvernement, ainsi qu'aux diverses normes applicables à ses activités. La France étant membre de l'Union européenne (UE) et de la zone euro, sa politique économique et les modifications du cadre législatif national résultent également de l'évolution du cadre européen. Par ailleurs, dans le contexte actuel de mondialisation, de nombreuses mesures prises à l'échelon national résultent de décisions au niveau mondial.

Il apparaît donc que la prise en compte de l'environnement économique, politique et légal d'une entreprise comme Bouygues nécessite d'appréhender la complexité des interdépendances pour bien évaluer les incidences des mesures de politique économique nationales sur le fonctionnement des entreprises.

Le comité de direction de Bouygues envisage de mettre à disposition des différentes entités du groupe un mémento sur l'impact des actions de l'État pour le groupe. Celles-ci, visant à assurer la compétitivité et la croissance économique du pays, sont à la fois sources de contraintes et d'opportunités.

Compétences

- Identifier les principales politiques économiques et leurs outils (Objectifs 1, 2 et 3)
- Repérer l'impact des politiques sur l'environnement de l'entreprise (Objectifs 4, 5 et 6)

1 Identifier les principales fonctions de l'État et son rôle d'accompagnement de la croissance économique

SAVOIRS ASSOCIÉS
- Le rôle de l'État (allocation, redistribution, régulation)
- La croissance économique

Situation simulée

Afin d'identifier les conséquences possibles des mesures prises par l'État dans le cadre des trois fonctions qu'il exerce, le groupe Bouygues met en place une veille informationnelle.

Missions

1. **En vous référant au rôle de l'État tel que défini par Musgrave, classez les mesures évoquées dans les documents 1 à 4. Justifiez votre classement.**
2. **Expliquez en quoi chacune de ces mesures pourrait favoriser une croissance économique en accord avec le développement durable.**
3. **Identifiez leur impact possible sur chacune des trois grandes activités du groupe : la construction, les médias et la téléphonie.**

DOCUMENT 1 Fiscalité : les mesures Macron en faveur du pouvoir d'achat

Le nouveau président propose [...] deux mesures phares à destination des classes moyennes et populaires : la suppression de la taxe d'habitation pour 80 % des contribuables et la baisse des cotisations sociales salariales. [...] Pour les bas salaires, Emmanuel Macron souhaite enfin mettre en place une hausse de la prime d'activité.

H. Baudino, www.latribune.fr, 12 mai 2017.

DOCUMENT 2 Le prêt à taux zéro

Le prêt à taux zéro (PTZ) constitue un dispositif de soutien à l'accession à la propriété des ménages à revenus modestes et intermédiaires. Il est accordé sous conditions de ressources pour faciliter l'accès à la propriété.

www.economie.gouv.fr, 15 mars 2018.

DOCUMENT 3 Réforme de l'apprentissage : ce qu'il faut savoir

Pour doper l'apprentissage et lutter contre le chômage des jeunes, le Gouvernement a annoncé une simplification du dispositif pour les entreprises, de nouveaux circuits de financement, et enfin une meilleure information et des mesures incitatives pour les futurs apprentis.

V. Mazuir, *Les Échos*, 9 avril 2018.

DOCUMENT 4 Diesel : ce que prévoit le gouvernement Philippe

Le Premier ministre Édouard Philippe a annoncé, lors de son discours de politique générale, [...] « *Nous voulons arriver à la neutralité carbone d'ici 2050.* [...] *La convergence diesel-essence sera atteinte avant la fin de la mandature.* »

V. Le Billon, A. Feitz et P. Demoux, *Les Échos*, 4 juillet 2017.

RESSOURCE 1 Les trois fonctions de l'État, selon Richard Musgrave

Fonction d'allocation	Fonction de redistribution	Fonction de stabilisation
Elle consiste à rétablir un usage optimal des ressources.	Elle vise à corriger la répartition spontanée des revenus et des richesses en vue d'instaurer ce que la société considère comme une juste répartition.	Elle correspond à deux objectifs de l'État dans la régulation de l'économie : le plein-emploi des facteurs de production (et en particulier du travail) et la stabilité des prix.

Vidéo 8'27
Les fonctions de l'État
lienmini.fr/c576-fonction

J. Généreux, « Les trois fonctions de l'État, selon Richard Musgrave », *Alternatives Économiques*, n° 219, novembre 2003.

RESSOURCE 2 La croissance économique

La croissance économique de la France est l'évolution de la richesse produite sur le territoire français entre deux années ou entre deux trimestres. Cette richesse est appelée produit intérieur brut (PIB). [...] Le produit intérieur brut d'un pays est égal à la somme des valeurs ajoutées des producteurs résidant sur son territoire. Le PIB, c'est la richesse créée par les activités de production. [...] La croissance est l'évolution du produit intérieur brut (PIB) sans tenir compte de la variation des prix. [...] La croissance correspond à la seule évolution des quantités produites. Elle est exprimée en pourcentage (%). [...]

Pour deux tiers, la richesse produite sert à rémunérer le travail des salariés et des personnes travaillant à leur compte. Le tiers restant revient aux entreprises et aux administrations publiques.

Insee en bref – *Pour comprendre... La croissance économique*, janvier 2017.

RESSOURCE 3 Le développement durable

En 1987, Mme Gro Harlem Brundtland, Premier ministre norvégien de l'époque, définissait le développement durable comme *« un développement qui répond aux besoins du présent sans compromettre la capacité des générations futures à répondre aux leurs »*.

Le développement durable est donc un développement économiquement efficace, socialement équitable et écologiquement soutenable. Il repose sur trois piliers : un pilier économique, un pilier social et un pilier écologique (ou environnemental).

RESSOURCE 4 Le développement économique et l'IDH

• **Le développement économique** correspond à un ensemble de changements (productifs ou sociaux) dont le résultat est d'améliorer les conditions d'existence d'une population donnée dans son ensemble.

• **L'indice de développement humain (IDH)** est un indicateur du niveau de développement atteint par un pays. Conçu par le programme des Nations unies pour le développement (PNUD), il mesure le niveau moyen atteint par la population d'un pays « dans des dimensions clés du développement humain : vivre une vie longue et en bonne santé, acquérir des connaissances et jouir d'un niveau de vie décent. » Cet indicateur composite est calculé sur la base de l'espérance de vie à la naissance (qui renseigne sur les conditions sanitaires), du nombre d'années de scolarisation (qui renseigne sur l'accès à l'éducation) et sur le revenu moyen par habitant (qui correspond au niveau de vie moyen).

2 Analyser la conjoncture et les caractéristiques structurelles d'une économie pour mettre en évidence les déséquilibres

SAVOIRS ASSOCIÉS

- L'existence de déséquilibres : inflation, chômage

Situation simulée

Le groupe Bouygues souhaite analyser la situation économique de la France afin d'y déceler les sources potentielles d'opportunités et de risques pour ses différentes activités. Pour ce faire, il s'intéresse à la « conjoncture économique » d'une part, et aux « caractéristiques structurelles » de cette économie d'autre part.

Missions

1. **Analysez chaque graphique du document 1 et qualifiez la conjoncture économique française sur la période considérée, en précisant l'impact qu'elle a pu avoir sur le groupe Bouygues.**
2. **Parmi les mesures présentées dans l'objectif 1, identifiez, en justifiant votre réponse, celles qui peuvent agir sur les caractéristiques structurelles de l'économie française.**
3. **En vous référant à la notion de croissance endogène, réfléchissez à l'impact de la réforme de l'apprentissage, et à celui de l'innovation en général, sur la croissance économique. Envisagez ensuite les incidences de la réforme sur les activités de construction et de téléphonie du groupe Bouygues.**

DOCUMENT 1 La conjoncture française en quatre graphiques

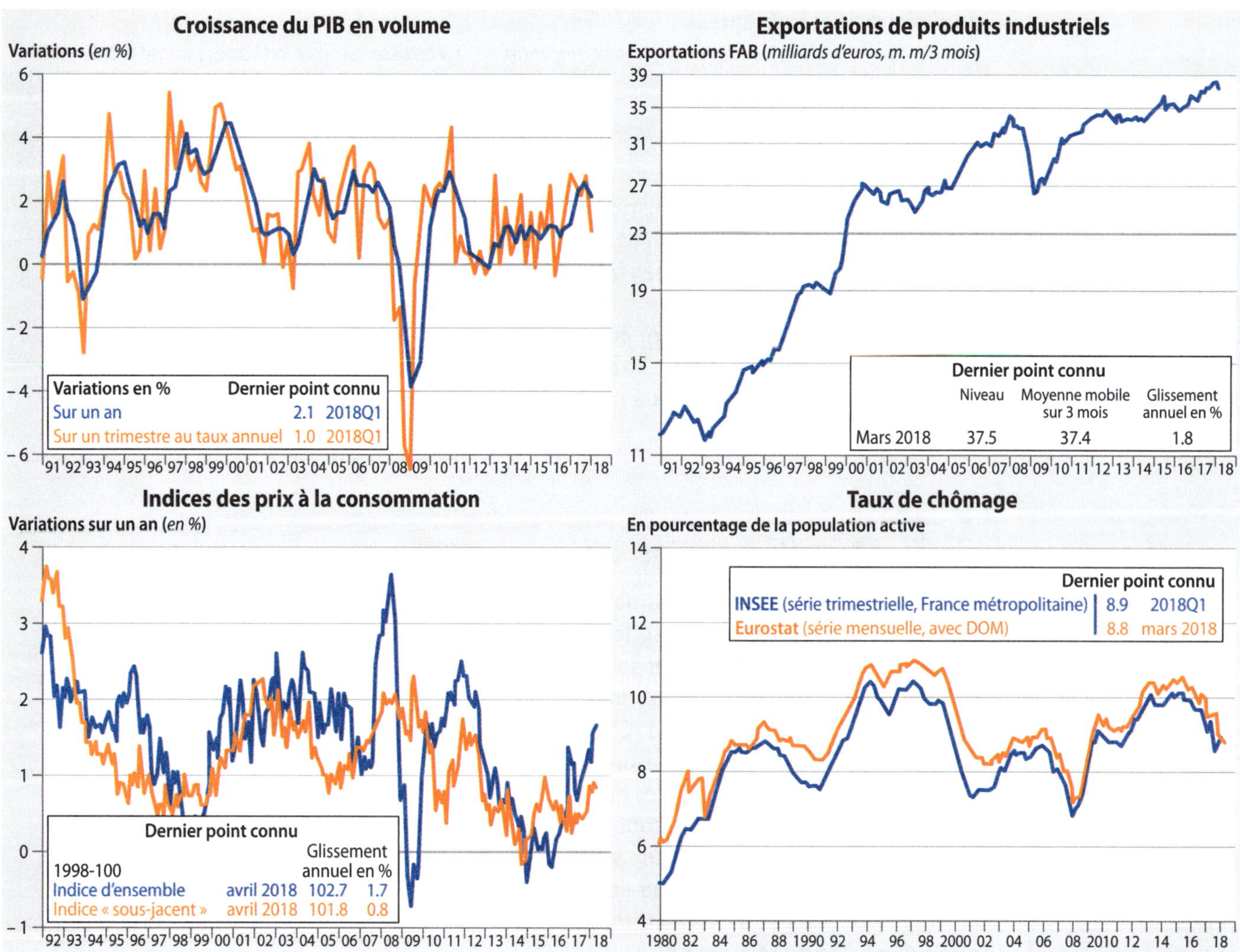

Source : *La conjoncture économique française en 10 graphiques*, www.coe-rexecode.fr, 4 juin 2018.

DOCUMENT 2 20 mesures pour transformer l'apprentissage en France

10 mesures pour les jeunes	10 mesures pour les entreprises
1 – Meilleure rémunération	1 – Participation des partenaires sociaux à l'écriture des programmes
2 – Aide au permis de conduire	2 – Aides à l'embauche pour les TPE et PME qui forment les apprentis de niveau prébac ou bac
3 – Continuité de la scolarité	3 à 7– Assouplissement des règles relatives à la rupture du contrat d'apprentissage, aux conditions d'intégration des apprentis, à l'enregistrement du contrat, à sa durée, au rythme annuel de l'apprentissage
4 – Classes prépa-apprentissage	
5 – Information des familles	
6 – Orientation des jeunes	
7 – Recul de l'âge limite d'accès à l'apprentissage	
8 – Financement de l'alternance	8 – Certification des maîtres d'apprentissage
9 – Campus des métiers	9 – Ouverture facilitée dans les CFA pour les formations répondant à des besoins urgents
10 – Programmes Erasmus Pro	10 – Certification indépendante des CFA

www.education.gouv.fr

RESSOURCE 1 La conjoncture économique

La **conjoncture** désigne en particulier ce qui est changeant ou susceptible de se modifier à court terme, et cette notion peut s'appliquer à d'autres domaines que l'économie : on parle ainsi également de conjoncture sociale, politique, etc. Au plan économique, l'évolution de la conjoncture s'apprécie au moyen d'indicateurs statistiques, tels que le taux de croissance du PIB, le taux d'inflation, le calcul du taux de chômage, l'évolution de la balance commerciale, etc. L'étude de la **conjoncture** a pour objectif la prévision et l'établissement d'une politique économique, et en particulier d'une politique économique conjoncturelle. Par exemple, en ce qui concerne la politique monétaire qui est le fait des banques centrales : la hausse des taux d'intérêt directeurs, lorsque l'objectif est d'endiguer l'inflation et le surinvestissement dans les secteurs non rentables ; la baisse des taux d'intérêt directeurs lorsque l'objectif est de soutenir l'activité ou même de la relancer en période de récession (situation des années 2008-2009 dans la plupart des pays du monde). L'étude de la conjoncture est le fait des observatoires publics et d'organismes privés. On peut citer pour la France l'INSEE (Institut national de la statistique et des études économiques), l'OFCE (Observatoire français des conjonctures économiques), mais aussi la plupart des grands établissements financiers, des grands groupes industriels, des unions professionnelles et des chambres de commerce et d'industrie.

Vidéo 7'43
La conjoncture économique française en 2016-2017
lienmini.fr/c576-conjoncture

www.mataf.net, 12 juin 2018.

RESSOURCE 2 La croissance endogène

La **croissance endogène** est une forme de croissance économique qui résulte d'investissements susceptibles d'entretenir durablement l'augmentation de l'activité économique. Ces investissements sont réalisés avec l'aide de l'État et correspondent à l'aménagement d'infrastructures collectives (réseaux routier et autoroutier, infrastructures portuaires et aéroportuaires, réseaux de télécommunication...) et/ou à des investissements immatériels (formation et recherche-développement). L'éducation et la formation jouent ainsi un rôle essentiel dans la croissance économique.

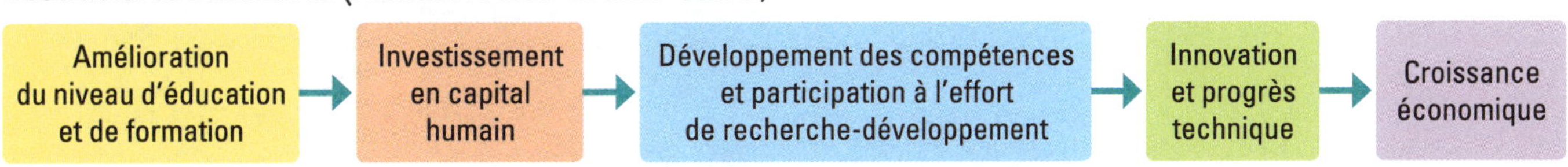

© Delagrave, 2018.

RESSOURCE 3 Les caractéristiques structurelles d'une économie nationale

Les caractéristiques structurelles d'une économie correspondent à ses caractéristiques stables, celles sur lesquelles il n'est pas possible d'influer à court terme. Il s'agit par exemple des habitudes nationales en matière de recherche, de dépôts de brevets, d'éducation, de formation ou encore du niveau d'inégalités économiques et sociales.

© Delagrave, 2018.

3 Caractériser les politiques conjoncturelles et les politiques structurelles

SAVOIRS ASSOCIÉS

- Les politiques conjoncturelles et les politiques structurelles

Situation simulée

Dans le cadre de l'analyse de l'environnement de l'entreprise, le comité de direction du groupe Bouygues suit de près les annonces faites par le gouvernement en matière de politique économique.

Missions

1. **Après avoir caractérisé une politique économique conjoncturelle, expliquez en quoi consiste la politique budgétaire, et comment elle peut agir sur le niveau de l'activité économique par le biais de la consommation des ménages et de l'investissement des entreprises par exemple.**
2. **Après avoir caractérisé une politique économique structurelle, montrez en quoi la politique industrielle est un instrument de politique structurelle, et en quoi elle peut contribuer à la modernisation de l'appareil productif français.**
3. **La digitalisation de l'industrie est l'un des axes de la politique industrielle française actuelle. Identifiez, pour chacune des activités du groupe Bouygues, l'impact prévisible de cette digitalisation.**

DOCUMENT 1 Le budget, un instrument de politique économique conjoncturelle

Le budget général de l'État 2018 compte **32 missions** qui représentent **326,3 milliards d'euros** (hors remboursements et dégrèvements, y compris cotisations et pensions), parmi lesquelles :

Éducation et recherche	Défense et sécurité	Politiques sociales	Développement durable	Justice
99,3 Md €	62,4 Md €	52,3 Md €	11,3 Md €	8,7 Md €

www.performance-publique.budget.gouv.fr, 12 février 2018.

DOCUMENT 2 Le carré magique français en 2017

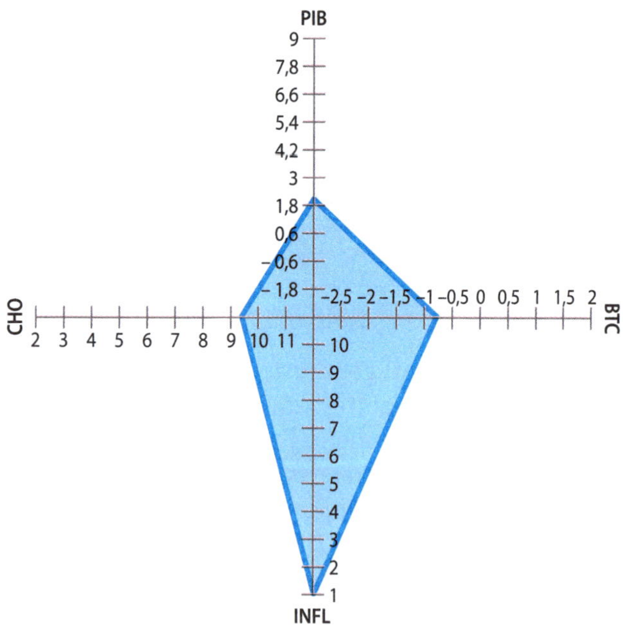

Source : www.economie.gouv.fr, 15 mars 2018.

DOCUMENT 3 Stratégie industrielle

Pour l'instant, la stratégie industrielle de la France est surtout défensive. [...] Quand ce n'est pas pour sauver des emplois dans des régions qui en comptent peu, c'est au nom de la défense des intérêts stratégiques que le Gouvernement intervient. [...] « Alliance pour l'industrie du futur » [est un] projet [qui] repose sur cinq piliers. Il est articulé autour de « neuf solutions industrielles » correspondant à de grands marchés. *« Pour répondre aux grands défis sociétaux désormais ancrés dans l'ère digitale, le projet vise à moderniser l'outil industriel et transformer son modèle économique par le numérique ».*

F. Piliu, www.latribune.fr, 1er août 2017.

RESSOURCE 1 Les politiques économiques

On distingue les politiques économiques structurelles, qui agissent à long terme, et les politiques conjoncturelles qui produisent des effets à plus court terme.

La **politique structurelle** vise à transformer un système économique afin d'en améliorer le fonctionnement. Elle prend la forme de politiques industrielles, commerciales ou de la concurrence ; elle peut être sectorielle ou régionale. Au nombre de ses moyens, on trouve l'investissement, la création d'infrastructures publiques, les subventions ou la réforme de la réglementation. Elle vise d'abord à accroître les possibilités de production à long terme par le financement de la recherche-développement, la construction d'établissements publics ou le développement des infrastructures de transport, et à orienter l'activité vers les secteurs d'avenir. Elle gère les externalités, qui sont les conséquences involontaires sur la collectivité des comportements privés, et que l'État doit systématiquement prendre en charge, car le marché les produit de manière excessive quand elles sont négatives (pollution) et insuffisamment quand elles sont positives (santé, éducation). Elle permet également d'améliorer le fonctionnement du marché des biens et services (la politique commerciale) ou celui des « facteurs de production » (réforme des marchés du travail). Enfin, la politique de la concurrence lutte contre les monopoles et les pratiques déloyales (abus de position dominante, ententes illicites).

La **politique conjoncturelle** vise à réguler l'activité à court terme pour garantir une croissance forte sans les déséquilibres que sont le chômage, l'inflation et le déficit extérieur. Il s'agit principalement des politiques monétaires, budgétaires, fiscales ou de change. Ces politiques peuvent être « contracycliques » en s'opposant aux évolutions conjoncturelles, c'est-à-dire en stimulant une activité trop faible (politique de relance) ou en freinant une croissance inflationniste (politique de stabilisation). Mais il arrive qu'elles soient « procycliques », si une relance économique à contretemps produit ses effets en période de reprise ou si un gouvernement limite ses dépenses alors que le chômage reste élevé et la croissance faible.

S. Tulet, « Comprendre l'économie. Concepts et mécanismes », *Cahiers français*, n° 315, juillet-août 2003.

Vidéo 6'20
Les politiques structurelles
lienmini.fr/c576-structurel

Vidéo 6'42
Les politiques conjoncturelles
lienmini.fr/c576-conjoncturel

RESSOURCE 2 Le carré magique de Kaldor

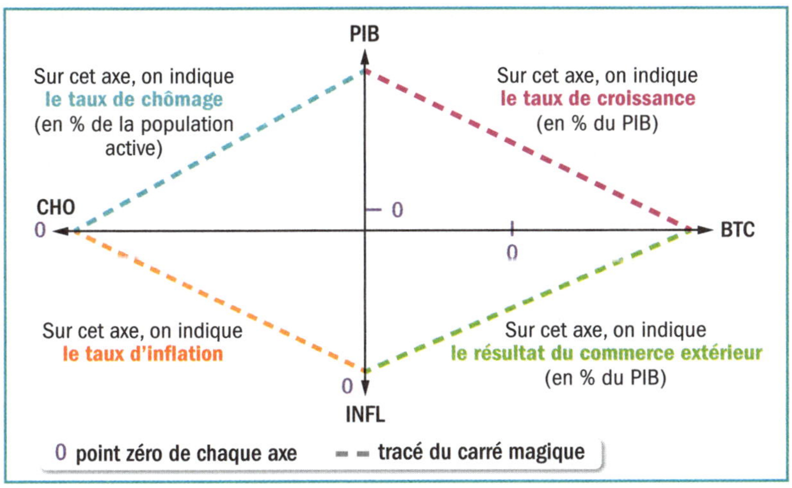

C'est l'économiste keynésien Nicholas Kaldor qui, en 1971, est à l'origine du concept de **carré magique**. Celui-ci est simple, en rejoignant les quatre points on obtient un quadrilatère qui représente d'autant mieux une situation économique favorable que ce quadrilatère est proche de la forme carrée. Il est qualifié de magique car irréalisable, du moins sur le long terme.

© Delagrave, 2018.

RESSOURCE 3 L'impact des politiques économiques sur l'optimisme des chefs d'entreprise

Les résultats du dernier Observatoire Banque Palatine des PME-ETI, réalisé en avril dernier auprès d'un échantillon de plus de 300 dirigeants d'entreprise, sont révélateurs de la grande satisfaction économique de cette population. Même s'il faut désormais compter avec l'incertitude liée à la crise politique italienne et l'annonce selon laquelle il n'y aura pas de nouvelles baisses des impôts de production avant 2020... [...] Car les marqueurs de la confiance de ces patrons d'entreprises moyennes de l'Hexagone, qui réalisent entre 15 et 500 millions d'euros de chiffre d'affaires, sont aujourd'hui considérés comme exceptionnels. Optimisme pour leur entreprise, optimisme pour l'économie française, optimisme pour l'économie mondiale...

V. Landrieu, *Les Échos*, 6 juin 2018.

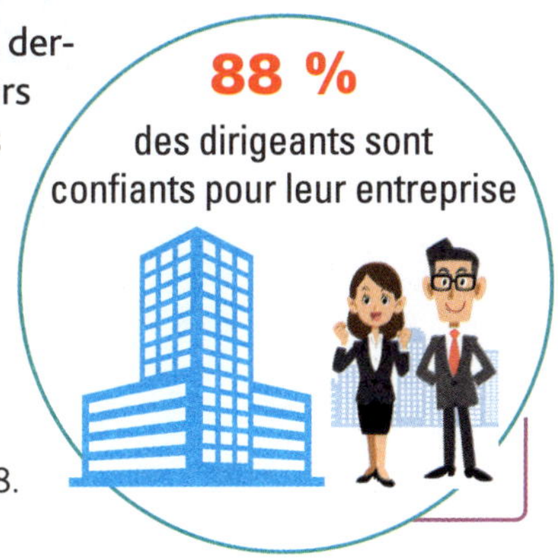

4 Distinguer politique d'offre et politique de demande

SAVOIRS ASSOCIÉS
- Les politiques économiques et leurs finalités

Situation simulée

À ce stade de la réflexion, le groupe Bouygues cherche à dresser un bilan relatif à deux mesures mises en œuvre ces dernières années : le CICE et le Pacte de responsabilité et de solidarité.

Missions

1. **Présentez schématiquement les mécanismes par lesquels politique d'offre et politique de demande sont supposées agir sur le niveau de l'activité économique.**
2. **En vous appuyant sur la distinction entre les deux types de politiques évoquées ci-dessus, justifiez le titre du document 2.**
3. **Expliquez en quoi le CICE et le Pacte de responsabilité et de solidarité ont pu bénéficier aux différentes activités du groupe Bouygues.**

DOCUMENT 1 Le CICE (crédit d'impôt pour la compétitivité et l'emploi)

Le crédit d'impôt pour la compétitivité et l'emploi (CICE) a pour objectif de redonner aux entreprises des marges de manœuvre pour investir, prospecter de nouveaux marchés, innover, favoriser la recherche et l'innovation, recruter, restaurer leur fonds de roulement ou accompagner la transition écologique et énergétique grâce à une baisse du coût du travail.

Le CICE, c'est quoi ? Le CICE représente une **économie d'impôt** qui équivaut à 6 % de la masse salariale en 2018 (4 % en 2013, 6 % de 2014 à 2016 et 7 % en 2017), hors salaires supérieurs à 2,5 fois le SMIC. Pour les rémunérations versées à des salariés affectés à des exploitations situées dans les départements d'outre-mer, le taux est fixé à 9 % à partir de 2016 (7,5 % en 2015). Le CICE permet de diminuer les charges de personnel.

Le CICE, c'est pour qui ? Il bénéficie **à toutes les entreprises** employant des salariés, relevant d'un régime réel d'imposition sur les bénéfices (impôt sur le revenu ou sur les sociétés), quels que soient la forme de l'entreprise (entreprises individuelles et indépendants, sociétés de capitaux, sociétés de personnes…) et le secteur d'activité (agriculture, artisanat, commerce, industrie, services…). Les coopératives ou les organismes HLM sont également éligibles au CICE.

Le CICE, à quoi ça sert ? Le CICE a pour objectif de **redonner aux entreprises des marges** de manœuvre pour investir, prospecter de nouveaux marchés, innover, favoriser la recherche et l'innovation, recruter, restaurer leur fonds de roulement ou accompagner la transition écologique et énergétique **grâce à une baisse du coût du travail**.

www.economie.gouv.fr, 20 février 2017.

DOCUMENT 2 Le Pacte de responsabilité et de solidarité, une politique atypique

Pour les entreprises

- Baisse du coût du travail
- Baisse des impôts
- Simplification administrative

Pour les particuliers

- Réduction d'impôts pour les ménages modestes
- Suppression de la 1re tranche de l'impôt
- Revalorisation des prestations sociales
- Simplification administrative

www.economie.gouv.fr

RESSOURCE 1 Politique d'offre et politique de demande

Qu'est-ce que la politique de l'offre ?

Lorsque la machine économique est en panne, il existe deux façons de lui redonner du tonus. La première consiste à offrir du pouvoir d'achat aux ménages, afin qu'ils se remettent à consommer. Pour cela, l'État peut, par exemple, gonfler les prestations sociales, réduire la pression fiscale sur les particuliers ou encore relever le niveau du salaire minimum lorsqu'il y en a un. Il peut aussi augmenter ses propres achats et ses investissements, afin d'offrir des débouchés aux sociétés, notamment du bâtiment. Selon la théorie de l'économiste John Maynard Keynes, exposée dans les années 1930, cette « **politique de la demande** » doit permettre de doper l'activité, de développer les embauches et d'enclencher le cercle vertueux de la reprise. […]

La deuxième méthode [« **politique de l'offre** »] consiste à faciliter la vie des entreprises, afin de leur permettre de produire mieux et moins cher. La logique est d'aider les entreprises à produire, pour que la consommation reparte, et la croissance avec. Cette aide peut prendre la forme d'un simple coup de pouce financier, baisse des impôts, allègements de charges, crédits pour la recherche, ou encore octroi de subventions à tel ou tel secteur. […] Mais les gouvernements peuvent aussi offrir aux entreprises des facilités non monétaires, comme la simplification des démarches administratives, la suppression des normes qui entravent la production ou encore l'assouplissement du Code du travail.

La politique de l'offre est-elle plus efficace que la relance par la demande ?

Tout dépend de la situation dans laquelle se trouve le pays concerné. Lorsque l'économie souffre d'une crise de sous-consommation, que les entreprises sont compétitives et qu'elles disposent de capacités de production inutilisées, la relance par la demande peut donner d'excellents résultats. La première expérience de ce type – le célèbre New Deal mené aux États-Unis dans les années 1930 – en reste le plus éclatant exemple. Mais dans une économie mondialisée, où les firmes de toute la planète inondent les marchés nationaux avec leurs produits, une telle politique peut s'avérer catastrophique. […] Dans une situation pareille, mener une politique de l'offre s'avère beaucoup plus judicieux. En aidant les entreprises à réduire leurs coûts de production, l'État leur permet en effet de combler leur retard de compétitivité et de retrouver des marges de manœuvre pour investir. […]

En réalité, voilà des années que nos gouvernements […] mènent sans le dire les deux politiques à la fois. La flexibilisation du marché du travail dans les années 1980, la mise en place des ristournes de charges sur les bas salaires dans les années 1990, ou l'instauration l'an dernier du crédit impôt compétitivité emploi en faveur des entreprises sont là pour nous le rappeler.

P. Eliakim, www.capital.fr, 2 mai 2014.

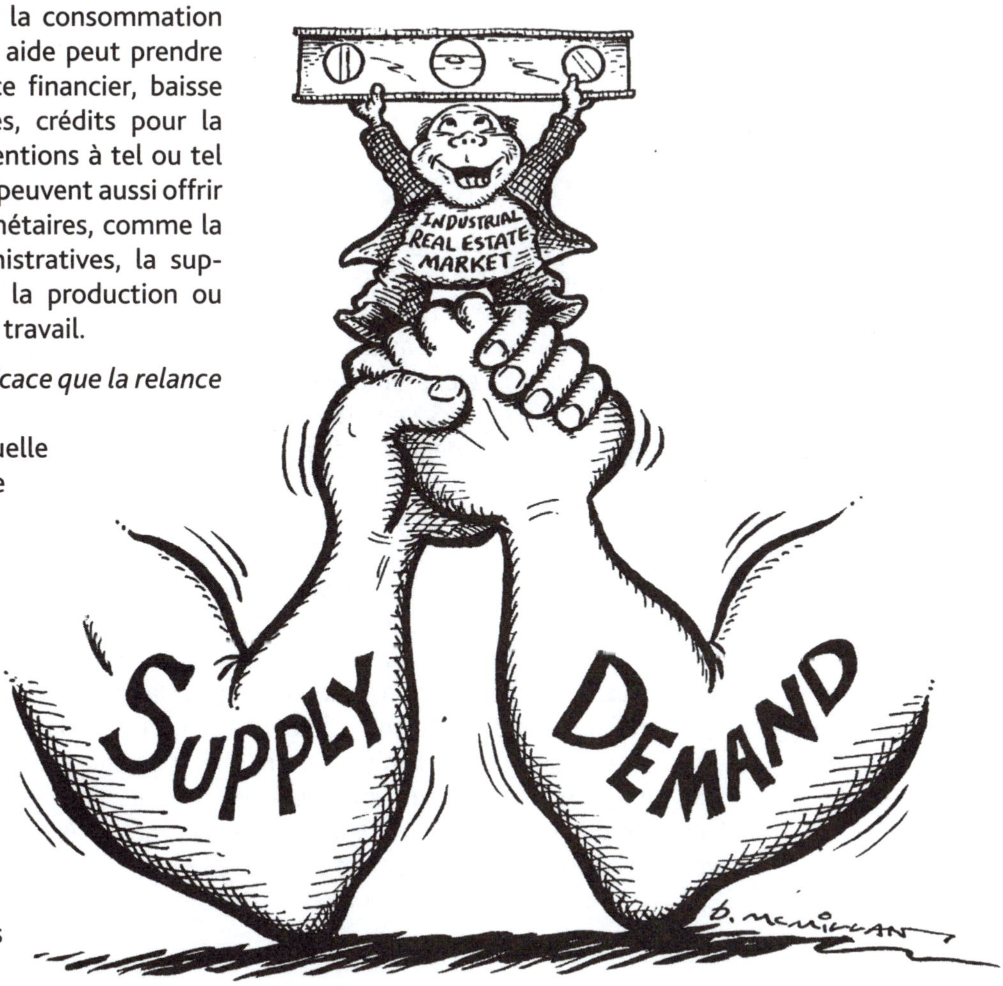

Vidéo 3'52 **La politique de l'offre**
lienmini.fr/c576-offre

Vidéo 3'46 **La politique de la demande**
lienmini.fr/c576-demande

5 Comprendre l'incidence du contexte international sur les politiques économiques

SAVOIRS ASSOCIÉS

- Les limites de l'intervention de l'État dans un contexte d'internationalisation de l'économie

Situation simulée

Conscient de l'influence du contexte international sur la politique économique française, et par conséquent sur son activité, le groupe Bouygues s'intéresse à deux décisions récentes : la création de l'« Alliance mondiale pour le Bâtiment et la construction », ainsi que le « virage protectionniste » adopté par l'Inde.

Missions

1. **Montrez en quoi les engagements du Plan Bâtiment Durable, lancé en 2009 en France, résultent de décisions prises au niveau international. Puis expliquez en quoi ces engagements modifient l'environnement de Bouygues Immobilier et le contraignent à innover.**
2. **Présentez la décision prise par le Premier ministre indien en février 2018, puis identifiez ses répercussions sur les activités du groupe Bouygues qui risquent d'être les plus touchées.**

DOCUMENT 1 COP 21 : l'Alliance mondiale pour les bâtiments et la construction

Accroître l'énorme potentiel du secteur du bâtiment pour l'action climatique. Tel est l'objectif que se sont fixé les fondateurs de l'Alliance mondiale pour les bâtiments et la construction, lancée le 3 décembre, au 4e jour de la COP21. [...] Pas moins de 19 pays et plus de 60 organisations parrainent le projet. [...] Le secteur du bâtiment est responsable de 30 % des émissions mondiales de dioxyde de carbone, mais a aussi la capacité de les diminuer d'environ 3,2 gigatonnes (Gt) d'équivalent CO_2 d'ici 2050. Pour atteindre cet objectif, *« réduire la demande d'énergie dans le secteur de la construction est l'une des stratégies les plus rentables »*, indiquent les initiateurs de l'Alliance mondiale, née à l'occasion du « Building Day », le jour du bâtiment de la COP.
La France s'implique dans ce programme à travers les engagements du Plan Bâtiment Durable créé en 2009 par les ministères du Logement et du Développement durable. [...] Conformément au protocole de Kyoto, la France a pris l'engagement de stabiliser ses émissions de gaz à effet de serre sur la période 2008-2012 à leur niveau de 1990 [...] La loi sur la transition énergétique pour la croissance verte [prévoit] [...] des mesures d'aides et d'incitation [...] comme le crédit d'impôt développement durable ou l'éco-prêt à taux zéro, afin d'améliorer l'efficacité énergétique du parc existant. [...] Et de nouvelles normes thermiques ont été définies pour les constructions neuves, elles aussi destinées à recourir à des modes énergétiques moins carbonés tels que le solaire, la géothermie ou la ventilation naturelle.

J.-J. Larrochelle, www.lemonde.fr, 4 décembre 2015.

DOCUMENT 2 Le virage protectionniste de l'Inde

Le Premier ministre indien, Narendra Modi, prône l'élimination des barrières douanières partout dans le monde, sauf en Inde. [...] Les tarifs douaniers ont été augmentés sur plus d'une cinquantaine de produits, dont les pièces automobiles, les composants électroniques, les téléphones portables, les chaussures, les parfums et même les bougies ou les cerfs-volants. [...] Ces mesures protectionnistes marquent une rupture par rapport à la politique indienne des vingt-cinq dernières années.

J. Bouissou, www.lemonde.fr, 22 février 2018.

RESSOURCE 1 Quelle marge de manœuvre pour la politique économique ?

Ces vingt dernières années, les marges de manœuvre de la politique économique en France, et plus généralement en Europe, ont été réduites, d'une part par le renforcement des interdépendances économiques sous l'effet de la mondialisation, et d'autre part par le développement de contraintes institutionnelles, dans le cadre de l'Union monétaire. Par ailleurs, les difficultés économiques persistantes en France – ralentissement de la croissance, installation d'un chômage de masse, forte hausse du ratio d'endettement public – sont à la fois sources de défis et de contraintes pour les gouvernements. Doit-on considérer que les leviers traditionnels d'action ont disparu et que le rétablissement d'une croissance solide et du plein-emploi ne passe plus par la mise en œuvre de politiques nationales ? [...]

Les nouvelles contraintes et les anciennes...

La mondialisation

La mondialisation contemporaine est marquée par la disparition progressive des obstacles à la circulation des biens, des capitaux et des personnes et par l'apparition d'agents opérant directement à l'échelle mondiale. [...] *La capacité à s'insérer dans l'économie mondiale, à produire de façon compétitive, à attirer les investissements productifs et les capitaux devient l'élément crucial des réussites économiques des nations. Pourtant, la régulation macroéconomique, la redistribution et les dépenses publiques continuent à s'effectuer au niveau national.* Les États doivent par conséquent jouer une partition délicate : attirer les entreprises et les capitaux tout en préservant les choix sociaux nationaux. L'acceptation des contraintes de la mondialisation [...] impose la flexibilité des salaires et des emplois pour garantir le profit des entreprises, la réduction de la fiscalité portant sur les facteurs les plus mobiles, la libéralisation et l'ouverture de tous les marchés. [...] L'Union européenne (UE), l'OMC, l'OCDE, le FMI ou la Banque mondiale imposent souvent des règles qui privent les États de moyens d'action au profit des marchés.

L'Europe

La remise en cause imposée par la mondialisation est délicate pour les pays d'Europe continentale attachés à leur modèle social, caractérisé par d'importantes interventions publiques (dépenses, taxation, redistribution). [...]

Depuis la mise en place de l'euro, la politique monétaire et la politique de change ne sont plus du ressort des États mais de celui de la BCE. Un pays de la zone ne peut plus diminuer son taux d'intérêt en cas de baisse spécifique de sa demande : il doit utiliser la politique budgétaire. En cas de dégradation de sa compétitivité, il ne peut plus dévaluer ; il doit avoir recours à la baisse des salaires, ce qui est long et douloureux, car cela déprime sa demande intérieure et celle de ses partenaires s'il s'agit d'un grand pays. En sens inverse, la zone euro protège ses membres des marchés financiers et leur permet de financer facilement leurs déficits extérieurs. [...]

La politique budgétaire est donc la seule qui reste de la responsabilité du gouvernement français.

H. Sterdyniak, « Les politiques économiques – Contraintes et enjeux », *Cahiers français*, n° 335, novembre-décembre 2006.

6 Apprécier l'influence du cadre européen sur la régulation de l'activité économique pour un État membre

SAVOIRS ASSOCIÉS
- Les principes de la régulation supranationale dans le cadre européen

Situation simulée

Le groupe Bouygues est très attentif à l'évolution du cadre européen puisque la France est un pays membre de l'Union économique et monétaire. De ce fait, sa politique économique est largement conditionnée par ce cadre européen.

Missions

1. **En vous référant au cadre européen, expliquez en quoi la réduction du déficit budgétaire français représente une obligation pour la France. Repérez les quatre autres « critères de convergence ». Citez, pour chacun des critères, une répercussion possible sur l'activité construction du groupe Bouygues.**
2. **En vous appuyant sur le graphique, procédez à une étude de l'évolution, sur la période concernée, des trois taux suivants : taux d'inflation, taux d'intérêt et taux d'intérêt net.**
3. **Expliquez pourquoi Bouygues Immobilier doit être particulièrement attentif à l'évolution des taux d'intérêt.**

DOCUMENT 1 Déficit public : la France sous les 3 % pour la première fois depuis 2007

La nouvelle avait été en bonne partie anticipée. Elle n'en constitue pas moins un soulagement de taille pour Emmanuel Macron, et une étape majeure dans la politique budgétaire française. Le déficit public tricolore est repassé sous le seuil des 3 %, à 2,6 % du produit intérieur brut (PIB) en 2017, a annoncé l'Institut national de la statistique et des études économiques (Insee), lundi 26 mars.

A. Tonnelier, www.lemonde.fr, 26 mars 2018.

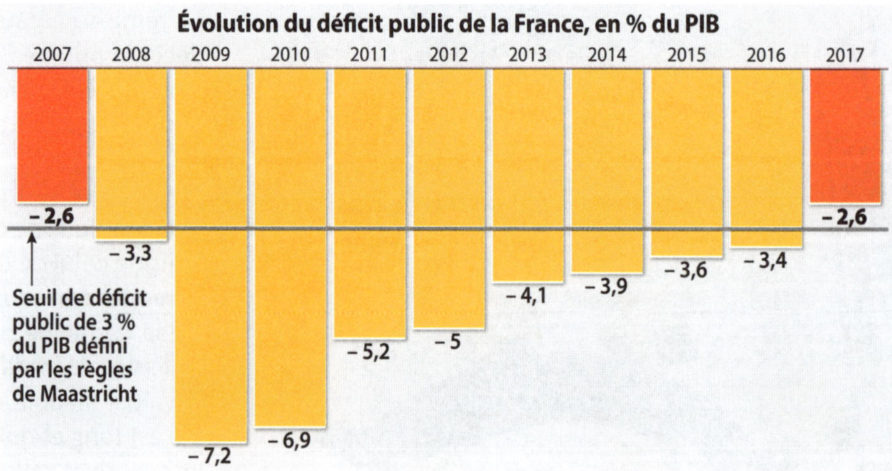

DOCUMENT 2 Taux d'intérêt et inflation

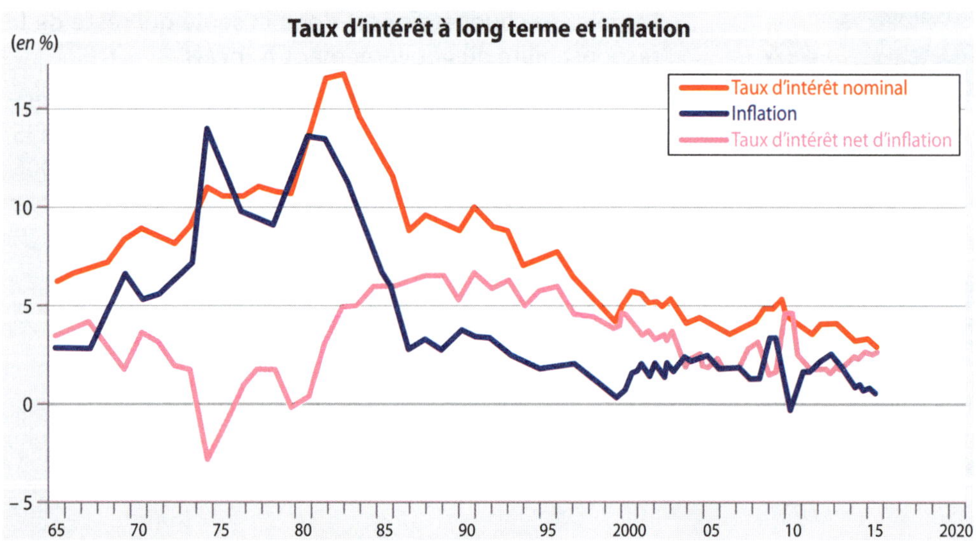

Le **coût réel d'un emprunt** se détermine sur la base du taux d'intérêt net. Celui-ci correspond à la différence entre le taux d'inflation (rythme d'augmentation du niveau général des prix dans le pays) et le taux d'intérêt appliqué par la banque qui accorde le crédit. Le taux d'intérêt net tient compte de l'inflation.

© Delagrave, 2018.

Sources : Insee et Banque de France.

RESSOURCE 1 Le cadre européen de la politique économique

Le semestre européen prévoit un calendrier précis afin de faire dialoguer la Commission européenne et les États membres tout au long de leur processus d'élaboration budgétaire.

Le Pacte de stabilité et de croissance, adopté au Conseil européen d'Amsterdam de 1997, est un instrument visant à coordonner les politiques budgétaires des États membres et à veiller à ce que ceux-ci disposent de finances publiques saines. Le PSC impose aux États membres la limitation du déficit public à 3 % du PIB et de la dette publique à 60 % du PIB. Il comprend un volet préventif et un volet correctif.

Des mécanismes de surveillance de la situation économique de chaque pays membres existent au sein de l'UE et de la zone euro. **Le Traité sur la stabilité, la coordination et la gouvernance (TSCG) aussi appelé « pacte budgétaire »**, est un accord signé en mars 2012 par les chefs d'État de l'Union européenne, qui vise à renforcer la discipline budgétaire au sein des pays signataires grâce à l'introduction dans le droit national d'une règle d'équilibre structurel. **En France,** le TSCG a été transposé par la loi organique relative à la programmation et à la gouvernance des finances publiques, et c'est le **Haut Conseil des finances publiques** qui est chargé de surveiller le respect de la règle d'équilibre budgétaire.

www.banque-france.fr, 12 juin 2018.

RESSOURCE 2 La politique monétaire commune de la BCE

D'après les missions qui lui ont été fixées, la BCE doit donc accorder la priorité à la stabilité des prix sur la promotion de la croissance et de l'emploi, bien que celle-ci ne soit pas absente de ses préoccupations. [...] Pour atteindre les objectifs qui lui ont été assignés, l'instrument principal de la BCE est le pilotage des taux d'intérêt à court terme. Ceux-ci ont un impact sur les taux d'intérêt des banques et du marché et, par là, sur la facilité d'obtention de crédits, sur le prix des actifs financiers, sur les taux de change, puis par ricochet sur les conditions d'offre et de demande sur les marchés des biens, le marché du travail, les marchés financiers et le marché des changes. Ce mécanisme de transmission conduit à une modification du niveau des prix des biens domestiques et des biens importés et, ainsi, du rythme de l'inflation. D'une façon générale, on peut résumer en disant qu'une augmentation des taux contribue à ralentir l'inflation mais contraint l'activité, alors qu'une baisse des taux à tendance à favoriser l'investissement et à ralentir l'inflation.

Les mécanismes de transmission de la politique monétaire

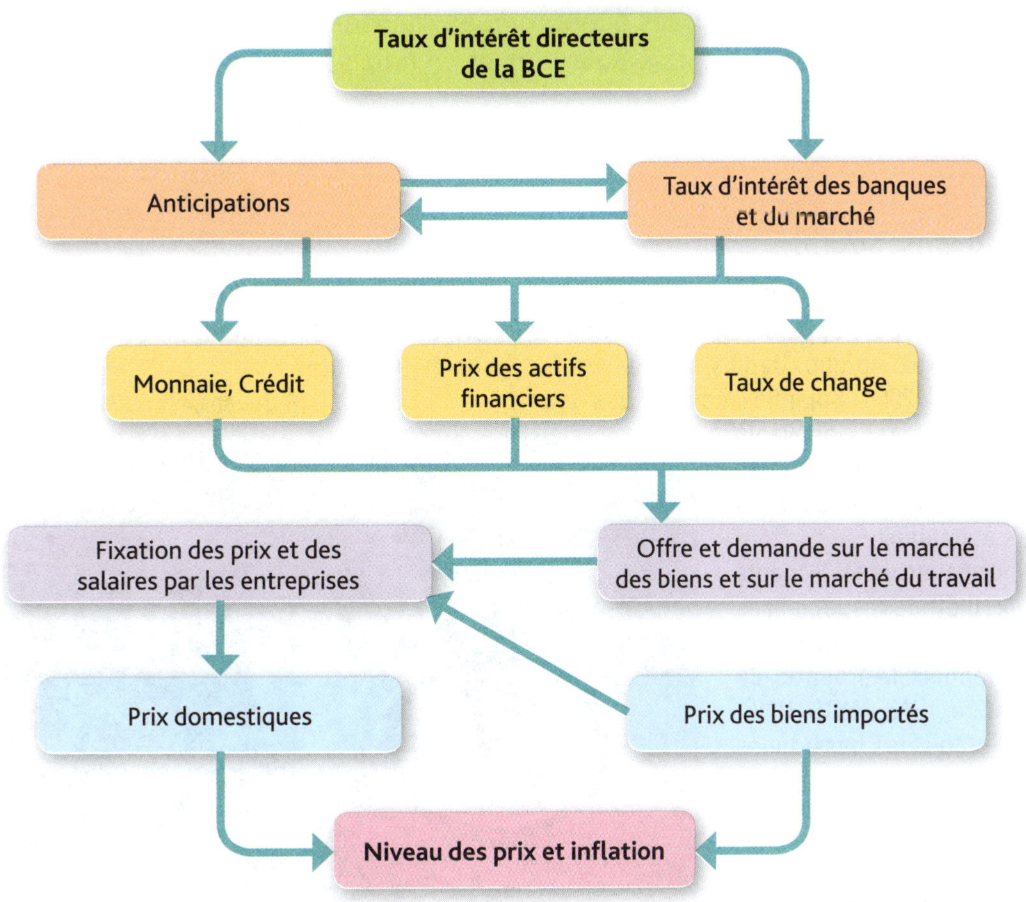

www.robert-schuman.eu, 5 février 2007.

APPLICATION

Situation simulée

Étudiant en STS, vous effectuez votre stage au sein de l'ADEME (Agence de l'environnement et de la maîtrise de l'énergie). Acteur public français de la transition écologique et énergétique, l'ADEME participe à la mise en œuvre des politiques publiques dans les domaines de l'environnement, de l'énergie et du développement durable. L'entreprise **Solariflex** mène actuellement une réflexion sur les mesures en faveur de l'énergie solaire, sur la question de l'autoconsommation et sur le cadre réglementaire de la gestion des énergies nouvelles, votre tutrice vous a confié pour mission d'étudier les impacts possibles pour l'entreprise Solariflex des politiques menées en France en matière d'énergies renouvelables.

1. Présentez l'entreprise Solariflex.
2. Rattachez chacune des mesures explicitées dans les documents 2 et 3 à un type de politique (politique de demande ou d'offre) et justifiez votre réponse.
3. En mobilisant tous les concepts utiles, étudiez l'impact attendu de ces deux mesures sur l'économie française, à savoir sur la conjoncture, sur les structures de l'économie et sur la dynamique de la croissance.
4. Montrez en quoi les deux mesures précitées pourraient favoriser une croissance économique en accord avec le développement durable, et réfléchissez à leurs conséquences éventuelles sur l'activité de Solariflex.
5. Expliquez en quoi la création de l'Alliance solaire internationale peut exercer une influence sur les politiques économiques menées en France ainsi que sur l'environnement de l'entreprise Solariflex et, *in fine*, sur les activités de celles-ci.

DOCUMENT 1 L'entreprise Solariflex

[...] Solariflex s'adresse aux utilisateurs souhaitant alimenter n'importe quel type d'appareil en toute liberté et sans accès au réseau électrique. Depuis sa création au solstice de l'été (21/6) 2006, Solariflex conçoit des systèmes et des kits solaires innovants pour assurer l'autonomie complète des appareils électroniques portables, sites isolés, véhicules et bateaux.

Solariflex collabore avec des fabricants et des bureaux d'études spécialisés pour garantir un service de qualité à tous les professionnels (Aéroports de Paris, Météo France, IGN, CNRS, ONG, universités, etc.) et tous les passionnés (photographes, randonneurs, voyageurs, « techno-nomades », etc.).

En décembre 2008, l'entreprise Solariflex s'est transformée et est devenue la partie visible sur le web de la société Greentec.

M. Sottana, www.24presse.com, 17 février 2012.

DOCUMENT 2 Le crédit d'impôt pour la transition énergétique

Le crédit d'impôt pour la transition énergétique (CITE) permet à tout propriétaire, locataire ou occupant à titre gratuit, de déduire 30 % des dépenses engagées de leurs impôts sur le revenu pour réaliser des travaux de rénovation énergétique. Cumulable avec l'éco-prêt à taux zéro, le CITE ne s'applique toutefois qu'aux travaux énergétiques réalisés au sein des résidences principales achevées depuis plus de deux ans. Il faut également que le chantier soit confié à un professionnel RGE (reconnu garant de l'environnement). Il peut également s'appliquer à l'acquisition d'équipements permettant de réaliser des économies d'énergie. [...]

Les foyers qui prévoient de changer leur chaudière devront se tourner vers un modèle utilisant le gaz à condensation ou un appareil fonctionnant avec une énergie renouvelable :
– l'énergie solaire ;
– les pompes à chaleur géothermiques ;
– la biomasse comme le bois, les pellets et les granulés ;
– le réseau de chauffage urbain.

L. Defailly, www.quelleenergie.fr, 29 septembre 2017.

DOCUMENT 3 Le crédit d'impôt recherche (CIR)

Le crédit d'impôt recherche (CIR) a pour objectif d'améliorer l'innovation et la compétitivité des entreprises. Grâce à ce crédit d'impôt, les entreprises peuvent engager des dépenses de recherche et développement et être en partie remboursées sur ces dépenses. [...]

Loin de se limiter aux grandes entreprises, le CIR est accessible à toutes les entreprises industrielles, commerciales et agricoles soumises à l'impôt sur les sociétés ou à l'impôt sur le revenu (même si l'entreprise en est exonérée), quel que soit leur statut (SA, SARL...). Pour en bénéficier, ces entreprises doivent engager des dépenses dans la recherche et le développement. [...]

Les dépenses pouvant donner droit au CIR sont : [...] les dépenses de personnel pour les chercheurs et techniciens ; les dépenses de fonctionnement ; les dépenses de recherche et développement confiés à des organismes publics, des universités, des fondations d'utilité publique et des associations loi 1901 engagées dans la recherche et développement, ou à des organismes agréés par le ministère en charge de la Recherche ; les frais de prise, de maintenance et de défense des brevets et certificats d'obtention végétale ; les dépenses de normalisation afférentes aux produits de l'entreprise ; les dépenses de veille technologique ; les dépenses liées à la création de nouvelles collections exposées par les entreprises du secteur du textile et de l'habillement.

www.economie.gouv.fr, 20 février 2017.

DOCUMENT 4 La loi de transition énergétique pour la croissance verte

La loi relative à la transition énergétique pour la croissance verte (LTECV) publiée au Journal Officiel du 18 août 2015, ainsi que les plans d'action qui l'accompagnent visent à permettre à la France de contribuer plus efficacement à la lutte contre le dérèglement climatique et à la préservation de l'environnement, ainsi que de renforcer son indépendance énergétique tout en offrant à ses entreprises et ses citoyens l'accès à l'énergie à un coût compétitif. Ces outils seront à la disposition des citoyens, des entreprises et des territoires pour agir concrètement, pour donner du pouvoir d'achat en réduisant les factures d'énergie des ménages, pour améliorer la qualité de vie en protégeant mieux la planète et la santé publique, et pour saisir les opportunités de croissance, de compétitivité et d'emploi pour les industries existantes et les filières d'avenir. [...]

La LTECV couvre les différents domaines clés de la transition énergétique et contient de nombreuses mesures :

- **de rénovation du parc de bâtiments existants,** notamment en profitant de la réalisation de travaux importants (réfection de toiture, ravalement de façade, aménagement de combles) pour améliorer significativement la performance énergétique ;
- **d'amélioration de la performance énergétique et environnementale des bâtiments neufs,** en prévoyant que les constructions publiques doivent être exemplaires, ou en visant la promotion des bâtiments à énergie positive ou à haute performance environnementale ;
- **de développement des transports propres,** notamment en fixant un objectif de 7 millions de points de recharge pour les voitures électriques en 2030 [...] ;
- **de lutte contre les gaspillages et de promotion de l'économie circulaire** [...] ;
- **de développement des énergies renouvelables** [...] ;
- **de lutte contre la précarité énergétique,** en créant en particulier le chèque énergie pour aider les ménages disposant de revenus modestes à payer leur facture.

www.ecologique-solidaire.gouv.fr, 13 décembre 2016.

DOCUMENT 5 Bilan énergétique de la France en 2016 : consommation primaire, production primaire et taux d'indépendance énergétique

Consommation primaire, production primaire et taux d'indépendance énergétique

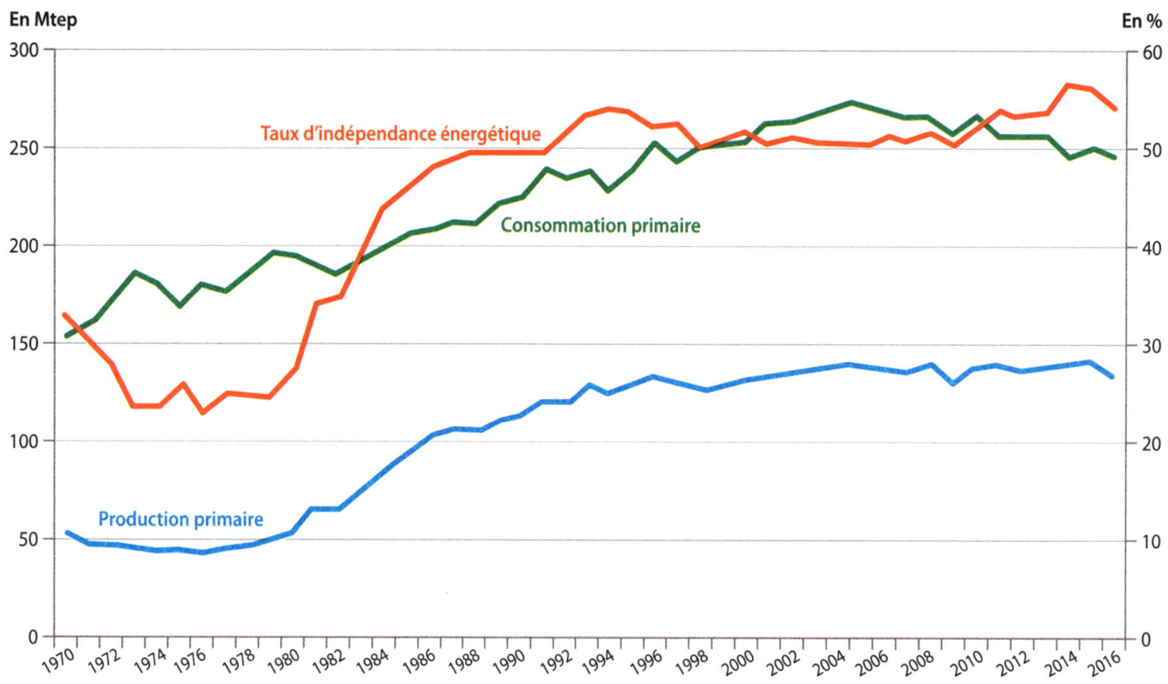

Note : la production et la consommation primaires se lisent sur l'échelle de gauche, le taux d'indépendance énergétique (rapport des deux grandeurs précédentes) sur l'échelle de droite.

Mtep : million de tonnes équivalent pétrole.

Source : www.statistiques.developpement-durable.gouv.fr, décembre 2017.

DOCUMENT 6 La croissance verte

L'**économie verte** regroupe deux types d'activités : des activités classiques réalisées avec des procédés moins polluants ou moins consommateurs d'énergie, et les éco-activités, dont la finalité est la protection de l'environnement ou la gestion des ressources naturelles.
Ces activités s'inscrivent dans un objectif de croissance verte : il s'agit de favoriser un développement durable et soutenable sur le long terme. Cette démarche engage la responsabilité sociétale des entreprises qui s'y réfèrent.

CEDEF, Centre de documentation Économie-Finances.

DOCUMENT 7 L'Alliance solaire internationale, imaginée pendant la COP21, entre en vigueur

Lors de sa visite officielle en Inde, Emmanuel Macron a officiellement lancé l'Alliance solaire internationale avec le Premier ministre indien Narendra Modi. L'Alliance avait été annoncée lors de la COP21 de 2015 et a pour but de rassembler les 121 pays situés entre les tropiques qui disposent d'un fort niveau d'ensoleillement et les pays développés qui possèdent les technologies solaires. Le deal avait été noué entre la France et l'Inde lors de la COP21 de 2015. […] L'Alliance solaire internationale vise à rassembler les 121 pays situés entre les tropiques, où les taux d'ensoleillement permettent un prix bas de l'énergie solaire. Elle doit servir de plateforme de coopération entre ces pays en développement et les pays développés disposant de technologies dans le solaire. […]

www.novethic.fr, 12 mars 2018.

DOCUMENT 8 L'Alliance solaire internationale, 5 programmes identifiés

1. Mettre en place une ingénierie financière visant le financement à grande échelle de ces projets ainsi que d'un mécanisme financier de couverture des risques.
2. Déployer des applications solaires décentralisées, notamment dans les domaines de l'irrigation et de l'éclairage public.
3. Développer les mini-réseaux solaires visant l'autonomie énergétique des territoires insulaires et isolés.
4. Favoriser les installations solaires de toiture.
5. Encourager la mobilité électrique solaire.

www.diplomatie.gouv.fr, 9 mars 2018.

FAIRE LE POINT

CHAP 6 Quel est le rôle de l'État dans la régulation économique ?

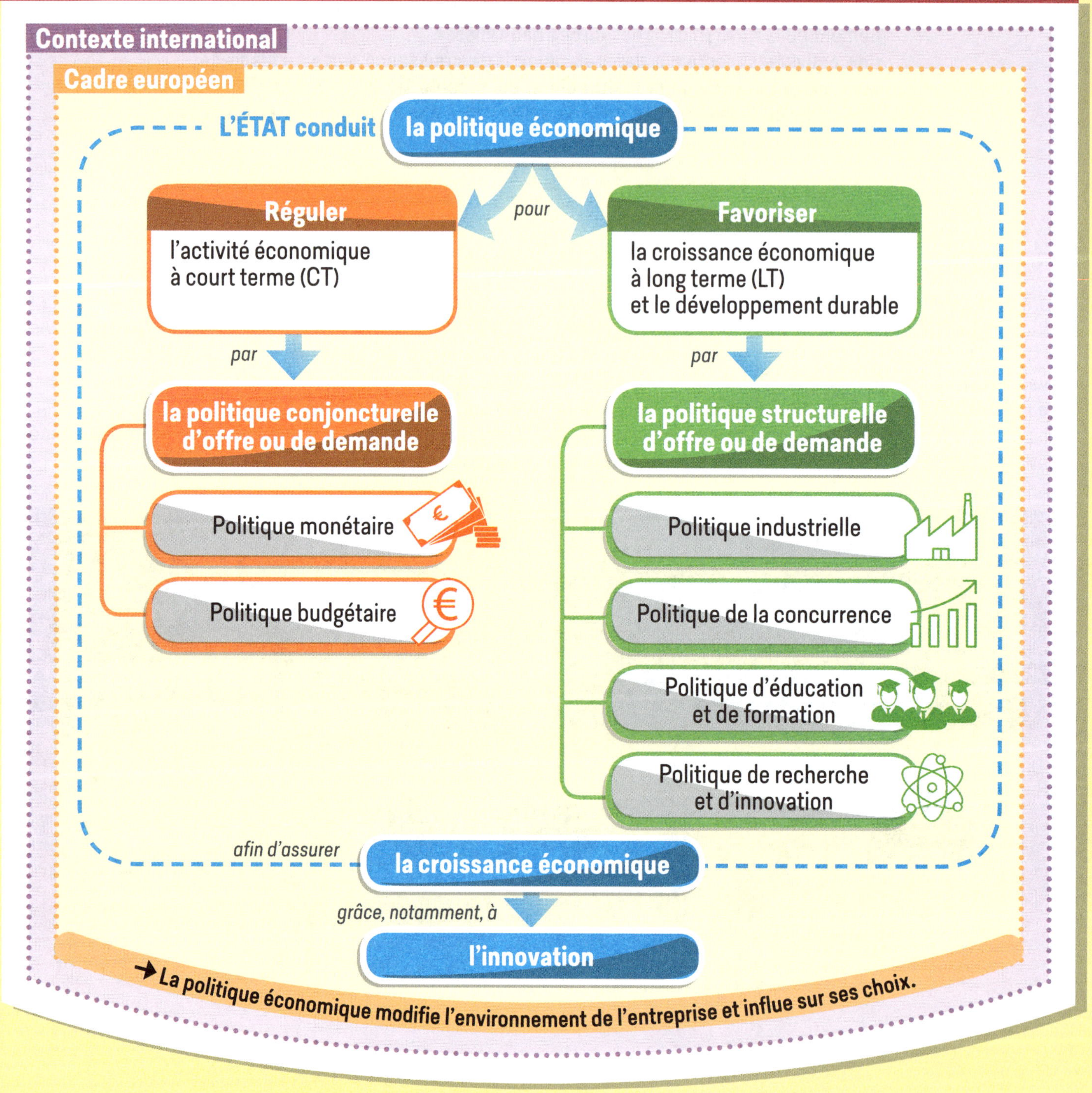

LEXIQUE

- **Cadre européen de la politique économique :** système de coordination et de surveillance des politiques économiques nationales des pays membres de l'UE et de la zone euro qui leur impose des règles de « bonne conduite » (ex. : limitation des déficits publics).
- **Politique conjoncturelle :** mesures prises par un Gouvernement afin de maintenir ou de retrouver les équilibres économiques du « carré magique ».
- **Politique économique :** ensemble de mesures prises par un État pour réguler l'activité économique à court terme (CT) et favoriser la croissance économique à long terme (LT).
- **Politique structurelle :** mesures prises par un gouvernement afin d'agir durablement sur les structures d'une économie.
- **Régulation de l'activité économique par l'État :** ensemble de dispositifs permettant à l'État de contrôler, renforcer ou rétablir les performances de l'économie nationale dans le cadre de ses trois fonctions (allocation, distribution, stabilisation).

SYNTHÈSE DU THÈME 2

LA RÉGULATION DE L'ACTIVITÉ ÉCONOMIQUE

La régulation de l'activité économique est assurée par le droit et par l'État dans un cadre européen, dans un contexte d'économie mondiale. Elle instaure un cadre à la fois protecteur et contraignant qui modifie l'environnement de l'entreprise et influence ses choix.

- **L'entreprise** doit analyser, notamment grâce au modèle PESTEL, son **macro-environnement** pour y déceler des opportunités et/ou des menaces.
- Pour cela, elle s'appuie sur les résultats de cette analyse et met en œuvre des **innovations** destinées à assurer sa **compétitivité**.

- **Le droit** encadre les relations de **concurrence** et la propriété industrielle.
- Le droit de la concurrence vise à garantir la liberté et la loyauté de la concurrence au niveau **national** et **européen**.
- L'Autorité de la concurrence et la Commission européenne luttent contre les **pratiques anti-concurrentielles**, exercent un contrôle et peuvent prononcer des sanctions.
- Le droit de la propriété industrielle vise à encourager l'**innovation** en assurant une protection (temporaire) des inventions et des marques.
- Le dépôt de **brevets** ou de **marques** auprès de l'INPI et/ou l'OMPI assure un monopole d'exploitation au déposant et ainsi une protection de la propriété industrielle.
- En cas d'atteinte au droit de la propriété industrielle, des sanctions pour **contrefaçon** sont prononcées.

- **L'État** régule l'activité économique par le biais de la **politique économique** qui consiste à mettre en œuvre la politique conjoncturelle et les politiques structurelles.
- La politique économique conjoncturelle (politique monétaire et politique budgétaire) agit à CT sur la **conjoncture économique**.
- Les politiques structurelles (politique industrielle, politique de la concurrence, politique d'éducation…) cherchent à réformer à LT les structures de l'économie pour la rendre plus **performante**.
- L'objectif de la politique économique dans son ensemble est la **croissance durable** qui repose notamment sur l'**innovation**.

Biolait

la bio partout et pour tous !

www.biolait.eu

THÈME 1 : L'INTÉGRATION DE L'ENTREPRISE DANS SON ENVIRONNEMENT

1 Présentez l'entreprise Biolait. (doc. 1)

Management — **2** Caractérisez les finalités de l'entreprise Biolait. (doc. 2)

Droit — **3** Vérifiez la possibilité pour Biolait de mettre fin au contrat avec M. Gimp. (docs 3 et 4)

Économie — **4** Présentez le marché alimentaire bio en France et son évolution. Menez ensuite une étude du marché du lait biologique et de son évolution. (docs 5 à 9)

Management — **5** Recensez les parties prenantes de l'entreprise Biolait. (docs 1 à 9)

Économie — **6** Expliquez en quoi consiste la « conversion » des exploitations agricoles. Précisez en quoi elle conduit à ériger des barrières à l'entrée dans le secteur de l'agriculture biologique dont vous préciserez la nature. (doc. 7)

THÈME 2 : LA RÉGULATION DE L'ACTIVITÉ ÉCONOMIQUE

Économie — **7** En vous référant à la notion d'externalités, montrez que la transition vers l'agriculture biologique en France constitue une réponse à l'impératif de développement durable. (doc. 7)

Économie — **8** En prenant appui sur la distinction entre politique de l'offre et politique de la demande, caractérisez et justifiez les mesures de soutien à l'agriculture biologique en France. (doc. 10)

Management — **9** À l'aide de l'outil PESTEL, procédez à l'analyse du macro-environnement de l'entreprise Biolait en étudiant ses composantes. (docs 2 à 9)

Droit — **10** Vérifiez si le prix du lait proposé par Biolait peut être considéré ou non comme une preuve d'abus de position dominante par rapport à celui des collecteurs de lait conventionnel. (docs 11 à 13)

Économie — **11** Identifiez les principaux acteurs participant au financement des mesures destinées à permettre le développement de l'agriculture biologique en France. Mettez en évidence l'influence du cadre européen sur cette politique que vous qualifierez (conjoncturelle ou structurelle). (doc. 10)

Droit — **12** Vérifiez si Candia SA pourrait revendiquer l'usage de la marque Biolait. (docs 14 et 15)

DOCUMENT 1 L'entreprise Biolait

Entreprise de l'économie sociale et solidaire, Biolait a été créée en 1994 à l'initiative de 6 producteurs du Morbihan et de la Loire-Atlantique. À cette époque, très peu de collectes de lait « bio » existaient. Ces producteurs ont fait le choix de créer leur propre outil de collecte et de négoce avec l'objectif de structurer durablement la filière sans exclure de territoires.

Les moments clés

1994 : création du GIE de collecte Biolait, par 6 producteurs de lait biologique avec l'achat du premier camion.

1994 à 2002 : développement de la collecte de l'ouest vers le nord, puis les autres régions françaises, pour atteindre 40 départements.

2000 : signature de partenariats tripartites avec le distributeur Biocoop, plusieurs transformateurs et création d'un logo de traçabilité « Ensemble pour plus de sens ».

2002 : crise de croissance au sein de la filière laitière biologique : la collecte est réorganisée mais aucun producteur n'est cependant abandonné grâce à un mécanisme de mutualisation du prix du lait.

2006 : Le groupement prend la forme d'une société par actions simplifiées (SAS). Il gère la collecte et le négoce de lait de vache « issue de l'Agriculture Biologique ».

2007 : accroissement de la consommation des produits « bio » grâce au Grenelle de l'Environnement.

2009 : Inauguration du nouveau siège social (bâtiment HQE) à Saffré (44) ; de nombreux producteurs rejoignent l'entreprise.

2011 : signature d'un partenariat tripartite avec le groupement coopératif de distribution « Système U » et la Laiterie St-Denis-de-l'Hôtel (45).

www.biolait.eu

DOCUMENT 2 Biolait, un projet à trois dimensions

Un projet à vocation économique

Biolait, premier collecteur français de lait biologique de vache, dont l'activité est à 100 % dédiée à cette filière, approvisionne, à ce jour, plus d'une cinquantaine de transformateurs.

Doté d'une structure administrative, commerciale et logistique réactive, souple et adaptable, Biolait, fort d'un niveau d'exigence de qualité élevé, entend rendre un vrai service sur mesure à ses clients.

Par son implantation nationale, Biolait, fournisseur d'une matière première de qualité, contribue aux côtés de ses clients au développement de gammes de produits variées (lait de consommation, ultrafrais, fromages AOP...) tant industrielles qu'artisanales.

Un projet à vocation humaine

Le fonctionnement de Biolait place la solidarité entre associés au cœur du projet. Les producteurs sont payés le même prix, quelle que soit leur situation géographique. Cette solidarité s'exprime aussi par la mise en place de collectes dans des territoires difficiles.

Soucieux d'une juste répartition de la valeur ajoutée entre chaque acteur, Biolait entend développer des partenariats impliquant transformateurs et distributeurs dans une relation respectueuse de chaque associé.

La transparence constitue le maître-mot du fonctionnement interne de Biolait vis-à-vis de ses producteurs-associés.

Un projet à vocation environnementale

L'approche environnementale a toujours été présente dans le projet de Biolait. Par son fonctionnement, il assure une traçabilité totale des produits issus de l'Agriculture Biologique.

L'ensemble des 1 200 exploitations laitières de Biolait « 100 % Agriculture Biologique », label le plus abouti en matière environnementale garantit la production d'un lait parfaitement tracé et de haute qualité nutritionnelle.

Cette volonté environnementale s'exprime également par des choix internes en matière d'éco-construction (siège social de type HQE), et de sélection des véhicules (poids-lourd à motorisation EEV).

www.biolait.eu

DOCUMENT 3 Contrat entre Biolait et M. Gimp

L'adhésion auprès de Biolait répond à des règles claires : en plus du respect du cahier des charges sur le lait bio, il est exigé des adhérents de ne pas acheter de matières premières importées pour nourrir le bétail et de travailler à l'autonomie alimentaire de l'exploitation. Après une conversion partielle de sa production de lait conventionnel en lait biologique, M. Gimp a reçu un accord du conseil d'administration et est devenu adhérent de Biolait. Après quelques mois, Biolait s'est rendu compte que M. Gimp avait, à plusieurs reprises, acheté du fourrage importé afin d'augmenter la rentabilité de son exploitation. Biolait souhaite mettre un terme à cette relation contractuelle.

© Delagrave, 2018.

DOCUMENT 4 Dispositions du Code civil

Article 1217

• La partie envers laquelle l'engagement n'a pas été exécuté, ou l'a été imparfaitement, peut :
– refuser d'exécuter ou suspendre l'exécution de sa propre obligation ;
– poursuivre l'exécution forcée en nature de l'obligation ;
– solliciter une réduction du prix ;
– provoquer la résolution du contrat ;
– demander réparation des conséquences de l'inexécution.

Les sanctions qui ne sont pas incompatibles peuvent être cumulées ; des dommages et intérêts peuvent toujours s'y ajouter.

Article 1224

• La résolution résulte soit de l'application d'une clause résolutoire soit, en cas d'inexécution suffisamment grave, d'une notification du créancier au débiteur ou d'une décision de justice.

DOCUMENT 5 Le marché alimentaire bio en France

La consommation de produits bio poursuit sa croissance exponentielle

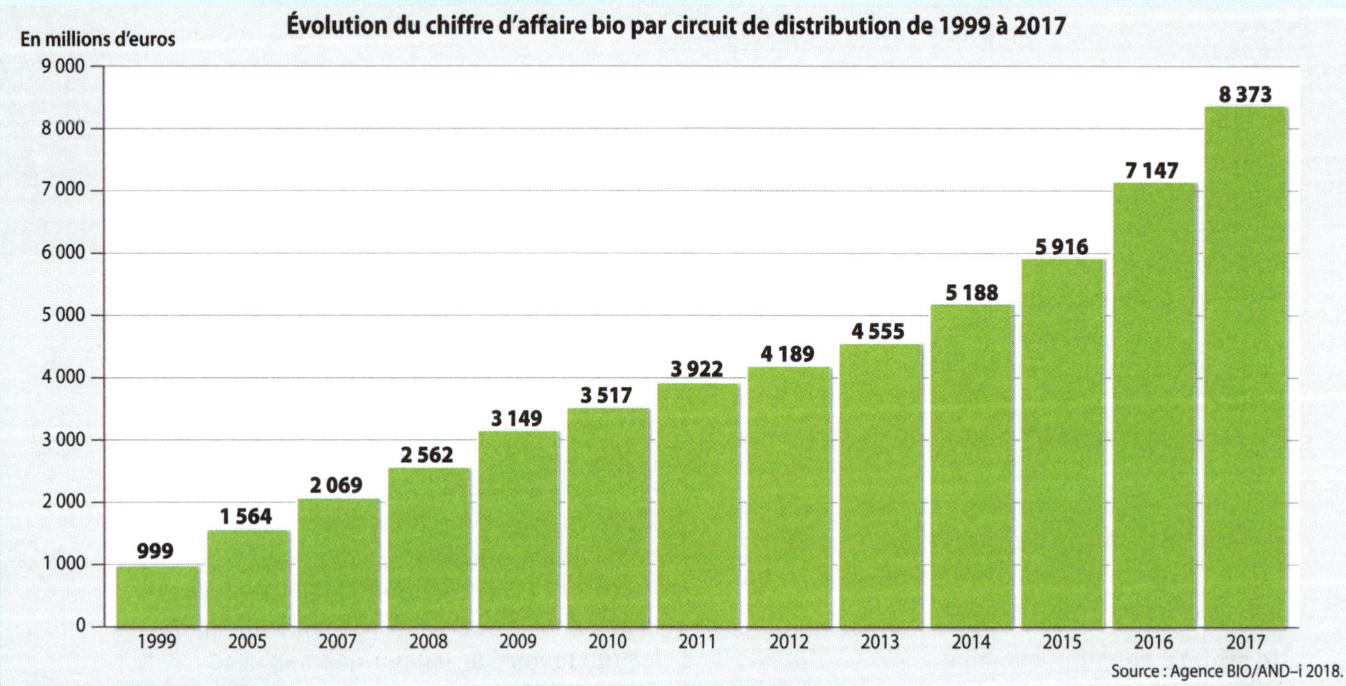

Source : Agence BIO/AND–i 2018.

En 2017, la valeur des achats des produits alimentaires issus de l'agriculture biologique est estimée à 8,373 milliards d'euros soit une croissance de près de 17 % *versus* 2016.
– 7,921 milliards d'euros TTC de consommation à domicile des ménages (+ 18 % *versus* 2016), ce qui représente 4,4 % de la consommation générale de produits alimentaires ;
– 452 millions d'euros HT d'achats de produits bio servis en restauration hors domicile, dont 246 millions d'euros HT en restauration collective (+ 7 % en 2016) et 206 millions d'euros HT en restauration commerciale (+ 13 % depuis 2016).

La consommation bio selon les produits

Dans le marché alimentaire bio, de façon structurelle, plus de la moitié des ventes en valeur de produits bio est effectuée au rayon frais.

En 2017, comme en 2016, les contributeurs principaux sont l'épicerie (31 % de la croissance), les fruits et légumes frais (17 %) et les boissons alcoolisées (15 %).

Une nouvelle tendance émerge : les produits transformés sont les plus dynamiques avec le traiteur (+ 34 %) et les boissons : jus de fruits (+ 23 %), cidres, bières (+ 26 %) et vins (+ 21 %).

Comme en 2016, le rayon de l'épicerie sèche est particulièrement dynamique avec + 22 % en épicerie salée et + 17 % en épicerie sucrée. Un succès dû notamment aux produits apéritifs, aux aliments infantiles, aux huiles, ainsi que plus spécifiquement en GMS, au rayon sucré avec les produits du petit-déjeuner et les conserves de fruits.

Les ventes de fruits et légumes frais poursuivent leur progression de 16 % *versus* 2016, reflétant le développement de la consommation en volume de tous les produits, notamment des bananes et des agrumes, avec une évolution moyenne des prix relativement faible (+ 2 %).

www.agencebio.org, 2018.

DOCUMENT 6 Évolution de la production de lait biologique

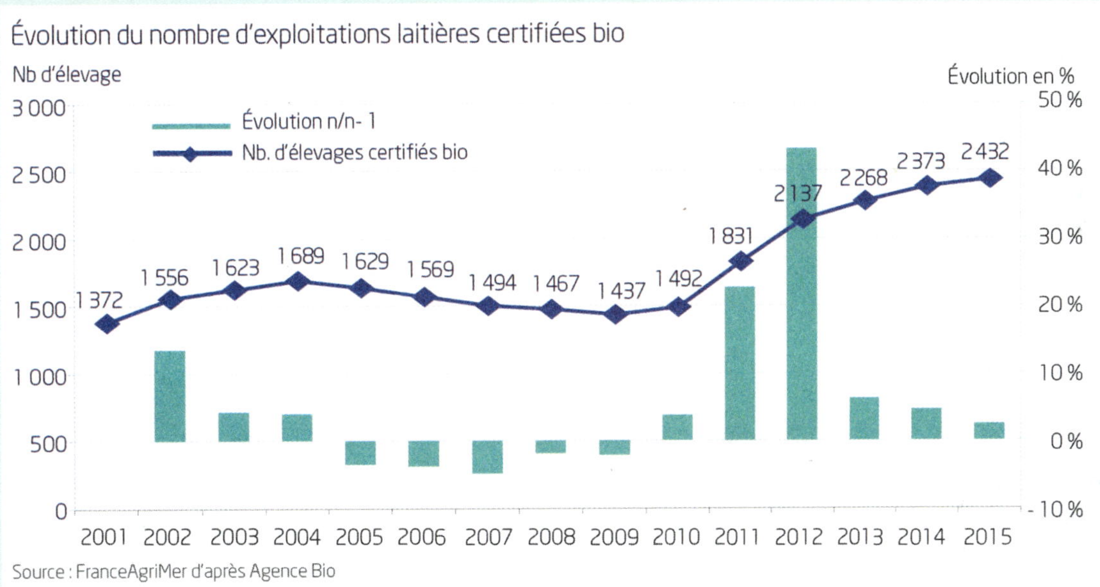

Source : www.franceagrimer.fr

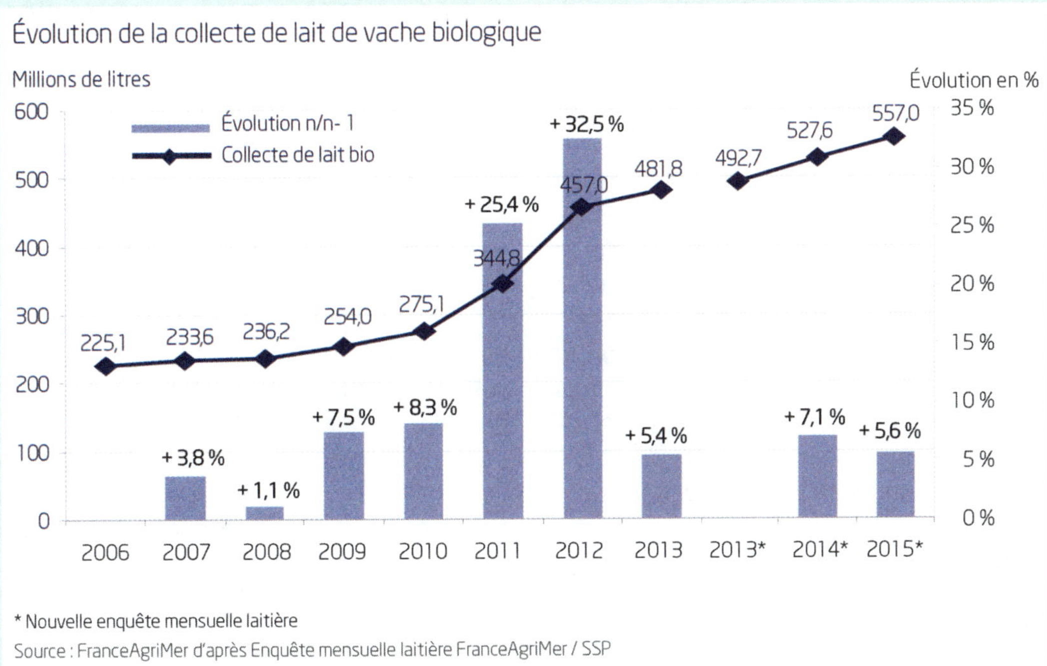

Source : www.franceagrimer.fr

DOCUMENT 7 La dynamique de conversion

Lorsqu'un agriculteur décide de produire bio, il doit respecter des règles strictes et suivre notamment une période de conversion. La conversion correspond à la période de transition entre un mode de production conventionnel et l'obtention de la certification « agriculture biologique ». L'opérateur suit les règles de production de l'agriculture biologique sous le contrôle d'un organisme certificateur, mais ne bénéficie pas encore de la mention « Bio » pour ses produits. Cette période est de 2 à 3 ans pour les cultures, et de 6 semaines à 1 an selon les espèces pour les animaux.

À partir du début de la conversion, l'agriculteur est régulièrement contrôlé par un organisme certificateur, afin de vérifier la conformité des pratiques à la réglementation bio. À partir de la deuxième année de conversion, les produits végétaux obtenus peuvent bénéficier de la mention « En conversion vers l'agriculture biologique ».

www.produire-bio.fr

Conversions débutant	Nombre de producteurs	Volume référence (Millions de litres)
de juin à octobre 2015	62	25,6
de novembre à mai 2016	706	279,9
de juin à octobre 2016	144	59,9
de novembre à mai 2017	239	93,5

Estimation pour	Nombre de producteurs	Volume sur 12 mois (Millions de litres)	Évolution par rapport à mai 2016
fin octobre 2017	2 773	699,4	24,5%
fin mai 2018	3 195	841,1	49,7%
fin octobre 2018	3 387	905,4	61,1%
fin mai 2019	3 506	944,5	68,1%

Source : CNIEL, 2017.

DOCUMENT 8 La pénurie de lait bio en France en 2016

La demande de lait bio a crû de 5 % en 2016. Mais la production n'a pas suivi.

L'engouement des consommateurs pour le bio s'est largement confirmé en 2016. Malheureusement, la production ne suit pas toujours. C'est le cas du lait, pour lequel Syndilait, l'organisation regroupant les fabricants, parle de « *pénurie.* » « *Le nombre d'éleveurs engagés dans la production de lait bio n'arrive pas à satisfaire la demande croissante.* » Ce déficit a été ponctuellement aggravé par des conditions climatiques défavorables.

La demande en lait bio a progressé de plus de 5 % l'an dernier et représente désormais un litre de lait sur dix. Le bio est le segment le plus dynamique d'un marché en quête d'un équilibre précaire. Comme beaucoup d'autres, Dominique Dengreville, éleveur à Saint-Riquier, dans la Somme, ne voit pas son intérêt à opter pour le bio. En termes de qualité, il estime qu'il ne progresserait pas. « *Je fabrique moi-même l'aliment de mes vaches avec les céréales de mon exploitation. Elles sont au pré dès que le temps le permet pour une bonne moitié de l'année.* »

Recul des importations

Certes, le lait bio est nettement mieux rémunéré. Près de 50 % de plus. Pourtant, Dominique Dengreville n'est pas prêt à sauter le pas. En passant en bio, il renoncerait à la moitié de sa production, devrait investir dans ses étables pour un retour sur investissement toujours menacé par un brusque revirement de marché. Avec, à la clef, pendant les deux années de conversion, une forte chute de revenus que les aides ne couvrent pas toujours. Sans parler des très gros retards de versement de ces aides.

On pourrait à terme manquer de lait en France

D'une manière générale, le marché du lait liquide s'est plutôt amélioré en 2016. Les volumes vendus en grandes surfaces ont reculé (– 3,4 %). Mais le solde de la balance commerciale s'est nettement amélioré, tiré par les achats de l'Italie (premier client), de l'Espagne et de la Chine. Les importations ont beaucoup reculé (– 25 %) grâce à la réaction très positive des consommateurs au logo « Lait collecté et conditionné en France ». Une version adaptée (« Collecté et transformé ») va d'ailleurs être étendue au beurre, crème et yaourt.

La situation de l'élevage demeure néanmoins très préoccupante. Le prix du lait est toujours très bas, à 32 centimes le litre. La perte de rentabilité des fermes laitières est inquiétante, les abandons aussi. « *Fin 2017, il n'y aura plus que 50 000 fermes, contre 90 000 en 2012* », selon Emmanuel Vasseneix, vice-président de Syndilait. « *On pourrait à terme manquer de lait en France.* »

M.-J. Cougard, *Les Échos*, 4 mai 2017.

DOCUMENT 9 **L'agriculture biologique en chiffres**

Source : http://agriculture.gouv.fr/infographie-lagriculture-biologique-en-france

DOCUMENT 10 Le gouvernement prévoit 1,1 milliard d'euros pour développer l'agriculture bio

Le gouvernement prévoit une enveloppe de 1,1 milliard d'euros pour développer l'agriculture bio en France dans les cinq ans, selon un document que l'AFP a pu consulter, confirmant une information du *Figaro*. Le gouvernement, qui revendique une augmentation de 62 % de l'enveloppe par rapport au précédent plan Ambition bio, espère faire passer de 6,5 à 15 % les terres cultivées en bio d'ici à la fin du quinquennat.

Il souhaite ainsi permettre à l'agriculture française de mieux répondre à l'explosion de la demande de produits bio en France. Actuellement, la France importe près de 30 % des produits bio qu'elle consomme.

Cette enveloppe de 1,1 milliard de financements publics exclusivement consacrés à la conversion, se compose de 630 millions d'euros d'aides européennes, les fonds Feader (fonds européen agricole pour le développement rural), de 200 millions de cofinancement de l'État, complétés d'autres financements publics, en provenance principalement des agences de l'eau.

« *Traditionnellement, les agences de l'eau font aussi du financement de l'agriculture biologique* », a indiqué à l'AFP Sophie Delaporte, directrice de cabinet du ministre de l'Agriculture Stéphane Travert. Elle évalue entre 170 et 200 millions d'euros les financements que ces dernières pourraient apporter.

www.challenges.fr, 5 avril 2018.

DOCUMENT 11 Une part de marché en hausse

Biolait table sur une hausse de 40 % de sa collecte

Le premier collecteur de lait biologique en France (30 % de la collecte nationale) devrait collecter 250 millions de litres de lait en 2018. Le prix du lait a été de 473 euros/1 000 l. Suite à la grosse vague de conversions de 2016, sa collecte devrait faire un bond de 40 % en 2018. Une hausse qui la porterait à 250 millions de litres de lait. La dynamique de la demande en produits laitiers bio permet cependant à Biolait d'envisager avec sérénité la valorisation de ce volume supplémentaire.

F. Mechekour, www.reussir.fr, 12 avril 2018.

DOCUMENT 12 Biolait : un concurrent atypique

Pourtant, les obstacles ont été nombreux, en particulier de la part des grands transformateurs qui ne voyaient pas d'un bon œil l'arrivée de ce concurrent atypique – certes minuscule à côté d'eux – mais qui risquait de changer durablement les règles du jeu, à commencer par le prix du lait « *fixé par Biolait* », comme le précise Alain Renou, producteur à Cisai-Saint-Aubin et adhérent Biolait depuis 1996. « *C'est ainsi que le prix de base de la tonne de lait est fixé, ce mois-ci, à 470 € alors qu'il n'est que de 270 € en conventionnel. Une sacrée différence !* »

V. Couvret, www.actu.fr, 18 mars 2016.

DOCUMENT 13 Les marchés de la collecte de lait

La collecte bio a ainsi représenté, en 2016, **2,4 %** de la collecte nationale de lait de vache. En Europe, l'Allemagne reste le 1er pays producteur avec plus de 750 000 tonnes de lait bio en 2016. La France conforte sa seconde place européenne devant le Danemark et l'Autriche.

www.produitslaitiersetviandebio.com

DOCUMENT 14 Les marques de Biolait SAS

	Biolait AB	**Date de dépôt :** 2013-01-17	**Date d'expiration :** 2023-01-17	**Statut :** Marque enregistrée
LA VACHE FLEURIE	La Vache Fleurie	**Date de dépôt :** 2012-12-17	**Date d'expiration :** 2022-12-17	**Statut :** Marque enregistrée
La Voix Biolactée – La Bio partout et pour tous !	La Voix Biolactée, le Bio partout et pour tous !	**Date de dépôt :** 2012-05-22	**Date d'expiration :** 2022-05-22	**Statut :** Marque enregistrée
LA VOIX BIOLACTEE	La Voix Biolactée	**Date de dépôt :** 2010-11-16	**Date d'expiration :** 2020-11-16	**Statut :** Marque enregistrée
la Bio partout et pour tous !	La Bio partout et pour tous !	**Date de dépôt :** 2010-11-16	**Date d'expiration :** 2020-11-16	**Statut :** Marque enregistrée
biolait www.biolait.net	Biolait www.biolait.net	**Date de dépôt :** 2010-11-16	**Date d'expiration :** 2020-11-16	**Statut :** Marque enregistrée

Source : www.manageo.fr

DOCUMENT 15 Biolait et l'INPI

Marque française
Marque : BIOLAIT
Type : Marque verbale
Classification de Nice : 29
Produits et services : 29 Produits laitiers, notamment beurre, œufs, fromage et yaourts
Déposant : CANDIA, Société Anonyme, 170 bis boulevard du Montparnasse, 75014, PARIS, FR (SIREN 352014955)
Mandataire/destinataire de la correspondance : Sodiaal International, Service Juridique, 170 bis boulevard du Montparnasse, 75014, PARIS, FR
Statut : Marque renouvelée
Date de dépôt/Enregistrement : 1985-04-29
Lieu de dépôt : MARSEILLE (CENTRE I.N.P.I.)

www.inpi.fr - base Marques.

L'ORGANISATION DE L'ACTIVITÉ DE L'ENTREPRISE

CONTEXTE PROFESSIONNEL

salomon

PRÉSENTATION

L'entreprise Salomon, fondée en 1947 à Annecy en Haute-Savoie, est une entreprise française spécialisée dans les articles de sport et de loisir d'extérieur multi-saisons (skis, fixations, chaussures, vêtements de sport…). Elle est distribuée dans plus de 160 pays et se positionne majoritairement sur les sports de montagne. Elle a d'abord appartenu au groupe Adidas mais elle fait partie, depuis 2005, du groupe finlandais Amer Sports.

Depuis 2017, Salomon est le nouveau propriétaire d'un bâtiment de 1 760 m², situé juste à côté de son centre névralgique, l'Annecy Design Center (ADC), à Épagny Metz-Tessy (74). Ce lieu est devenu le plus important centre de développement du groupe Amer Sports. C'est, en effet, dans ces bureaux que sont imaginés, étudiés, développés et prototypés tous les nouveaux produits Salomon, mais aussi ceux des autres marques du groupe : Mavic, Wilson et Arc'teryx.

Vidéo 4'19
Présentation des sports sur lesquels Salomon se positionne
lienmini.fr/c576-salomon

THÈME 3

FICHE D'IDENTITÉ

- Date de création **1947**
- Fondateur **Georges Salomon**
- Dirigeant **Jean-Marc Pambet**
- Effectif **950**
- Siège social **Épagny Metz-Tessy (74)**
- Champ d'action géographique **International**
- Chiffres d'affaires (2016) **850 millions d'euros**

LES DATES CLÉS DE L'ENTREPRISE SALOMON

1947	Ouverture d'un atelier de lames et de carres de ski
1948	Création d'une machine automatique qui produit des carres de ski
1959	Création de la première fixation qui remplace les lanières en cuir
1966	Création de la première fixation à talonnière à déblocage automatique
1976	Lancement de la collection de vêtements, de sacs et d'accessoires
1979	Lancement d'une collection de chaussures de ski
1997	Achat de la société Salomon par le groupe Adidas
2001	Rachat de la marque Arc'teryx spécialisée en produit de montagne haut de gamme
2005	Rachat par le groupe finlandais Amer Sports

Problématique
Thème 3

Comment l'entreprise SALOMON organise-t-elle son activité ?

CHAP 7 — MANAGEMENT

Comment l'entreprise organise-t-elle ses ressources ?

1. Distinguer les différents processus de l'entreprise
2. Repérer le rôle des différentes parties prenantes et des contre-pouvoirs
3. Repérer les ressources et les compétences de l'entreprise
4. Caractériser les styles de management
5. Identifier le type de structure, les mécanismes de coordination et de contrôle au sein de l'entreprise

- **Objectif :** Appréhender l'organisation de l'entreprise en processus ainsi que ses implications en termes d'exercice du pouvoir et de mobilisation de ressources.
- **L'entreprise Salomon**, fabricant français d'articles de sport, est dotée d'un centre de recherche, l'Annecy Design Center. La structure de ce centre a été pensée pour répondre aux objectifs et contraintes d'une mise en œuvre optimale de ses ressources et compétences dans le cadre d'une organisation de son activité en processus. Le style de management, ainsi que les mécanismes de coordination et de contrôle, contribuent à la performance du centre. Celle-ci suppose de prendre en compte la structure des coûts.

CHAP 8 — DROIT

Comment choisir une structure juridique pour l'entreprise ?

1. Identifier les critères de choix d'une structure juridique d'entreprise et justifier le choix fait en fonction d'une situation donnée
2. Justifier le choix d'une structure au regard de l'évolution de l'entreprise
3. Identifier les finalités des entreprises de l'économie sociale et solidaire et les formes qu'elles peuvent prendre

- **Objectif :** Pouvoir identifier la structure juridique la plus adaptée à une situation donnée.
- **L'entreprise Salomon** a créé une cellule « essaimage » qui accompagne les salariés qui le souhaitent dans leur projet de création ou de reprise d'entreprise. Elle les conseille notamment sur le choix d'une structure juridique adaptée. Soucieuse de contribuer, avec d'autres partenaires, au dynamisme du tissu économique local, Salomon envisage de transformer cette cellule en une structure juridiquement indépendante dont il convient de choisir le statut.

CHAP 9 — ÉCONOMIE

Comment les facteurs économiques déterminent-ils les choix de production ?

1. Appréhender la contribution des facteurs de production…
2. Comprendre la structure des coûts de l'entreprise et la formation des gains de productivité ainsi que leurs enjeux…
3. Identifier les déterminants des coûts des facteurs de production
4. Comprendre les enjeux productifs du développement durable pour une entreprise
5. Appréhender la chaîne de la valeur…
6. Appréhender les finalités et les risques de l'impartition…

- **Objectif :** Appréhender la spécificité d'une combinaison productive et ses implications.
- **L'entreprise Salomon** est une entreprise industrielle qui mobilise des facteurs de production dans le cadre de son processus productif. Ses choix productifs sont influencés par des paramètres économiques et agissent sur la structure de ses coûts. Grâce à l'innovation, Salomon réalise des gains de productivité qui ont un impact sur l'économie nationale. Le souci d'optimiser l'organisation de son activité la conduit parfois à réfléchir à son choix de « faire » ou de « faire faire » qui se répercutera sur la structure juridique des entités concernées.

CHAP 10 — DROIT

Quelles réponses apporte le droit face aux risques auxquels s'expose l'entreprise ?

1. Identifier la nature juridique de la responsabilité d'une entreprise dans une situation donnée
2. Analyser une situation juridique d'entreprise mettant en œuvre la responsabilité civile contractuelle
3. Analyser une situation juridique d'entreprise mettant en œuvre la responsabilité civile extracontractuelle
4. Analyser une situation juridique d'entreprise mettant en œuvre un régime spécial de la responsabilité civile

- **Objectif :** Identifier les risques auxquels est soumise l'activité de l'entreprise ainsi que leurs conséquences en termes de responsabilité.
- **L'entreprise Salomon**, comme toute entreprise, est régulièrement confrontée à des risques dans le cadre de ses relations d'affaires avec des partenaires, mais également dans celui de son fonctionnement quotidien.
Lors de la survenance de l'un de ces risques, elle est susceptible d'engager sa responsabilité civile.

CHAP 11 — MANAGEMENT

Quel financement pour l'entreprise ?

1. Identifier le besoin de financement de l'entreprise en fonction de son cycle (exploitation/investissement)
2. Recenser les solutions de financement adaptées à l'entreprise dans une situation donnée

- **Objectif :** Appréhender les besoins de financement d'une entreprise, liés à ses cycles d'exploitation et d'investissement, et présenter les solutions de financement adaptées.
- **L'entreprise Salomon** souhaite conclure un contrat de coopération entre l'entité « Annecy Design Center » et la SAS TeXnich, start-up dans le domaine des textiles intelligents. Pour cela, un audit sur sa situation financière doit être réalisé. Il devra faire apparaître les besoins de financement liés à ses cycles d'exploitation et d'investissement ainsi que les solutions de financement adaptées.

CHAPITRE 7

Comment l'entreprise organise-t-elle ses ressources ?

Situation simulée

Depuis sa création en 1947, l'un des principaux facteurs clés de succès de Salomon sur le marché des sports d'hiver est l'innovation. C'est ainsi que l'Annecy Design Center, centre de recherche et d'innovation, a vu le jour afin de permettre à Salomon d'anticiper les tendances du marché et de s'inscrire dans une dynamique concurrentielle.

L'entreprise se structure autour de différents processus qui mobilisent divers métiers, ressources et compétences. Les acteurs qui interviennent dans ces processus peuvent être à la fois parties prenantes et contre-pouvoirs en fonction des contours de leur zone de compétences. Leurs actions s'inscrivent dans une démarche éthique, sociale, sociétale et environnementale.

Des mécanismes de coordination permettent d'assurer un fonctionnement optimal de l'entité « Annecy Design Center ». Le style de management de ce centre de recherche doit également favoriser les échanges et l'innovation, source d'avantage concurrentiel pour Salomon.

Vous êtes stagiaire dans l'un des bureaux d'études de l'Annecy Design Center. Le responsable souhaite dresser un état des lieux de la démarche qualité de Salomon. À cet effet, il vous sollicite pour réaliser une analyse du fonctionnement de l'entité « Annecy Design Center ».

Compétences

- Distinguer les différents processus de l'entreprise (Objectif 1)
- Repérer le rôle des différentes parties prenantes et des contre-pouvoirs (Objectif 2)
- Repérer les ressources et les compétences de l'entreprise (Objectif 3)
- Caractériser les styles de management (Objectif 4)
- Identifier le type de structure, les mécanismes de coordination et de contrôle au sein de l'entreprise (Objectif 5)

1 Distinguer les différents processus de l'entreprise

SAVOIRS ASSOCIÉS
- Les processus de l'entreprise

Missions

1. **Identifiez les différentes activités de l'Annecy Design Center.**
2. **Représentez schématiquement les processus mis en œuvre au sein de l'Annecy Design Center tout en veillant à classer les différentes activités relatives à chacun d'eux.**

DOCUMENT 1 Comment Salomon organise une production « sur-mesure »

Au sein de l'Annecy Design Center (ADC), centre de recherche de l'entreprise française Salomon situé en Haute-Savoie, les prototypes sont conçus, fabriqués à la chaîne et testés avant leur industrialisation et commercialisation.

L'Annecy Design Center (ADC) est également doté d'unités de production dédiées à la fabrication de différents équipements sportifs « sur-mesure » : skis, snowboards, chaussures de ski, de trail… Ces productions sont destinées aux athlètes sponsorisés par Salomon ainsi qu'à une clientèle d'amateurs avertis.

L'entreprise Salomon s'inscrit dans une démarche de qualité totale, ce qui la conduit à être particulièrement vigilante quant à la qualité des produits semi-finis de ses fournisseurs asiatiques.

Le design est en relation directe avec la direction générale de Salomon. Cette dernière impulse les projets au travers d'un comité stratégique composé de distributeurs, salariés et managers de différents pays. Ainsi, la direction générale n'hésite pas à consacrer 8 % du chiffre d'affaires à la conception, à la recherche et développement et au marketing.

Le centre est organisé par plateformes « produits » qui regroupent plusieurs métiers : designers, ingénieurs et marketeurs. Ces derniers, affectés par la division commerciale aux différentes plateformes, ont pour mission principale de vérifier la viabilité commerciale des produits en fonction de la demande des sportifs et de l'offre concurrente.

Au sein des plateformes « produits », des équipes dédiées à un projet sont constituées, mais tous les espaces de travail sont communs. Cela permet à chacun de bénéficier des avancements et savoir-faire des collaborateurs grâce à un système d'information équipé d'outils facilitant le travail collaboratif.

© Delagrave, 2018.

Vidéo 1'07
Visite de l'ADC
lienmini.fr/c576-adc

RESSOURCE 1 Qu'est-ce qu'un processus ?

NF EN ISO 9000 : 2000

Processus : Ensemble d'activités corrélées ou interactives qui transforme des éléments d'entrée en éléments de sortie.

NOTE 1 : Les éléments d'entrée d'un processus sont généralement les éléments de sortie d'autres processus.

NOTE 2 : Les processus d'un organisme sont généralement planifiés et mis en œuvre dans des conditions maîtrisées afin d'apporter une valeur ajoutée.

NOTE 3 : Lorsque la conformité du produit résultant ne peut être immédiatement ou économiquement vérifiée, le processus est souvent qualifié de procédé spécial.

[...] Il est alors beaucoup plus simple de définir un processus comme un sous-système de l'organisme. C'est l'ensemble de ces sous-systèmes (processus) qui constitue le système « organisme » en termes d'organisation et de fonctionnement.

Autre difficulté [...] : la confusion qui est faite entre processus et procédé. Le processus est « le quoi faire dans un ordre prédéfini » et il ne faut pas le confondre avec le procédé qui est « la façon de faire » une tâche. Cette distinction est d'autant plus importante qu'elle donne une indication sur le degré de détail qu'il y a lieu d'utiliser pour décrire un processus. Il est en effet rarement nécessaire d'aller jusqu'à la description des procédés composant le processus.

www.boutique.afnor.org

RESSOURCE 2 Représentation schématique des processus de l'entreprise

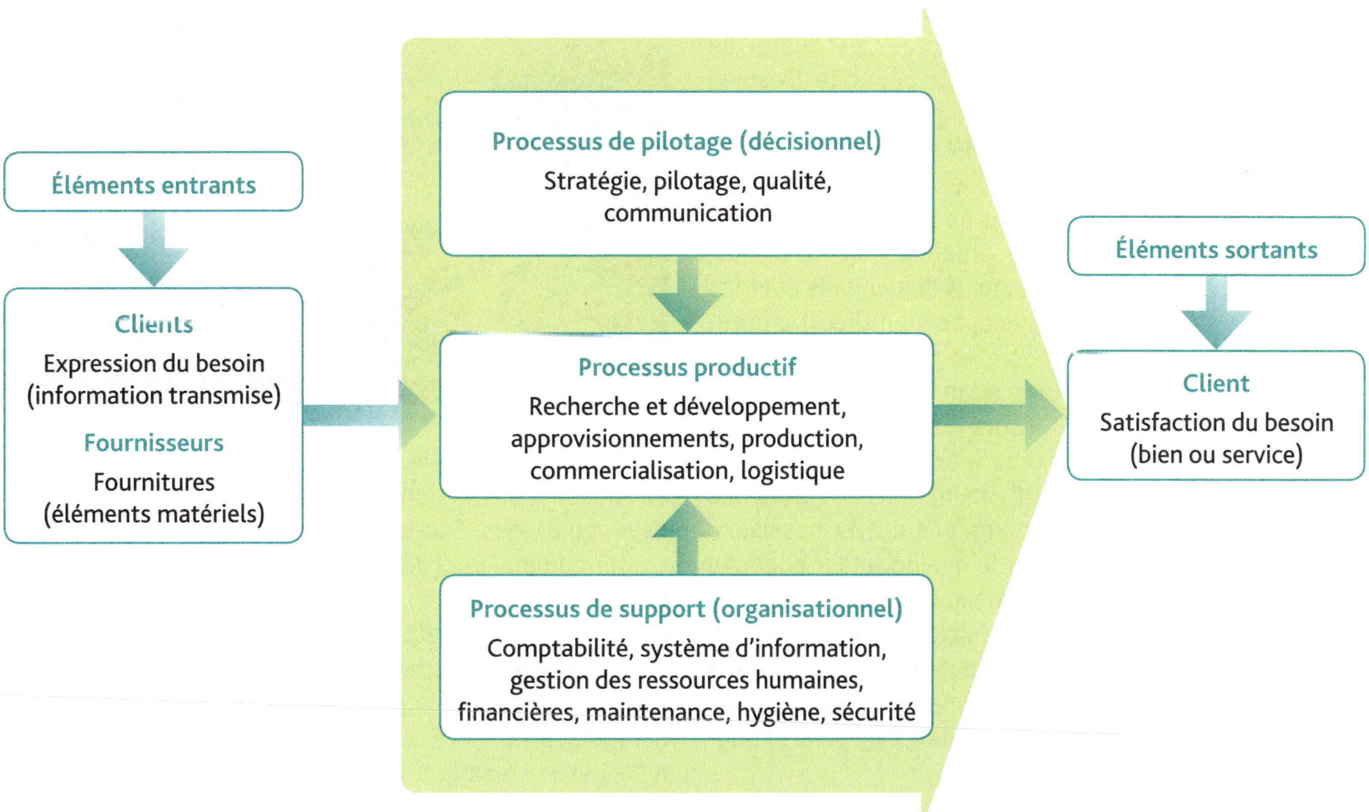

© Delagrave, 2018.

2 Repérer le rôle des différentes parties prenantes et des contre-pouvoirs

SAVOIRS ASSOCIÉS
- Les processus de l'entreprise
- La responsabilité éthique, sociale, sociétale et environnementale

Missions

1. **Expliquez en quoi les parties prenantes de Salomon peuvent à la fois favoriser la réalisation de l'objectif/de la finalité de l'entreprise et constituer des contre-pouvoirs.**
2. **Montrez en quoi la démarche de responsabilité sociale de l'entreprise Salomon peut être source d'avantage concurrentiel pour l'entreprise.**

DOCUMENT 1 La réponse aux inquiétudes des parties-prenantes

La direction générale de Salomon, en accord avec sa maison-mère, le groupe finlandais Amer Sports, décide de développer le sur-mesure pour les équipements sportifs individuels. Au sein de l'Annecy Design Center, cette décision est vécue comme un virage stratégique.
Le comité stratégique, composé de distributeurs, de salariés et de managers de différents pays, est chargé de piloter le design auprès de la direction générale. Il estime ne pas avoir été suffisamment impliqué dans ce choix.
L'ensemble des salariés déplore une exigence de polyvalence toujours plus forte et craignent de ne plus être en capacité de respecter des délais de plus en plus courts.
Les équipes des plateformes « produits », quant à elles, regrettent d'être de moins en moins disponibles pour les activités de recherche et développement (R&D) proprement dites.
Les designers, créateurs de tendances, estiment que le virage stratégique du sur-mesure leur laissera moins de latitude pour exprimer leur créativité.
Les ingénieurs, d'autre part, maîtrisant les procédés techniques, émettent des doutes quant à la possibilité de poursuivre dans la voie de la qualité totale engagée depuis plusieurs années par Salomon.
Les marketeurs, quant à eux, du fait de leur grande proximité avec la clientèle et les distributeurs, sont à l'origine de ce virage stratégique. Ils y voient l'opportunité de satisfaire la demande spécifique des clients et d'augmenter les marges.
Le fait que le projet du sur-mesure ne soit pas partagé par l'ensemble du personnel fait craindre aux marketeurs que les clients ne se tournent vers la concurrence, déjà fortement engagée dans cette voie.

La direction générale, dans le cadre d'une démarche de responsabilité sociale de l'entreprise (RSE), anticipe ces inquiétudes. Elle a demandé à la direction des ressources humaines (DRH) de mettre en place des plans de formation adaptés. Elle a, par ailleurs, décidé d'augmenter le pourcentage du chiffre d'affaires consacré à la R&D et d'investir dans un outil de production flexible. Elle réaffirme enfin la priorité accordée à la qualité des matières premières, en provenance d'Asie principalement, et au maintien d'une rémunération équitable de ses fournisseurs.
Cette démarche RSE s'inscrit dans le respect de la directive européenne du 22 octobre 2014 et de la certification ISO 26000 (responsabilité sociétale).

Situation inventée, © Delagrave, 2018.

RESSOURCE 1 Les « zones d'incertitude » ou les jeux de pouvoir

Dans l'analyse de Michel Crozier et Erhard Friedberg, [...] chaque individu au sein d'une organisation a une stratégie personnelle et cherche à détenir plus de pouvoir, en augmentant sa « zone d'incertitude »*. C'est ainsi qu'au sein des organisations, il y a de nombreuses relations de pouvoir informelles. Il existe des chefs sans pouvoirs réels et des individus qui ont beaucoup de pouvoirs sans en avoir hiérarchiquement. L'organigramme officiel ne montre donc pas toute la réalité et le niveau hiérarchique ne donne pas nécessairement le pouvoir.

Pour comprendre les organisations, il faut donc rechercher les stratégies personnelles des différents acteurs ou groupes d'acteurs et comprendre les relations de pouvoir entre eux. Les intérêts divergents des acteurs expliquent l'existence de ces conflits. Il existe notamment des conflits d'intérêts entre les différentes parties prenantes de l'entreprise, et notamment entre les propriétaires et les dirigeants.

** Chaque groupe d'acteurs, quel que soit son niveau hiérarchique, possède toujours une certaine **marge de manœuvre**, avec des ressources et des comportements qui ne sont pas complètement contrôlables par les autres groupes. La maîtrise de ces zones d'incertitude est liée à **quatre sources** possibles de pouvoir : des **compétences** particulières (ex. : un groupe d'ingénieurs réseaux), des contacts particuliers **avec l'extérieur** (ex. : un groupe de commerciaux), un accès à certaines informations avec une **rétention volontaire** (ex. : un groupe de secrétaires) ou une **maîtrise des règles** organisationnelles (ex. : des chefs de service).*

S. Josien et S. Landrieux-Kartochain, *Management des entreprises*, Gualino, 2017.

AUTEURS

Michel Crozier (1922-2013), sociologue français et directeur de recherche au CNRS, a été le principal concepteur de l'analyse stratégique et de l'action collective en sociologie des organisations.

Erhard Friedberg (né en 1942) est un sociologue autrichien dont l'essentiel de sa carrière s'est déroulée en France. Chercheur au CNRS, puis professeur de sociologie à Sciences Po, il est un des plus importants chefs de file de « L'école française de sociologie des organisations », développée par Michel Crozier dans les années 1960.

RESSOURCE 2 La responsabilité éthique, sociale, sociétale et environnementale

La responsabilité sociale des entreprises se traduit par des pratiques multiples : citoyenneté de l'entreprise, gouvernance, mesure de la performance sociale, investissement socialement responsable, et éthique au sens général.

[...] L'éthique est un terme actuel. Il est employé, utilisé, associé au développement durable qui ne peut survivre sans elle. Si la morale répond à la question « que dois-je faire ? », l'éthique, elle, répond à la question du « comment dois-je faire ? », ou mieux : « comment dois-je vivre dans et par mon entreprise ? ». L'éthique interpelle donc non seulement la personne, mais également son environnement. Elle interpelle le monde au niveau des relations et des échanges. Rendue présente par l'intermédiaire des chartes et obligations du développement durable, elle s'associe pleinement à la responsabilité sociale de l'entreprise et vise à en guider les pas.

Si l'éthique vise à améliorer le monde et ses échanges, ceci explique pourquoi elle touche à la déontologie et aux systèmes de valeurs des organisations. Dans cet ordre d'esprit, l'éthique sert surtout à construire le propre point de vue de l'entreprise, sans la déconnecter de son environnement, mais au contraire en lui permettant d'y créer ses repères en relation avec les autres acteurs.

A.-M. Fray, « Comportements éthiques et responsabilité sociale : Quid de la pérennité ? », *Vie & sciences de l'entreprise*, n° 168-169.

3 Repérer les ressources et les compétences de l'entreprise

SAVOIRS ASSOCIÉS
- Les ressources tangibles et intangibles
- Les compétences

Missions

1. **Identifiez et classez les ressources et compétences mobilisées dans l'entité « Annecy Design Center ».**
2. **Montrez en quoi les ressources et compétences du centre de recherche constituent un avantage concurrentiel pour Salomon.** (Chapitre 4, Objectif 2)

DOCUMENT 1 Fiche d'identité de l'entité « Annecy Design Center »

Nom : Annecy Design Center
Siège social : Metz-Tessy 74996 Annecy, France
Activité :
- Centre de recherche et de design (1er au niveau mondial dans les domaines de l'invention et de l'innovation dans le sport) qui a déposé en cinq ans, 148 brevets.
- Centre de production pour des équipements sportifs « sur-mesure » : skis, snowboards, chaussures de ski, de trail, etc.

Infrastructures : Bâtiments actuellement de 33 000 m² qui vont s'agrandir de 1 760 m² en 2018, et dotés d'un équipement productif de pointe.
Organisation de l'activité : Chaque catégorie produit possède ses espaces dédiés où travaillent en étroite relation, par projet et par produit, des chefs de produit, des designers, des développeurs, des testeurs (athlètes) et des marketeurs.
Lien juridique : Centre de design de la SAS unipersonnelle Salomon, n° 1 mondial du marché des sports d'hiver et de la chaussure de trail running, et filiale du groupe finlandais Amer Sports.
Emploi : 1 000 personnes dont 260 dédiées à l'innovation, en particulier pour la marque Salomon. De 2012 à 2017, recrutement de 250 talents internationaux (ingénieurs, professionnels du marketing digital, etc.).
Ce centre rassemble une grande diversité de spécialistes, experts dans leur domaine professionnel, ayant acquis un savoir-faire particulier dans des technologies telles que le composite, l'injection plastique, la mécanique, la thermie, la couture ou encore l'informatique.
Les employés sont aussi de bons pratiquants quotidiens de sport.
Financement : 8 % du chiffre d'affaires pour la recherche et le développement (R&D).
Projet : Accélérer la mutation de la marque vers le sport de plein air, hors sports d'hiver.

© Delagrave, 2018.

RESSOURCE 1 Les typologies de ressources

Les **ressources** sont des actifs spécifiques à l'entreprise. Il n'existe pas de marchés sur lesquels ces ressources s'échangent. Elles peuvent être tangibles ou intangibles et sont créées à partir d'inputs qui sont transformés par l'entreprise en actifs spécifiques. Les grandes catégories de ressources sont : financières, physiques, humaines, technologiques, organisationnelles, et la réputation.

www.cairn.info

RESSOURCE 2 Ressources tangibles et intangibles

Ressources tangibles	Ressources humaines (effectifs, métiers...)
	Ressources physiques et technologiques (nombre d'unités, de lignes de production, équipements...)
	Ressources financières (capital social, bénéfices...)
Ressources intangibles	Ressources humaines (compétences individuelles)
	Ressources immatérielles : • ressources technologiques (logiciels, brevets...) • structure organisationnelle, compétences collectives... • marques, notoriété, image de marque...

© Delagrave, 2018.

RESSOURCE 3 La notion de compétence

Une **compétence** est plutôt définie comme une capacité à réaliser une tâche ou une activité grâce aux ressources (R.M. Grant, 1991). Elle désigne une combinaison de ces dernières en faisant appel à des processus organisationnels et des savoir-faire collectifs (R. Amit, P.H.J. Schoemaker, 1993).

www.strategie-aims.com

RESSOURCE 4 La distinction entre compétence individuelle et compétence collective

Compétences individuelles		Compétences collectives
Compétences transversales (génériques) Savoirs, savoir-faire et savoir-être mobilisables dans diverses situations professionnelles : maîtrise de langues vivantes, d'outils bureautiques, capacité à travailler en équipe, capacité d'adaptation, etc.	**Compétences spécifiques (transférables)** Savoirs, savoir-faire et savoir-être attachés à des situations professionnelles données mais pouvant être mis en œuvre dans d'autres contextes professionnels : les compétences spécifiques de l'ingénieur qui peuvent être transférables au métier de technico-commercial.	Savoirs et savoir-faire tacites, complémentaires ou partagés dans le cadre d'échanges informels (Michaux, 2003), vecteurs de synergies nées d'interactions permanentes, même conflictuelles, entre les membres d'une équipe de travail.

© Delagrave, 2018.

RESSOURCE 5 L'effet d'expérience pour acquérir et conserver un avantage concurrentiel

Le phénomène, connu sous le nom d'« effet d'expérience » ou « courbe d'expérience », peut être résumé de la manière simple suivante : à chaque doublement du volume de production cumulée par une entreprise [...] d'un produit clairement identifié, les coûts de production de ce bien diminuent de 15 à 20 %. [...]

Les raisons expliquant ce phénomène [...] :

- **L'apprentissage** : plus on fait quelque chose, plus on apprend à le faire, et mieux on le fait : [...] on peut produire le même bien avec moins de temps ou [...] en produire plus dans le même temps.
- **La spécialisation** : [...] permet de diminuer de 10 à 15 % le temps nécessaire pour produire une unité ou d'augmenter de 10 à 15 % le nombre d'unités produites dans un temps donné.
- **L'investissement** : [...] augmentation de la capacité et [...] diminution des coûts pour une capacité constante. L'investissement [est] un ensemble de modifications dans le « processus » de production, impliquant aussi bien une nouvelle conception du produit, que des équipements nouveaux ou qu'une remise à plat des méthodes de production. [...] Si un investissement est rentable, les entrées de liquidités qu'il va permettre de réaliser sont supérieures au coût de l'investissement lui-même.
- **L'effet d'échelle** : augmentation du volume de production qui conduit à la réduction du coût unitaire de production. [...]
- **La maîtrise du temps** : temps d'anticipation, de production, de livraison, etc.

J.-M. Ducreux et M. Marchand-Tonel, *Les clés du succès concurrentiel*, Éditions d'Organisation, 2004.

4 Caractériser les styles de management

SAVOIRS ASSOCIÉS
- Les différents niveaux de management
- Les styles de management

Missions

1. **Après avoir identifié les différents niveaux de management existants au sein de l'Annecy Design Center, précisez leurs rôles respectifs.**
2. **En vous référant à la typologie des styles de direction de Rensis Likert** (Ressource 2)**, caractérisez et justifiez le style de management impulsé par Jean-Marc Pambet au sein de l'entité « Annecy Design Center ».**

DOCUMENT 1 Le style de management au sein de l'Annecy Design Center

C'est sa culture d'entreprise, largement fondée sur l'inventivité et les solutions transversales, qui explique la réussite de Salomon.

Jean-Marc Pambet, PDG de Salomon, adopte un management propice à la stimulation de la créativité et reposant sur la valorisation de compétences individuelles et collectives.

Salomon opère une nette séparation entre les choix stratégiques de l'entreprise, définis conjointement par le siège social et l'Annecy Design Center (ex. : diversification de l'activité en s'engageant dans les sports de plein air, hors sports d'hiver), et les décisions opérationnelles (ex. : production en série de chaussures de trail dans des sites de production autour du bassin méditerranéen).

Au sein de l'Annecy Design Center, les 260 salariés affectés à la R&D ne sont pas soumis à la supervision d'un directeur. En effet, la créativité et l'innovation reposent sur une culture de l'échange et de la comparaison. Cette culture, déterminante pour la prise de décision stratégique, s'appuie sur de nombreux outils numériques (intranet, réseau social d'entreprise, ERP*…) et résulte de la volonté des dirigeants de créer des effets de synergie.

© Delagrave, 2018.

* ERP : l'Enterprise Resource Planning ou Progiciel de Gestion Intégré (PGI) est un système d'information qui permet de gérer et de suivre au quotidien l'ensemble des informations et des services opérationnels d'une entreprise.

Audio 3'31 **Interview de Jean-Marc Pambet**
lienmini.fr/c576-pambet

RESSOURCE 1 Management stratégique et management opérationnel

Le management opérationnel s'inscrit dans la lignée du management stratégique dont la finalité est de définir les orientations du périmètre d'activité de l'entreprise sur le moyen et le long termes. Il s'agit ainsi de mettre en œuvre des actions relevant de la gestion courante des ressources de l'entreprise, le tout en cohérence avec sa stratégie globale. Concrètement, les décisions opérationnelles ont des répercussions rapides sur les activités de la société, mais sont réversibles. Par exemple, il s'agit d'une embauche, du changement d'un prix, d'une modification du planning, d'une réparation du système d'opération, de l'organisation de la production, etc. Ces actions sont limitées dans le temps et dans l'espace. Elles n'affectent pas le fonctionnement de l'entreprise. La direction est chargée du management stratégique, le management opérationnel, quant à lui, est assuré au quotidien par les managers ou responsables intermédiaires des différents services.

www.journaldunet.fr, 15 mai 2018.

RESSOURCE 2 Les styles de direction selon Rensis Likert

À partir de résultats détaillés de questionnaires adressés à des employés de sociétés américaines et portant sur l'opinion que ceux-ci se faisaient de leurs supérieurs, Rensis Likert a identifié en 1961 quatre styles de direction.

AUTEUR

Rensis Likert (1903-1981) est un psychologue américain connu en management pour son apport sur les styles de direction.

Style de management / Caractéristiques	1. Autoritaire exploiteur	2. Autoritaire paternaliste	3. Consultatif	4. Participatif
Confiance et rapports avec les subordonnés	Aucune confiance et rapports distants.	Confiance relative.	Manifestation de confiance, avec contrôle des décisions.	Degré de confiance élevé.
Leviers de motivation	Craintes, menaces, sanctions ; éventuellement récompenses.	Récompenses ; sanctions réelles ou potentielles.	Récompenses ; éventuellement sanctions ; valorisation de l'implication.	Système de rémunération intégrant l'implication.
Attitude du personnel à l'égard des objectifs de l'entreprise	Généralement hostile.	Parfois hostile, parfois favorable.	Favorable.	Extrêmement favorable.
Esprit d'équipe et rôle des groupes	Inexistant.	Faible.	Assez élevé.	Extrêmement élevé dans toute l'entreprise.
Communication interne : importance, sens	Très faible ; descendante.	Faible ; essentiellement descendante.	Relativement faible ; ascendante et descendante.	Élevée ; tant entre individus qu'entre groupes, ascendante, descendante, horizontale.
Niveau de prise des décisions et participation des salariés	Exclusivement par le sommet de l'organisation.	Principalement par le sommet de l'organisation.	Par le sommet de l'organisation et faiblement décentralisé ; salariés simplement consultés.	Participation de l'ensemble des salariés.
Impact sur le climat social	Absentéisme et rotation du personnel : élevés.	Absentéisme et rotation du personnel : assez élevés.	Absentéisme et rotation du personnel : moyens.	Absentéisme et rotation du personnel : faibles.

© Delagrave, 2018.

5 Identifier le type de structure, les mécanismes de coordination et de contrôle au sein de l'entreprise

SAVOIRS ASSOCIÉS
- Les différents niveaux de management
- Les mécanismes de coordination et de contrôle

Missions

1. **Au regard du mode de fonctionnement de l'Annecy Design Center, retrouvez le type de structure de ce centre de recherche et développement de Salomon.**
2. **Repérez et décrivez les mécanismes de coordination et de contrôle mis en œuvre au sein de cette entité.**

DOCUMENT 1 L'efficacité de la recherche et développement de l'Annecy Design Center

Le service R&D de l'Annecy Design Center s'appuie sur des équipes « projet » structurées par lignes de produits. Chaque équipe comprend un chef de produit, des designers et des développeurs, principalement des techniciens CAO (conception assistée par ordinateur).
Le chef de produit assure le rôle de coordinateur tout en définissant la stratégie marketing du produit.
« Je ne suis pas là pour donner des ordres aux membres de mon équipe mais uniquement pour organiser une communication optimale entre nous » affirme Nassima, actuellement chef de produit.
Durant la phase de recherche, les responsables de bureaux d'études sont régulièrement amenés à travailler avec les équipes « projet », les usineurs et les prototypistes. Il s'agit de concevoir et de fabriquer les prototypes, ainsi que les outils nécessaires à leur réalisation (ex. : moules en aluminium).
Les innovations développées par les uns peuvent inspirer les autres équipes, dans d'autres domaines (ex. : développement d'un nouveau surf des mers grâce aux technologies du ski, du surf des neiges et du skate). À cet effet, une équipe transversale gère la collecte, l'archivage et la diffusion des connaissances liées aux innovations auprès des équipes « projet » intéressées.
Des séminaires sont également régulièrement organisés afin de recueillir les avis et attentes des distributeurs, ainsi que ceux des salariés de Salomon. Par ailleurs, le recueil d'informations est complété par les travaux du comité stratégique. Ce dernier mène une veille concurrentielle permettant d'évaluer l'avancement des projets de l'entreprise.

© Delagrave, 2018.

RESSOURCE 1 La structure organisationnelle

La structure d'une organisation* peut être définie simplement comme la somme totale des moyens employés pour diviser le travail entre tâches distinctes et pour ensuite assurer la coordination nécessaire entre ces tâches.

H. Mintzberg, *Le management – Voyage au centre des organisations*, Éditions d'Organisation, 2004.

* Elle est généralement représentée par un organigramme.

AUTEUR

Henry Mintzberg (né en 1939) est un universitaire canadien en sciences de gestion. Ses travaux portent notamment sur les structures et les mécanismes de coordination et de contrôle dans les organisations.

RESSOURCE 2 Les mécanismes de coordination et de contrôle

Un certain nombre de mécanismes de coordination paraissent décrire les moyens fondamentaux par lesquels les organisations peuvent coordonner leur travail. [...]

1. L'ajustement mutuel réalise la coordination du travail par le simple processus de la communication informelle (comme par exemple, entre deux employés du centre opérationnel).

2. La supervision directe réalise la coordination du travail par le biais d'une seule personne qui donne les ordres et les instructions à plusieurs autres qui travaillent en interrelations (comme par exemple, lorsqu'un patron explique à ses employés ce qu'ils doivent faire, étape par étape).

3. La standardisation des procédés de travail réalise la coordination en spécifiant les procédés de travail de ceux qui doivent réaliser les tâches interdépendantes (ces standards sont habituellement établis au niveau de la technostructure pour être exécutés au niveau du centre opérationnel, comme par exemple, dans le cas des instructions de travail qui proviennent des études d'organisation scientifique du travail).

4. La standardisation des résultats réalise la coordination du travail en spécifiant les résultats des différents types de travail (là encore, ces standards sont habituellement établis au niveau de la technostructure, comme par exemple, un plan financier qui spécifie les buts des résultats des sous-unités ou les spécifications qui précisent les dimensions d'un produit).

5. La standardisation des qualifications (et du savoir) réalise la coordination de différents types de travail par le biais de la formation spécifique de celui qui exécute le travail (en tant que spécialistes médicaux – chirurgiens et anesthésistes – se répondant presque automatiquement dans le cadre de procédures standardisées).

6. La standardisation des normes, dans laquelle ce sont les normes qui dictent le travail, qui sont contrôlées, et en règle générale, qui sont établies pour l'organisation dans sa globalité, de sorte que chacun de ses membres travaille à partir d'un même ensemble de données ou de croyances (comme par exemple, dans les ordres religieux). [...]

Il n'existe pas, bien sûr, d'organisation qui n'emploierait qu'un seul de ces mécanismes de coordination.

H. Mintzberg, *Le management – Voyage au centre des organisations*, Éditions d'Organisation, 2004.

RESSOURCE 3 Les structures types

Structure hiérarchique

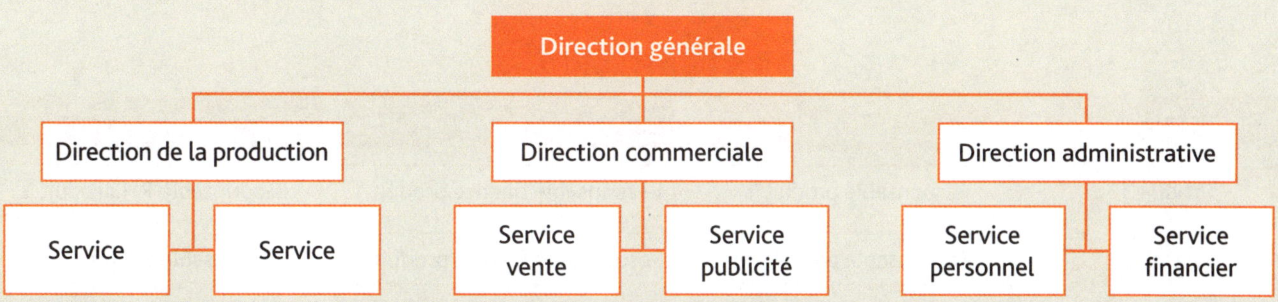

Proposée par Henri Fayol, cette structure repose sur l'unicité du commandement : chaque individu est responsable de ses subordonnés ; chaque salarié ne dépend que d'un seul supérieur hiérarchique ; chaque responsable de service n'exerce son autorité que dans son service.

Structure fonctionnelle

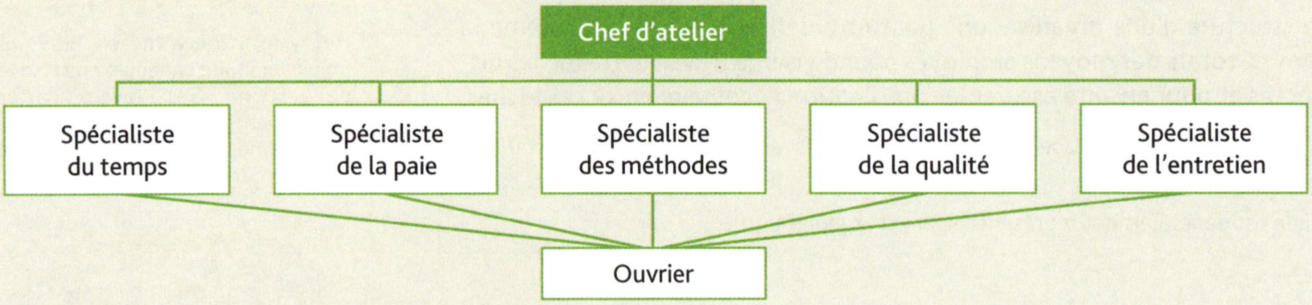

Cette structure repose sur la division fonctionnelle de l'autorité et la pluralité de commandement : tout salarié dépend de plusieurs supérieurs hiérarchiques, chacun n'ayant autorité que dans son domaine de compétence.

Structure *staff and line*

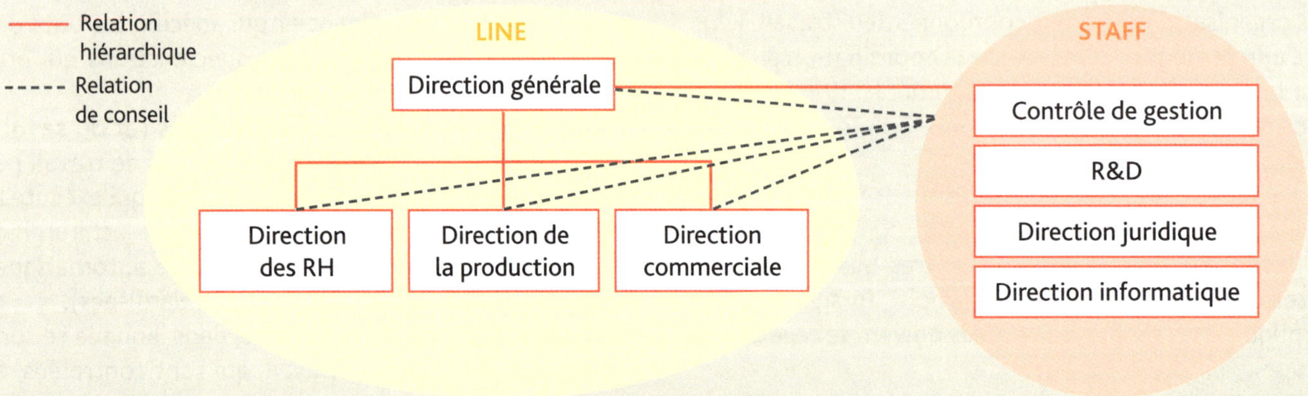

Cette structure résulte d'une fusion de la structure hiérarchique (*line*) et de la structure fonctionnelle. Elle repose sur l'unicité du commandement et la nécessité de recourir à des organes de conseil composés de spécialistes, d'« experts » (*staff*).

Structure divisionnelle

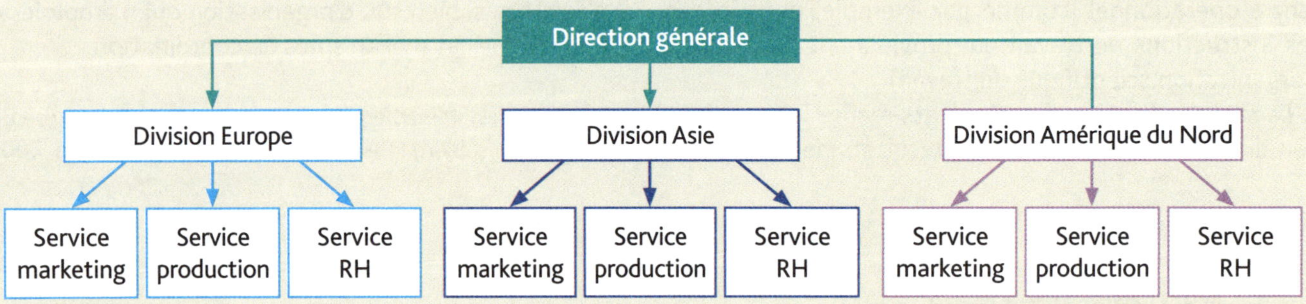

Cette structure organise l'entreprise sur un critère de départementalisation : les divisions (produits, marchés, secteurs géographiques...). À chaque division sont attribuées les ressources fonctionnelles. Cette organisation est plutôt décentralisée puisque chaque division peut être érigée en unité complète, mais elle est coûteuse.

Structure matricielle

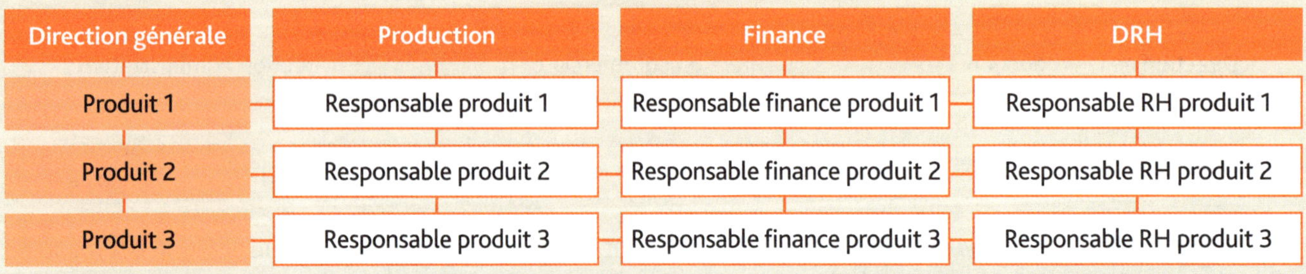

Cette structure repose sur l'idée de « groupe de projet ». Elle combine le découpage par fonction et par division : chaque individu a deux supérieurs, un chef de projet et un supérieur fonctionnel. Elle est adaptée aux grandes entreprises qui ont des lignes de produits variées, des projets longs et complexes et un environnement de travail en évolution rapide.

© Delagrave, 2018.

RESSOURCE 4 Les structures flexibles (organiques)

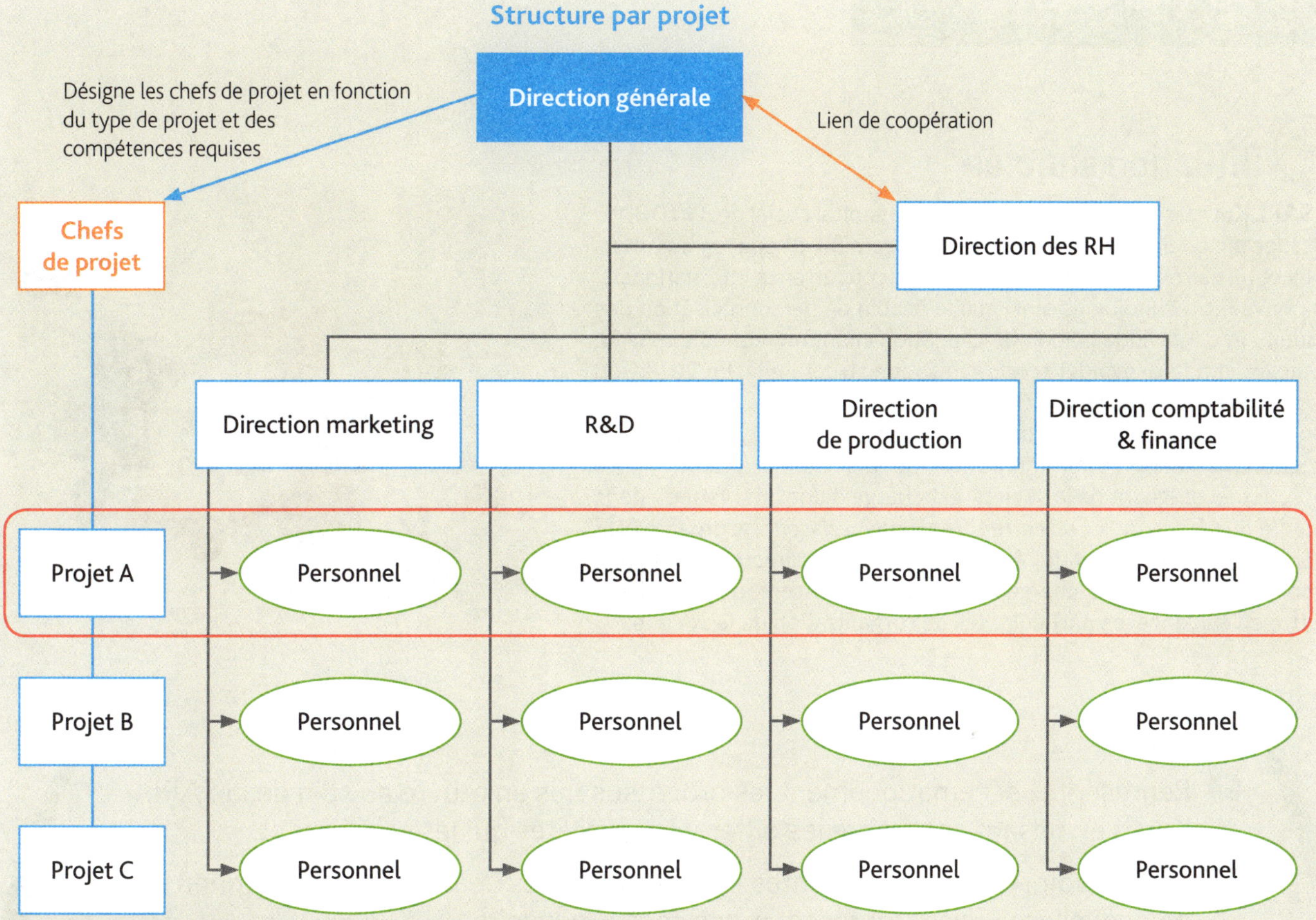

Cette structure constitue une évolution de la structure matricielle. Afin de réaliser une mission, une activité spécifique, un projet, une équipe de spécialistes est constituée autour d'un chef de projet qui a un rôle de coordinateur. L'équipe est dissoute une fois le projet achevé.

© Delagrave, 2018.

Structure réseau

La structure réseau, appelée aussi réticulaire, est une forme d'organisation qui met en relation plusieurs intervenants de qualifications et de statuts différents : les employés, les fournisseurs, les clients, les banques et même les concurrents.
Sur une base contractuelle temporaire et en vue de réaliser au mieux une mission ou un objectif défini, plusieurs participants sont réunis et sollicités pour contribuer à la réalisation d'une mission précise.

La structure réseau cherche à mettre en coopération plusieurs [...] organisations malgré leurs différences occupationnelles et malgré l'hétérogénéité de leurs compétences. En dépit de ces différences [...], toutes les parties, dans les limites de leurs qualifications, sont appelées à collaborer à la réalisation d'un ou plusieurs objectifs communs.
Les partenariats entre des organisations, de taille et d'activité différentes, et leurs alliances occasionnelles ou stratégiques donnent naissance à une structure en forme de réseau, au sein de laquelle plusieurs parties autonomes se complètent et se mutualisent. [...] Dans une structure réseau, il y a souvent une entreprise centrale. C'est elle qui distribue les rôles et définit les attributions et la nature des liaisons en contrôlant l'ensemble productif et qui supervise la coordination.

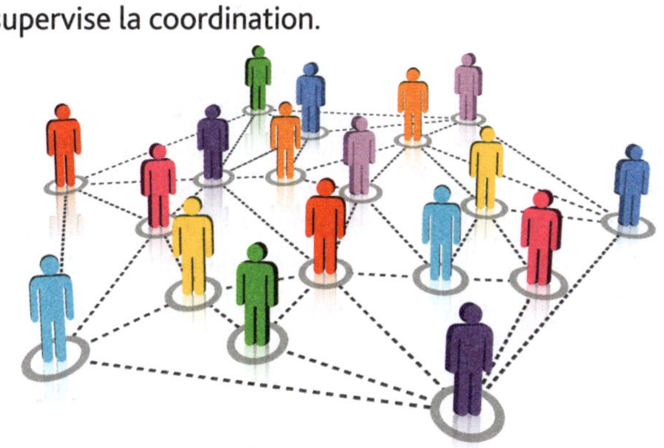

www.petite-entreprise.net

APPLICATION

Situation simulée

La **SARL Kupra**, située à Pont-d'Ain (01), au capital social de 330 000 €, est spécialisée depuis 1972 dans l'aménagement d'espaces commerciaux et tertiaires. Dans les années 1990, la concurrence internationale, les nouvelles technologies ainsi que le besoin de personnalisation des produits et d'individualisation de la relation client ont conduit la SARL à innover et à faire évoluer son organisation structurelle. En 2018, son résultat d'activité s'élève à 410 000 €.
Vous effectuez une période de formation en entreprise au sein de la direction marketing et communication de la société Kupra. M. Pierre Kupa, actuel dirigeant de la société, est chargé d'une intervention dans le cadre du séminaire « *Ces entreprises qui réussissent !* », organisé par la Chambre de Métiers et de l'Artisanat de l'Ain. Le directeur marketing et communication vous charge de préparer la présentation qui devra mettre en évidence les particularités de l'organisation de la société.

1. Représentez schématiquement les processus mis en œuvre au sein de la SARL Kupra en faisant apparaître les différentes activités qui les constituent.
2. Après avoir repéré les différentes parties prenantes de la SARL Kupra, montrez en quoi elles peuvent représenter des contre-pouvoirs.
3. Expliquez en quoi la démarche de responsabilité sociale de l'entreprise Kupra est à l'origine d'un avantage concurrentiel.
4. Identifiez et classez les ressources et compétences de la SARL Kupra.
5. En vous référant à la typologie de Rensis Likert, caractérisez le style de management adopté par Pierre Kupa.
6. En prenant appui sur les travaux de Henry Mintzberg, explicitez les mécanismes de coordination et de contrôle mis en œuvre au sein du pôle opérationnel.
7. Caractérisez le type de structure de la SARL Kupra.

DOCUMENT 1 La nécessaire évolution de la SARL Kupra

En 1992, avant de prendre sa retraite, M. Jacques Kupa, fondateur de la SARL Kupra, crée un troisième atelier de menuiserie et investit dans des outils de production performants. Son fils, Pierre, prend alors la présidence du comité de direction en charge des grandes orientations stratégiques. Il s'agit plus particulièrement d'arrêter les propositions de tendances présentées par le bureau de design, qui travaille en étroite relation avec les commerciaux.
Pierre Kupa précise : « *Je ne peux pas concevoir de prendre une décision sans avoir écouté au préalable mes collaborateurs du comité de direction et du bureau de design. Depuis un an, dans un souci de recherche de synergies, nous avons créé un RSE (réseau social d'entreprise) qui permet aux salariés de partager leur savoir-faire. Cet outil contribue notamment à maintenir notre avantage concurrentiel.* »
Chacun des trois ateliers de menuiserie est spécialisé dans une activité du processus de production. Ainsi deux ateliers produisent les modules de base, l'un dédié aux modules en bois massif et l'autre à la fabrication des modules en panneaux de bois aggloméré et le troisième atelier est chargé de la personnalisation.

© Delagrave, 2018.

DOCUMENT 2 La société Kupra et ses principaux acteurs

La SARL Kupra compte actuellement 42 salariés, tous reconnus pour leurs compétences individuelles spécifiques, aussi bien dans les ateliers de menuiserie, le bureau de design que les fonctions stratégiques et de soutien.

La société participe à la formation des apprentis de tous niveaux des métiers de la menuiserie provenant du CFA de la Maison familiale et rurale de Cormaranche-en-Bugey (01). D'ailleurs, 30 % des salariés en CDI dans les ateliers ont été formés au CFA.

Kupra a conclu des contrats d'approvisionnement avec plusieurs scieries françaises qui utilisent des bois issus d'une exploitation raisonnée des forêts. Leur traçabilité est contrôlée dans le cadre de la certification PEFC.

Pour la fabrication des modules en bois aggloméré, Kupra n'utilise que des panneaux de LIVINGBOARD™ (panneaux écologiques en bois aggloméré).

M. Pierre Kupa, depuis sa prise de fonction en qualité de président du comité de direction de la SARL Kupra, est fortement investi au sein du syndicat de la filière bois (SFB).

© Delagrave, 2018.

DOCUMENT 3 Le développement durable chez Kupra

Kupra propose une gamme de produits labellisés dans le domaine environnemental qui contribuent à la valorisation de son image de marque.

NF ou norme française
Marque de certification de produits délivrée par l'AFNOR.

Écolabel
Label écologique européen garantissant la prise en compte du cycle de vie du produit. La certification pour la France est délivrée par l'AFNOR.

Programme de Reconnaissance des Certifications Forestières
Label européen d'une démarche durable dans la gestion du bois et des forêts.

Forest Stewardship Council
Label international qui identifie les produits provenant d'une gestion responsable des forêts.

© Delagrave, 2018.

DOCUMENT 4 La gestion des projets d'aménagement chez Kupra

Aux côtés de Pierre Kupa, un comité de direction, composé des principaux directeurs stratégiques (directeur administratif et financier, directeur des ressources humaines, directeur marketing et directeur opérationnel) est chargé de définir la stratégie de la société.

Deux pôles structurent la SARL :
- un pôle fonctionnel, qui regroupe les fonctions « traditionnelles » de l'entreprise (direction marketing et communication, direction administrative et financière, direction des ressources humaines, direction juridique et direction des systèmes d'information) ;
- un pôle opérationnel, qui a pour mission de répondre aux projets d'aménagement ou de rénovation envisagés par les clients. Ce pôle opérationnel est dirigé par un designer-architecte d'intérieur spécialiste des espaces commerciaux et tertiaires. Chaque projet d'aménagement fait l'objet d'un suivi exclusif par un chef de projet désigné. Pour ce faire, il est entouré de salariés, tous titulaires de diplômes en agencement de l'environnement architectural. Le chef de projet suit de bout en bout le projet d'aménagement : de l'analyse du besoin du client, en fonction de son enseigne, jusqu'à la remise des clés. Il est l'interface unique entre le client et l'équipe de professionnels qui lui est dédiée.

© Delagrave, 2018.

CHAP 7 Comment l'entreprise organise-t-elle ses ressources ?

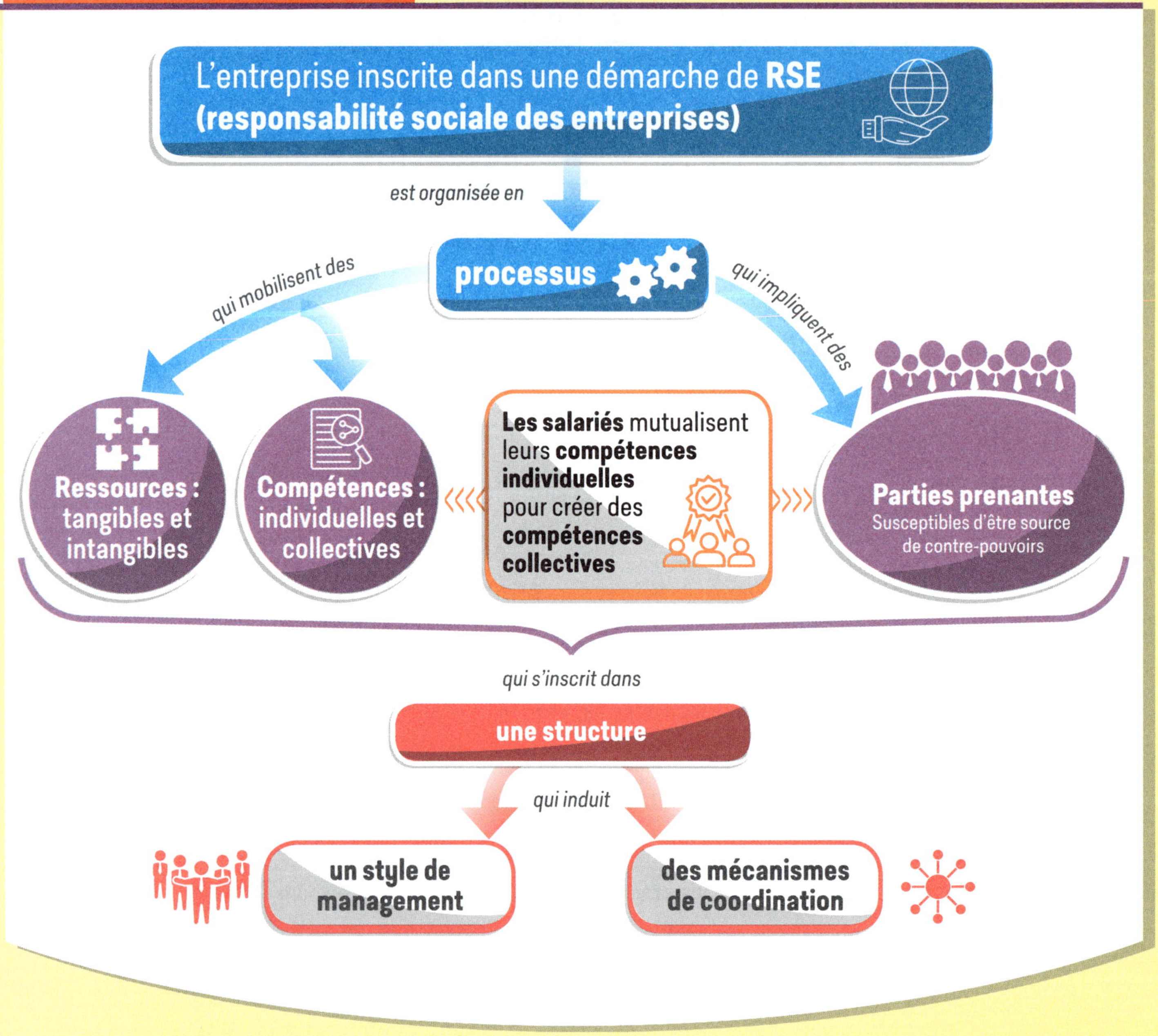

LEXIQUE

- **Compétences :** aptitudes à combiner des ressources diverses dans le cadre de processus organisationnels, grâce à des savoir-faire individuels et collectifs.
- **Contre-pouvoirs des parties prenantes :** possibilité pour les parties prenantes de conserver une marge de manœuvre vis-à-vis de l'autorité afin de préserver leurs intérêts en augmentant leur « zone d'incertitude » (Michel Crozier et Erhard Friedberg).
- **Mécanisme de coordination :** système d'échange et de fonctionnement propre à une entreprise qui permet de répartir les tâches et de coordonner le travail à réaliser (Mintzberg).
- **Processus :** ensemble d'activités corrélées ou interactives qui transforment des éléments d'entrée en éléments de sortie (processus productifs, processus de support et processus de pilotage).
- **Ressources :** actifs tangibles ou intangibles spécifiques mobilisés par l'entreprise (ressources financières, physiques, humaines, technologiques, organisationnelles, réputation).
- **Structure :** architecture organisationnelle qui prévoit la répartition du pouvoir, la division du travail et les mécanismes de coordination.
- **Style de management :** manière d'exercer le pouvoir de direction au sein d'une entreprise (existence de quatre styles de direction selon Rensis Likert : autoritaire exploiteur, autoritaire paternaliste, consultatif, participatif).

CHAPITRE 8

Comment choisir une structure juridique pour l'entreprise ?

Situation simulée

La société Salomon valorise la prise d'initiatives des salariés ainsi que leur potentiel entrepreneurial. Dans ce cadre, la cellule « essaimage », formée il y a deux ans, a pour objectif d'apporter un soutien (informations, accompagnement…) aux salariés qui souhaitent créer ou reprendre une entreprise. Devant le succès de ce service, Salomon propose de créer une structure avec d'autres partenaires, afin de favoriser la création d'entreprise et ainsi, participer au développement du tissu économique et des partenariats entre les acteurs locaux.

Vous êtes stagiaire au service juridique de la société Salomon et devez réaliser le travail préparatoire relatif aux différents dossiers liés à l'essaimage. Il s'agit d'aider les salariés à trouver la structure juridique qui convient le mieux à leur projet.

Compétences

- Justifier le choix d'une structure juridique d'entreprise adaptée à une situation donnée (Objectifs 1 à 3)

1 Identifier les critères de choix d'une structure juridique d'entreprise et justifier le choix fait en fonction d'une situation donnée

SAVOIRS ASSOCIÉS
- Les facteurs de choix d'une structure juridique
- L'entreprise individuelle

Situation simulée

La société Salomon a ouvert, en son sein, une cellule « essaimage ». L'essaimage consiste, pour une entreprise, à apporter un soutien à ses salariés pour la création ou la reprise d'une entreprise. Cette aide peut prendre différentes formes : informations (sur le choix de la structure juridique adaptée, par exemple), accompagnement méthodologique et technique, formations (à la création d'entreprise, par exemple), appuis logistiques, soutien financier au salarié porteur de projets...
Marie, ingénieure, a inventé un système de laçage très performant et très facile d'utilisation, pour lequel elle a déposé un brevet en son nom propre. Elle souhaite créer son entreprise mais souhaiterait garder son statut de salarié chez Salomon, le temps de tester la viabilité de son produit sur le marché. Elle fait appel à la cellule « essaimage » afin de l'aider dans le choix de la structure juridique de son entreprise.

Missions

1. **Identifiez les critères sur lesquels se fonde Marie pour choisir la structure juridique de son entreprise.**
2. **Choisissez la structure qui répond le mieux à la situation (besoins et contraintes) de Marie. Justifiez votre réponse.**

DOCUMENT 1 Le profil de Marie

Marie est mariée et mère de deux enfants. Elle est propriétaire, avec son mari, de l'appartement (270 000 €) dans lequel ils vivent, d'un garage (15 000 €) et de deux voitures (15 000 €). Les époux souhaitent protéger leur patrimoine personnel. Le financement du projet ne nécessite pas de gros investissements, ils ont décidé de l'autofinancer grâce à leur épargne. Marie souhaiterait également que la création de l'entreprise soit simple et engage peu de frais.

RESSOURCE 1 Les critères de choix d'une structure juridique

Le choix d'une structure juridique est une problématique importante pour tout créateur ou repreneur d'entreprise. Ce choix dépend d'un certain nombre de critères. Il n'existe pas une structure juridique idéale mais uniquement une structure juridique adaptée.
Les critères de choix sont les suivants :
- La volonté de réaliser son projet seul ou à plusieurs.
- Le but lucratif ou non de la structure juridique : une entreprise à but lucratif est une entreprise dont l'objectif principal est la réalisation et le partage des bénéfices entre les associés. Une entreprise « à but non lucratif », permet à des personnes de se regrouper autour d'un projet dans un but autre que le partage de bénéfices.
- La protection du patrimoine : l'entrepreneur qui dispose d'un patrimoine privé peut souhaiter le mettre à l'abri des aléas de son activité professionnelle. Plusieurs possibilités existent. Créer une société, personne juridique indépendante, permet, en général, de distinguer le patrimoine de l'entreprise de celui de son ou de ses associés. Dans le cas d'une entreprise individuelle, les patrimoines personnel et professionnel sont confondus, mais le créateur a la possibilité de protéger une partie de ses biens personnels. La création d'une société est plus coûteuse que celle d'une entreprise individuelle.
- Les besoins de financement : certains projets nécessitent des investissements importants et d'autres non. Les sociétés sont plus adaptées à des financements importants.
- Le régime social du dirigeant : le statut juridique influe sur le régime social du dirigeant. Ce dernier pourra être soit « assimilé salarié », soit « non salarié ». Le statut social « assimilé salarié » bénéficie d'une meilleure protection sociale en matière de remboursement de soins et de retraite, mais son coût est également plus important pour l'entreprise. Toutefois, l'écart de protection se réduit grâce à la possibilité, pour le « non salarié », de souscrire auprès de compagnies privées

des contrats déductibles des bénéfices de l'entreprise (contrats Madelin, par exemple) et couvrant une multitude de risques (mutuelle, prévoyance, etc.).

• Le régime fiscal de l'entreprise : chaque statut juridique possède un régime fiscal propre. Il existe deux modes d'imposition des bénéfices :

– *l'impôt sur le revenu :* dans ce cadre, ce sont les associés qui acquittent l'impôt en leur nom et pour leur compte. Les taux d'imposition sont progressifs (de 0 % à 45 %), ce qui signifie que plus l'entreprise fait de bénéfices, plus l'impôt est élevé.

– *l'impôt sur les sociétés :* dans ce cadre, c'est la société qui s'acquitte de l'impôt. Le taux est de 28 % pour les 500 000 premiers euros de bénéfices, et de 33,33 % au-delà. À partir de 2018, les petites et moyennes entreprises (PME) qui réalisent moins de 7,63 millions d'euros de chiffre d'affaires bénéficient d'un taux d'imposition réduit à 15 % sur la tranche de leurs bénéfices inférieurs à 38 120 euros. Les associés qui souhaitent percevoir le fruit de leur investissement devront procéder à une distribution de dividendes dont les montants seront imposés à l'impôt sur le revenu (selon leur taux marginal d'imposition, après abattement de 40 %) ainsi qu'aux prélèvements sociaux (15,50 % en 2015).

© Delagrave, 2018.

RESSOURCE 2 Les structures juridiques pour l'entrepreneur unique

Ce qu'il faut savoir sur l'EI

L'entreprise individuelle, que l'on appelle plus couramment « l'exercice en nom propre », est une forme juridique pouvant être utilisée par les professionnels qui exercent seuls leur activité et qui ne souhaitent pas créer de société commerciale.

Voici les principales caractéristiques de l'entreprise individuelle :

• les modalités de création et de gestion de l'entreprise sont très simples ;

• l'entreprise individuelle est directement rattachée à la personne de l'entrepreneur, aucune entité juridique distincte de ce dernier n'est créée ;

• le patrimoine de l'entreprise est confondu avec celui de l'entrepreneur, il n'y a aucune séparation ;

• l'entrepreneur est affilié au régime social des travailleurs indépendants, ses cotisations sociales sont calculées sur le montant des bénéfices professionnels réalisés ;

• les bénéfices professionnels sont imposés directement à l'impôt sur le revenu au nom de l'entrepreneur, dans la catégorie dont ils relèvent.

Ce qu'il faut savoir sur l'EIRL

L'EIRL, entreprise individuelle à responsabilité limitée, est un régime ouvert aux entrepreneurs individuels pour leur permettre de limiter l'étendue de leur responsabilité en constituant un patrimoine d'affectation. [...] L'EIRL est un statut intermédiaire entre l'entreprise individuelle et l'EURL.

L'EIRL présente les mêmes caractéristiques que l'entreprise individuelle, mais elle se démarque sur les points suivants :

• le patrimoine de l'entreprise est séparé de celui de l'entrepreneur, un patrimoine est affecté à l'activité professionnelle ;

• les bénéfices de l'EIRL peuvent être imposés, sur option, à l'impôt sur les sociétés. [...]

Ce qu'il faut savoir sur l'EURL

L'EURL, entreprise unipersonnelle à responsabilité limitée, est une forme de société commerciale unipersonnelle (SARL à un seul associé). Il s'agit donc ici d'une option bien différente des deux précédentes. En constituant une EURL, on crée une personne morale dotée de la personnalité juridique.

Voici les principales caractéristiques de l'EURL :

• l'EURL est une société commerciale qui dispose de sa propre personnalité juridique ;

• l'EURL dispose d'un patrimoine propre, complètement dissocié de celui de l'entrepreneur ;

• l'EURL doit être dirigée par un gérant, qui peut être l'associé unique ou un tiers ;

• le gérant associé unique est affilié au régime social des travailleurs indépendants, la base de calcul de ses cotisations sociales dépend du régime fiscal de l'entreprise ;

• les bénéfices réalisés par l'EURL peuvent être imposés, au choix, directement au nom de l'associé unique ou à l'impôt sur les sociétés ;

• il est nécessaire de rédiger des statuts et de respecter toutes les démarches liées au fonctionnement des sociétés commerciales. Les démarches de création sont plus compliquées que celles prévues pour les entreprises individuelles.

www.lecoindesentrepreneurs.fr

Vidéo 3'40
Quel statut juridique pour une entreprise ?
lienmini.fr/c576-structure

2 Justifier le choix d'une structure au regard de l'évolution de l'entreprise

SAVOIRS ASSOCIÉS
- Les facteurs de choix d'une structure juridique
- L'entreprise sociétaire

Situation simulée

Le projet de Marie a très bien démarré. Trois autres salariés de Salomon l'ont contactée afin d'adapter ce système de laçage sur tout type de chaussures outdoor. Ils souhaitent créer ensemble une société. Les fonds nécessaires à la fabrication et à la commercialisation des produits seront importants... Ils pensent devoir contracter un emprunt à la banque et être obligés de se porter caution. Ils ont fait appel à la cellule « essaimage » afin de les aider dans le choix de la structure juridique.

Missions

1. **Identifiez les critères de choix de structure juridique des futurs associés.**
2. **Choisissez la structure juridique la plus adaptée à cette nouvelle situation. Justifiez votre réponse.**
3. **Identifiez les conséquences du régime matrimonial de Kamel sur la responsabilité financière engagée dans sa future entreprise.**

DOCUMENT 1 Le profil des trois futurs associés de Marie

Pierre	Chloé	Kamel
• Célibataire • Locataire de son appartement • Épargne : 24 000 € • Souhaite avoir le statut de salarié	• Célibataire • Propriétaire de son appartement • Épargne : 43 000 € • Souhaite protéger son patrimoine	• Marié, deux enfants • Régime matrimonial : communauté réduite aux acquêts • Propriétaire, avec son épouse, de son appartement • Épargne du couple : 86 000 € • Souhaite protéger son patrimoine et avoir le statut de salarié

- Dans un premier temps, ils ne souhaitent pas recourir à d'autres associés.
- Ils ne souhaitent pas non plus que les associés cèdent librement les parts sociales.
- Ils sont prêts à investir la moitié de leur épargne.

DOCUMENT 2 Extrait du Code civil

Article 1832
- La société est instituée par deux ou plusieurs personnes qui conviennent par un contrat d'affecter à une entreprise commune des biens ou leur industrie en vue de partager le bénéfice ou de profiter de l'économie qui pourra en résulter.
- Elle peut être instituée, dans les cas prévus par la loi, par l'acte de volonté d'une seule personne.
- Les associés s'engagent à contribuer aux pertes.

Article 1835
- Les statuts doivent être établis par écrit. Ils déterminent, outre les apports de chaque associé, la forme, l'objet, l'appellation, le siège social, le capital social, la durée de la société et les modalités de son fonctionnement.

RESSOURCE 1 Définition de la société

Au plan juridique, une « société » est une fiction légale conférant la personnalité juridique à une entité économique formée de plusieurs personnes qui mettent en commun des biens, des droits, des capitaux ou des services en vue d'un objet que leurs conventions déterminent. La société peut avoir un objet civil ou un objet commercial. La forme des sociétés commerciales, leur mode de constitution, la formation, la nature et les modifications apportées à leur capital social, le mode de gestion et d'administration des sociétés, leur durée et les règles de liquidation et de partage, sont fixés par la loi et par le contrat dit aussi « statuts ». Les sociétés disposent de la capacité civile lorsque leurs fondateurs se sont conformés aux lois. En représentation des droits que leur confèrent leurs apports en nature [biens mobiliers ou immobiliers], en espèces ou en industrie [travail], les associés des sociétés commerciales se voient attribuer des titres portant le nom de « parts » dans les sociétés de personnes et celui d'« actions » dans les sociétés de capitaux. Ces titres ne sont pas matérialisés mais leurs titulaires se voient remettre un certificat qui, s'il n'est pas directement négociable, constitue cependant la preuve de leur participation au capital.

www.dictionnaire-juridique.com

RESSOURCE 2 Création d'entreprise et régimes matrimoniaux

Le choix du régime matrimonial revêt une importance toute particulière pour un créateur d'entreprise. En effet, il faut être conscient que, quelle que soit la structure juridique adoptée, le patrimoine personnel d'un entrepreneur n'est jamais totalement à l'abri de l'action des créanciers de l'entreprise. C'est le cas naturellement de l'entrepreneur individuel qui engage la totalité de ses biens, ses patrimoines personnels et professionnels étant juridiquement confondus. Mais c'est également le cas du dirigeant d'une société (EURL, SARL, SAS) qui, d'une part, demeure responsable de ses fautes de gestion et, d'autre part, se trouve très fréquemment dans l'obligation de se porter caution de sa société vis-à-vis de ses dettes bancaires. Le régime matrimonial prend donc toute son importance à ce niveau, car c'est lui qui va déterminer l'étendue du patrimoine personnel du dirigeant et donc des biens saisissables en cas de difficultés.

Vidéo 3'59
Création d'entreprise : faites le point sur votre régime matrimonial !
lienmini.fr/c576-matrimonial

Lorsqu'un entrepreneur n'a pas pris la précaution d'établir un contrat de mariage, quelle est sa situation ?
Si aucun contrat de mariage n'a été établi devant notaire, les époux sont soumis au régime légal de la « communauté réduite aux acquêts ». Dans ce régime, seuls les biens propres du conjoint de l'entrepreneur sont protégés, c'est-à-dire : les biens meubles et immeubles qu'il possédait avant le mariage, ceux reçus par succession ou donation, ou encore ceux acquis en échange ou par emploi d'un bien propre. Tous les autres biens sont engagés : biens propres de l'entrepreneur et biens communs.

Quel est, selon vous, le meilleur régime matrimonial, pour un créateur ?
Il n'y a pas de régime idéal ! Disons que le « moins mauvais » est, sans hésitation, celui de la séparation de biens, car l'entrepreneur est alors seul à prendre les risques.

Interview de Me Alain Marabout, avocat à la Cour de Paris, www.afecreation.fr

RESSOURCE 3 Les structures juridiques sociétaires

	SOCIÉTÉ => Constitution d'une personne morale distincte				
	Sociétés mixtes		Sociétés de capitaux		
	SARL	EURL	SA	SAS	SASU
Nombre	2 à 100 associés.	1 associé unique.	2 associés minimum ou 7 minimum si appel public à l'épargne.	2 associés ou plus.	1 associé unique.
Quel est le montant du capital social ?	Le capital est fixé librement par les associés.		Un capital minimum de 37 000 € est imposé.	Le capital est fixé librement par les associés.	
Qui dirige ?	Un ou plusieurs gérants parmi les associés ou des tiers.	Un gérant : l'associé unique ou un tiers.	Un conseil d'administration de 3 à 18 membres parmi les actionnaires. Le président est désigné parmi ces membres. Un directeur général peut être nommé pour assurer la gestion courante et représenter la société. Les actionnaires se réunissent en assemblée générale ordinaire ou extraordinaire.	Librement déterminé dans les statuts les règles d'organisation de la société. Seule obligation : Les associés doivent nommer un représentant légal (titre de président ou directeur général ou directeur général délégué…).	
	Le(s) gérant(s) chargé(s) de la gestion courante, est (sont) nommé(s) soit par les statuts, soit par une décision ultérieure.				
Quelle est la responsabilité financière des associés ?	Responsabilité limitée aux montants des apports : les associés ne sont responsables des dettes de la société qu'à hauteur du montant de leur apport.				
Transmission de l'entreprise	Cession libre entre associés. Cession à des tiers soumis à l'agrément des associés.	Cession libre.	Cession libre entre actionnaires ou entre liens familiaux. Cession à des tiers organisée par les statuts.	Cession libre ou organisée par les statuts.	
Quel est le mode d'imposition de l'entreprise ?	Bénéfices soumis à l'impôt sur les sociétés. Option impôt sur le revenu possible sous conditions.		Bénéfices soumis à l'impôt sur les sociétés. Option impôt sur le revenu possible, sous certaines conditions, pour les sociétés de moins de 5 ans.		
Quel est le régime fiscal du dirigeant ?	Traitement et salaires si le gérant est associé égalitaire ou minoritaire, sinon IR (BIC ou BNC).	IR (BIC ou BNC).	Traitement et salaires pour le dirigeant du conseil d'administration.	Traitement et salaires.	
Quel est le régime social du dirigeant ?	- Gérant minoritaire ou égalitaire : assimilé salarié. - Gérant majoritaire : travailleur non salarié.	- Gérant est l'associé unique : régime des travailleurs non-salariés.	Le président et le directeur général sont assimilés salariés. Les autres membres du CA ne sont pas rémunérés en tant que dirigeants et ne relèvent donc d'aucun régime social.	Les dirigeants sont assimilés salariés.	

© Delagrave, 2018.

3 Identifier les finalités des entreprises de l'économie sociale et solidaire et les formes qu'elles peuvent prendre

SAVOIRS ASSOCIÉS

- Les formes juridiques de l'économie sociale et solidaire (coopératives, mutuelles)

Situation simulée

La cellule « essaimage » de la société Salomon a un tel succès que la direction envisage de créer une structure juridiquement indépendante afin de favoriser le développement du tissu d'entreprises locales et d'accompagner des créateurs d'entreprise (gestion comptable et sociale de leur activité, outils de gestion, formation, actions commerciales...). Des contacts ont été noués avec d'autres entreprises. Le projet semble prendre forme. Toutefois, il est nécessaire de réfléchir à la forme juridique de cette nouvelle entité.

Missions

1. **Montrez en quoi les attentes de Salomon et de ses partenaires sont en accord avec le secteur de l'économie sociale et solidaire.**
2. **Proposez une structure juridique pour la nouvelle entité indépendante. Justifiez votre réponse.**

DOCUMENT 1 Courriel de Maître Gruve, conseiller juridique de la société Salomon

Bonjour,

Il existe, parmi les formes juridiques de l'économie sociale et solidaire, une structure totalement adaptée à votre besoin. Elle accueille et accompagne des entrepreneurs qui souhaitent tester et développer leur activité.

En fournissant un accompagnement, une formation et un statut à des personnes souhaitant créer leur propre activité, elle offre :

- un cadre pour démarrer et bénéficier d'un accompagnement, de formations, d'un suivi personnalisé. Le porteur de projet peut ainsi tester son produit et son marché avec les meilleures chances de réussite ;
- un cadre pour entreprendre où le porteur de projet développe sa propre clientèle et organise son activité tout en étant salarié ;
- un cadre juridique et administratif qui permet de créer et développer son activité en limitant les risques. Les tâches administratives, sociales, comptables et juridiques sont mutualisées et assurées par la coopérative ;
- un cadre de mutualisation de moyens où l'entrepreneur salarié contribue, proportionnellement à son chiffre d'affaires, à couvrir les charges communes de la coopérative ;
- un cadre d'échanges et de solidarité où des réunions régulières permettent de partager ses pratiques, de faire partie de réseaux et de mettre en commun des expériences.

J'espère avoir répondu à vos attentes.

Maître Gruve

RESSOURCE 1 Les principes de l'économie sociale et solidaire (ESS)

La loi du 31 juillet 2014 définit l'économie sociale et solidaire comme « un mode d'entreprendre et de développement économique adapté à tous les domaines de l'activité humaine auquel adhèrent des personnes morales de droit privé qui remplissent les conditions cumulatives suivantes » :

• un but autre que le seul partage des bénéfices

Cette formulation permet d'intégrer des entités aussi différentes que des sociétés commerciales [SARL, SA, SAS] ou des fondations.

• une gouvernance démocratique

Le mode de gouvernance est défini et organisé par les statuts. Il prévoit l'information et la participation (dont l'expression n'est pas seulement liée à leur apport en capital ou au montant de leur contribution financière) des associés, des salariés et des parties prenantes aux réalisations de l'entreprise.

• une lucrativité limitée

Les bénéfices sont majoritairement consacrés à l'objectif de maintien ou de développement de l'activité de l'entreprise, et les réserves obligatoires constituées sont impartageables et ne peuvent pas être distribuées. Cela permet de limiter la spéculation sur le capital et les parts sociales, et d'assurer la finalité sociale de l'entreprise. Mais les statuts peuvent prévoir des dérogations pour permettre à l'assemblée générale de voter l'incorporation au capital des sommes prélevées sur les réserves (ce qui augmente la valeur des parts sociales) ou de procéder à des distributions de parts gratuites. La loi prévoit des limites à cette incorporation.

Le respect des trois conditions liées à la finalité, à la gouvernance et à la lucrativité permet de réunir des entreprises aux statuts juridiques hétérogènes dont la finalité, le mode d'organisation ou le fonctionnement se différencient du modèle classique.

www.afecreation.fr

Vidéo 11'11
L'économie sociale et solidaire
lienmini.fr/c576-ess

RESSOURCE 2 Les acteurs de l'économie sociale et solidaire (ESS)

LES COOPÉRATIVES

« La coopérative est une société constituée par plusieurs personnes volontairement réunies en vue de satisfaire à leurs besoins économiques ou sociaux par leur effort commun et la mise en place des moyens nécessaires » ainsi que défini à l'article 24 de la loi du 31 juillet 2014 modifiant loi du 10 septembre 1947 portant statut de la coopération.

Les coopératives exercent leurs activités dans toutes les branches de la vie humaine et respectent les principes suivants :

- une adhésion volontaire et ouverte à tous ;
- une gouvernance démocratique : chaque associé ou sociétaire disposant d'une voix à l'assemblée générale et ce quel que soit son apport au capital ; [...]

Outre le cadre législatif de référence, la loi de 1947, les coopératives disposent de lois et règles particulières, propres à chaque catégorie de coopératives.

Il existe en effet plusieurs formes de coopératives :

- Les sociétés coopératives ouvrières de production, ou autrement nommées sociétés coopératives et participatives (SCOP) qui « sont formées par des travailleurs de toutes catégories ou qualifications professionnelles, associés pour exercer en commun leurs professions dans une entreprise qu'ils gèrent directement » (article 1 - loi du 19 juillet 1978 portant statut des SCOP).
- Les sociétés coopératives d'intérêt collectif (SCIC) qui « sont des sociétés anonymes, des sociétés par actions simplifiées ou des sociétés à responsabilité limitée à capital variable [...]. Elles ont pour objet la production ou la fourniture de biens et de services d'intérêt collectif, qui présentent un caractère d'utilité sociale ».
- Les coopératives d'activités et d'emploi (CAE) qui « ont pour objet principal l'appui à la création et au développement d'activités économiques par des entrepreneurs personnes physiques. Ces coopératives mettent en œuvre un accompagnement individualisé des personnes physiques et des services mutualisés » (articles 47 et 48 de la loi du 31 juillet 2014). [...]

LES MUTUELLES

« La mutuelle est un groupement ayant la capacité civile, dont la création est soumise à déclaration. Le statut de la mutuelle relève du principe de l'autogestion. Elle poursuit un but non lucratif menant dans l'intérêt de ses membres, moyennant le versement d'une cotisation, à des actions de prévoyance, de solidarité et d'entraide ». [...]

Il existe deux grands types de mutuelles :

- Les sociétés d'assurances mutuelles ou mutuelles d'assurances, qui dépendent notamment du Code des assurances. « Les sociétés d'assurance mutuelles ont un objet non commercial. Elles sont constituées pour assurer les risques apportés par leurs sociétaires. Moyennant le paiement d'une cotisation fixe ou variable, elles garantissent à ces derniers le règlement intégral des engagements qu'elles contractent » (article L322-26-1 du Code des assurances).
- Les mutuelles et unions pratiquant la prévention, l'action sociale, et la gestion de réalisations sanitaires et sociales, qui gèrent des contrats collectifs d'assurance couvrant les risques de santé (maladie, dépendance, décès, etc.). Comme les mutuelles d'assurances, elles ont un but non lucratif. En France, le Code de la Sécurité sociale leur est applicable. Le livre III du Code de la mutualité régit également leur fonctionnement et leurs champs d'intervention.

www.esspace.fr

APPLICATION

Situation simulée

Cinq amis ont créé une société à responsabilité limitée, **Structure Bois SARL**, dans le but d'être concepteurs et constructeurs de maisons à ossature bois. Paul Gangue, gérant de la SARL, souhaite faire un investissement d'un montant de 19 200 euros. Toutefois, Éric Sauge s'oppose à cet achat. Paul se demande si cet investissement est possible malgré le désaccord de M. Sauge. Il vous demande conseil.

1. Présentez l'entreprise et mettez en évidence les critères qui induisent le choix d'une SARL.
2. Qualifiez juridiquement les faits.
3. Présentez le problème de droit.
4. Retrouvez les règles juridiques applicables à la situation juridique.
5. Présentez votre conclusion.

DOCUMENT 1 Contrat de société ou statuts (extraits)

Entre les soussignés : Monsieur Paul GANGUE, Monsieur Stéphane DUMONT, Monsieur Loïc LABRO, Monsieur Éric SAUGE, Mme Claudine JUSER.

Il a été arrêté et convenu ce qui suit :

Article 1 - Forme
Il est formé par les présentes une société à responsabilité limitée qui sera régie par la loi du 24 juillet 1966 et par toutes autres lois modifiant ou complétant celle-ci ;

Article 2 - Objet
La société a pour objet la conception, la construction de maisons ossature bois, et généralement toutes les opérations pouvant se rattacher directement ou indirectement, en totalité ou en partie, à cet objet. [...]

Article 6 - Apports - Capital social
Il a été apporté au capital de la société, lors de sa constitution, une somme de 100 000 euros. Le capital social est fixé à la somme de cent mille (100 000) euros. Il est divisé en 500 parts sociales de deux cents (200) euros l'une, numérotées de 1 à 500.

Les apports ont été réalisés comme suit : M. Paul GANGUE, 25 200 € en matériels divers ; M. Thomas DUMONT, 20 000 € en espèces ; M. Loïc LABRO, 4 000 € en espèces ; M. Éric SAUGE, 46 800 € correspond à un local ; Mme Claudine JUSER, 4 000 € en espèces.
Compte tenu des apports effectués lors de la constitution de la société, les 500 parts se trouvent réparties de la façon suivante : M. Paul GANGUE, 126 parts ; M. Thomas DUMONT, 100 parts ; M. Loïc LABRO, 20 parts ; M. Éric SAUGE, 234 parts, Mme Claudine JUSER, 20 parts. [...]

Article 8 - Parts sociales
Les droits et obligations attachés aux parts les suivent, dans quelques mains qu'elles passent, chaque part sociale conférant à son propriétaire un droit égal dans les bénéfices de la société et dans la propriété de l'actif social, ainsi qu'une voix dans tous les votes.

Article 9 – Gérance
La société est gérée et administrée par un ou plusieurs gérants, personnes physiques prises parmi les associés et nommées par les statuts ou par l'assemblée générale

ordinaire. La nomination des gérants au cours de la vie sociale est décidée à la majorité de plus de la moitié des parts sociales.

Article 10 – Pouvoirs des gérants

Le gérant, ou chacun des gérants s'ils sont plusieurs, a la signature sociale, donnée par les mots « pour la société ; le gérant » suivi de la signature du gérant. Dans ses rapports avec les tiers, le gérant est investi des pouvoirs les plus étendus pour représenter la société et agir en son nom en toutes circonstances, sans avoir à justifier de pouvoirs spéciaux. Toutefois, les contrats supérieurs à la somme de 18 000 € devront faire l'objet de l'accord de la majorité des associés. [...]

Article 12 – Assemblée générale – Décisions collectives

Les décisions des associés, sur tout ce qui n'entre pas dans les attributions des gérants, sont prises en assemblée générale.

Article 13 – Assemblée générale ordinaire

Chaque année, dans les six mois de la clôture de l'exercice, les associés sont réunis par la gérance en assemblée générale pour statuer sur les comptes de l'exercice, et sur l'affectation et la répartition des bénéfices.

Dans les assemblées ou lors des consultations écrites, les décisions sont adoptées par un ou plusieurs associés représentant plus de la moitié des parts sociales. Si cette majorité n'est pas obtenue et sauf stipulation contraire des statuts, les associés sont, selon les cas, convoqués ou consultés une seconde fois, et les décisions sont prises à la majorité des votes émis, quel que soit le nombre de votants.

Article 14 – Assemblée générale extraordinaire

Les décisions collectives extraordinaires sont celles au cours desquelles les associés sont appelés à se prononcer sur toutes les questions comportant modification des statuts.

Les associés ne peuvent, si ce n'est à l'unanimité, changer la nationalité de la société. Toute autre modification des statuts est décidée par les associés représentant au moins les trois quarts des parts sociales. Toute clause exigeant une majorité plus élevée est réputée non écrite.

Article 15 - Personnalité morale - Immatriculation au registre du commerce

Conformément à la loi, la société ne jouira de la personnalité morale qu'à dater de son immatriculation au registre du commerce et des sociétés (RCS).

Le ou les gérants sont tenus de requérir cette immatriculation dans les plus courts délais et de remplir à cet effet toutes les formalités nécessaires.

En outre, pour faire publier la constitution de la présente société conformément à la loi, tous les pouvoirs sont donnés au porteur d'une copie des présents statuts comme de toute autre pièce qui pourrait être exigée.

Article 16 – Cession des parts

Les parts sociales ne peuvent être cédées à des tiers étrangers à la société qu'avec le consentement de la majorité des associés représentant au moins les trois quarts des parts sociales.

© Delagrave, 2018.

FAIRE LE POINT

CHAP 8 Comment choisir une structure juridique pour l'entreprise ?

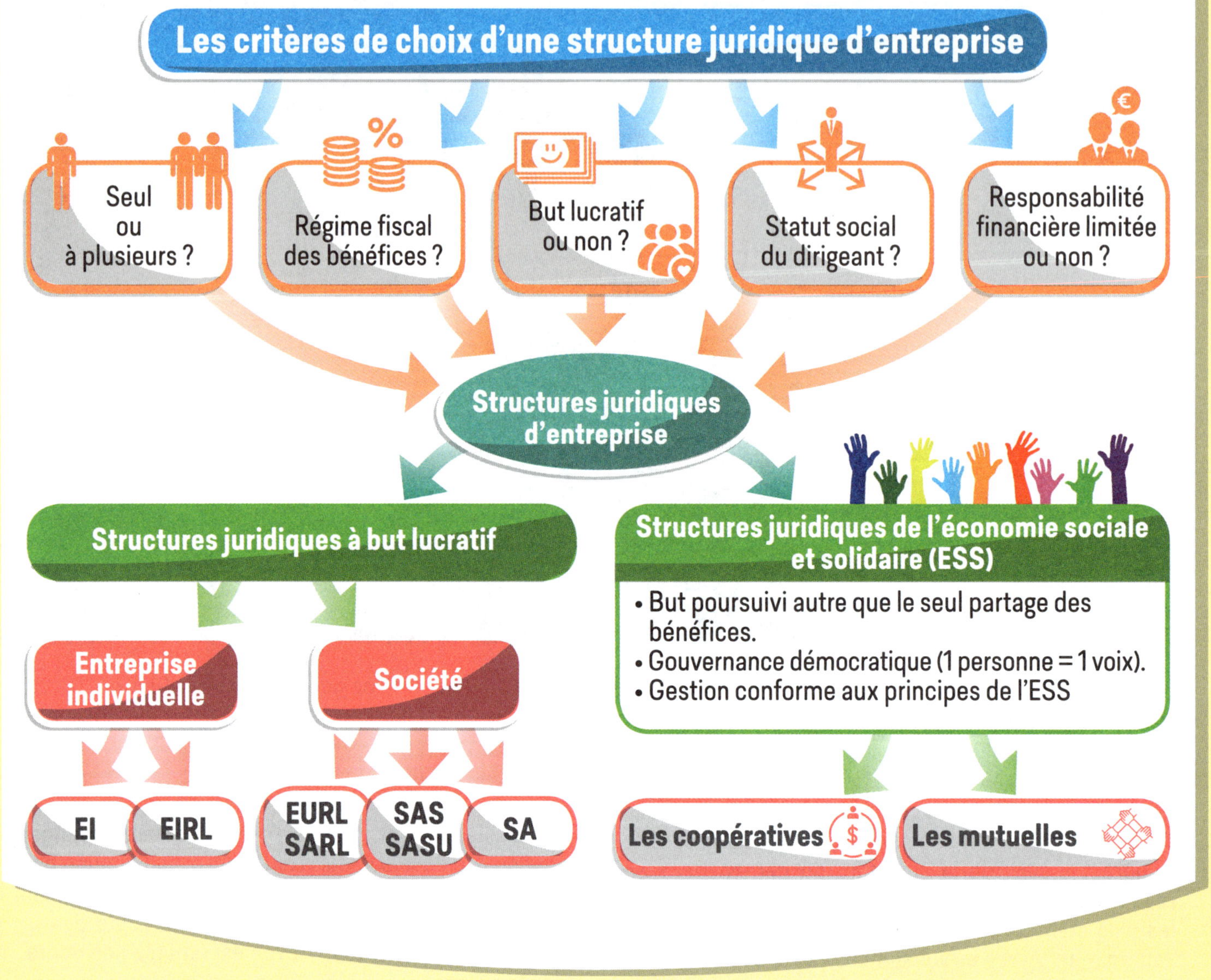

LEXIQUE

- **Coopérative :** forme d'organisation de sociétaires fondée sur le principe de la coopération. La prise de décision repose sur le principe démocratique « un homme = une voix ».
- **Économie sociale et solidaire :** ensemble d'entreprises organisées sous forme de coopératives, mutuelles, associations, ou fondations, dont le fonctionnement interne et les activités sont fondés sur un principe de solidarité et d'utilité sociale.
- **EI :** l'entreprise individuelle est la propriété exclusive d'une personne physique. L'entrepreneur exerce son activité sans avoir créé de personne juridique distincte.
- **EIRL :** l'entreprise individuelle à responsabilité limitée est un régime qui limite l'étendue de la responsabilité en constituant un patrimoine d'affectation, dédié à l'activité professionnelle.
- **EURL :** l'entreprise unipersonnelle à responsabilité limitée est une SARL constituée d'un seul associé.
- **Mutuelle :** groupement à but non lucratif menant des activités dans l'intérêt de ses membres, moyennant le versement d'une cotisation, à des actions de prévoyance, de solidarité et d'entraide.
- **SARL :** la société à responsabilité limitée est une forme juridique mixte dans laquelle la responsabilité financière est limitée aux apports mais qui comprend un « intuitu personae » fort (la cession des parts nécessite l'accord d'autres associés).
- **SA :** la société anonyme est la forme juridique des grandes entreprises aux capitaux importants. Le capital est divisé en actions. Les actionnaires sont responsables à concurrence de leurs apports.
- **SAS :** la société par actions simplifiées se caractérise par une très grande liberté contractuelle; l'organisation et les attributions des organes de direction sont fixées par les statuts.

CHAPITRE 9

Comment les facteurs économiques déterminent-ils les choix de production ?

Situation simulée

Comme toute entreprise, Salomon est une unité de production et de répartition qui vise à proposer, sur un marché, des biens et services dont la vente lui procure des recettes. Grâce à cela, l'entreprise Salomon devra régler ses fournisseurs, payer ses salariés et financer tous les frais occasionnés par son fonctionnement en dégageant si possible un bénéfice (but lucratif).

Son activité tout entière est créatrice de valeur et, à cet égard, l'activité productive apparaît essentielle. Cependant, le fonctionnement de Salomon, à l'instar de celui de toute entreprise, suppose une articulation complexe entre les différentes activités en amont, en aval et en satellite par rapport à la production. Salomon apparaît également comme un système organisé qui cherche à optimiser ses processus dans un souci de performance.

Confrontée à la pression directe et indirecte de la concurrence, ainsi qu'à celle des évolutions technologiques, Salomon cherche à se repositionner sur le marché et à adapter sa production de biens ou de services, voire à reconsidérer ses relations avec les autres entreprises (relations de concurrence ou de coopération). Elle doit donc identifier, parmi ses activités, celles qui sont essentielles à l'obtention d'un avantage concurrentiel.

Compétences

- Caractériser la structure de coûts de l'entreprise **(Objectifs 1 et 2)**
- Analyser l'influence des paramètres économiques (taux d'intérêt, coût des facteurs…) sur les décisions de l'entreprise **(Objectifs 3 et 4)**
- Argumenter le choix de l'entreprise entre « faire » et « faire faire » **(Objectifs 5 et 6)**

1 Appréhender la contribution des facteurs de production au processus productif, à la formation et à la répartition de la valeur ajoutée

SAVOIRS ASSOCIÉS

- Les facteurs de production (capital, travail, matières premières, connaissances)

Situation simulée

La chaussure ME:sh*, nouveau produit et concept mis au point après des années de recherche, est produite localement par Salomon. La personnalisation du modèle par le client lui-même est rendue possible par l'utilisation d'un configurateur 3D…

**Mesh signifie maillage en anglais, découpé en « Me » = moi et « Sh » = shoes.*

Missions

1. **Identifiez les éléments de la combinaison productive mise en œuvre par Salomon pour la fabrication de la chaussure ME:sh et caractérisez cette combinaison de facteurs.**
2. **Représentez schématiquement le processus de fabrication de la chaussure ME:sh en faisant apparaître les *intrants*, les *outputs* et le mécanisme de formation de la valeur ajoutée.**
3. **Réfléchissez ensuite aux enjeux de la répartition de la valeur ajoutée entre les différentes catégories de bénéficiaires.**

DOCUMENT 1 Les étapes de fabrication de la ME:sh

Étape 1 : Prise des mesures biométriques du pied du client pour obtenir quatre valeurs : longueur, largeur de l'avant-pied, largeur du talon et périmètre.

Étape 2 : Sur cette base se fait le choix de la *twinskin* la plus adaptée aux caractéristiques du pied. La *twinskin* est une chaussette composée de fils en polyamide élasthanne torsadés avec des nanofilaments de colle thermofusible.

Étape 3 : Cette *twinskin* est ensuite montée sur une forme (*last*) reproduisant le pied du client.

Étape 4 : Sur cette première « couche » vient se placer le *skeleton* (pièce moulée en composite) dont le rôle est d'apporter de la structure à la chaussure, et donc maintien et stabilité.

Étape 5 : À ce moment, le montage est confié au robot Maurice qui va appliquer sur le *skeleton* un léger film de colle.

Étape 6 : La partie supérieure de la *twinskin* est retournée par-dessus le *skeleton* pour enfermer celui-ci en sandwich entre les deux couches de *twinskin*.

Étape 7 : Pour solidariser ces trois couches, la tige est alors montée en température dans une machine de « fusion » qui va faire fondre le fil thermofusible, qui va faire office de liant entre les trois couches. En quelques minutes, cela va lui permettre de passer d'un état de chaussette à un état plus rigide de chaussure.

Étape 8 : Lorsque la tige est terminée, la semelle est assemblée sur le principe d'une construction Lego en choisissant les composants les plus adaptés à la biomécanique (technique de course) et à l'usage (type de terrain, kilométrage) du coureur.

Étape 9 : La dernière étape consiste à associer la semelle à la tige par un process automatisé impliquant le robot Maurice pour l'application de la colle et une presse pour la liaison des deux parties.

G. Lamy, www.lyoncapitale.fr, 30 avril 2018.

Vidéo 3'32
La fabrication chez Salomon
lienmini.fr/c576-fabrication

RESSOURCE 1 Les facteurs de production

La production désigne les biens et/ou les services produits.
Les ressources mises en œuvre, dénommées aussi facteurs de production, désignent le travail, le capital technique (installations, machines, outillages…), les capitaux engagés, les consommations intermédiaires (matières premières, énergie, transport…), ainsi que des facteurs moins faciles à appréhender bien qu'extrêmement importants, tel le savoir-faire accumulé.

www.insee.fr

RESSOURCE 2 La combinaison productive

La combinaison productive correspond à l'association, dans des proportions variables, des facteurs de production mis en œuvre dans le processus productif, principalement le travail et le capital. L'intensité capitalistique d'une combinaison productive mesure la proportion du capital dans celle-ci ; l'intensité organique, la proportion de travail. La substitution du capital au travail consiste à augmenter l'intensité capitalistique de la combinaison productive en remplaçant l'homme par la machine.

©Delagrave, 2018.

RESSOURCE 3 La place de la production dans le processus de gestion d'une entreprise

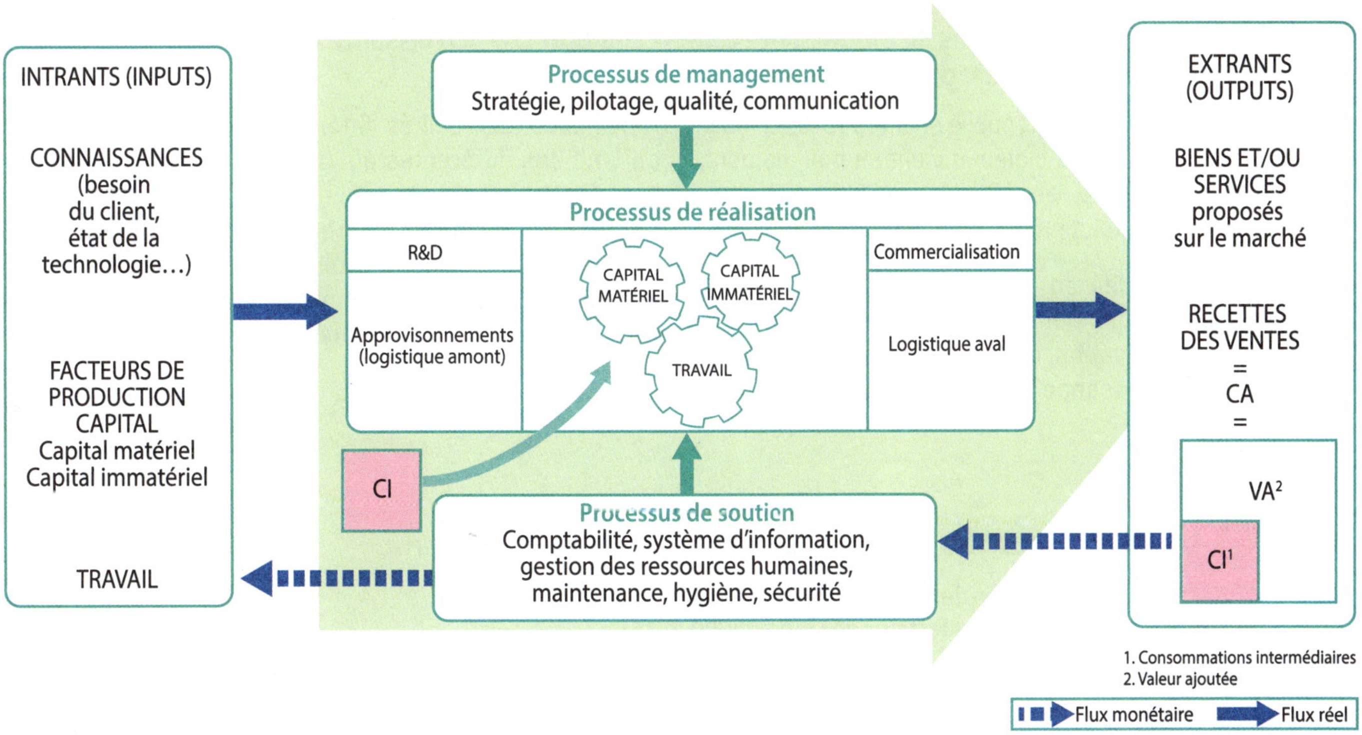

©Delagrave, 2018.

RESSOURCE 4 La valeur ajoutée

La **valeur ajoutée (VA)** est un indicateur financier permettant de mesurer la **richesse brute créée** par une entreprise, c'est-à-dire **l'accroissement de valeur** qu'elle a généré, du fait de ses **activités courantes**. Elle représente donc une traduction de l'activité de l'entreprise : la différence entre le chiffre d'affaires et les consommations intermédiaires. Elle sert à rémunérer les acteurs de l'entreprise, c'est-à-dire ceux qui participent à son fonctionnement : les salariés (rémunérations), les banques (intérêts), les administrations (impôts, taxes et cotisations sociales), les associés (dividendes). Le reliquat contribue à enrichir l'entreprise elle-même (autofinancement).

T. Clermont, www.compta-facile.com

2 Comprendre la structure des coûts de l'entreprise et la formation des gains de productivité ainsi que leurs enjeux pour une économie

SAVOIRS ASSOCIÉS

- Les gains de productivité et coûts de production

Situation simulée

Salomon est membre du pôle de compétitivité TechTera, créé en 2005. Ce pôle vise à faciliter l'innovation en matière de textiles et de matériaux souples dans les entreprises de la région Auvergne-Rhône-Alpes afin de favoriser les gains de productivité qui représentent un enjeu majeur pour l'économie nationale.

Missions

1. **Expliquez en quoi l'innovation (sous toutes ses formes) peut agir sur la productivité dans une entreprise comme Salomon et contribuer à la réduction de ses coûts (notamment de production).**
2. **Mettez en évidence l'impact des gains de productivité sur la performance d'une économie nationale. Analysez le graphique** (Document 2)**, puis envisagez les conséquences d'une augmentation de la productivité globale des facteurs.**

DOCUMENT 1 La recherche de gains de productivité comme condition de la croissance économique et de l'amélioration du bien-être ?

Selon l'OCDE, dans un rapport publié en mars 2016, « l'innovation, lorsqu'elle est bien ciblée et vient au bon moment, améliore la productivité, accélère la croissance économique et aide à la résolution des problèmes sociétaux. » *

Dans un dossier édité en janvier 2018, le magazine en ligne *L'Économiste* mentionnait :
« Les notions d'innovation, de progrès technique, de productivité et de croissance économique sont liées mais renvoient à des réalités différentes. En substance, le lien qui unit ces différentes notions est le suivant : l'innovation permet le progrès technique, qui peut lui-même se traduire par des gains de productivité engendrant *in fine* un accroissement de la croissance économique. Un tel enchaînement peut ainsi éclairer plusieurs dynamiques économiques contemporaines. »

www.leconomiste.eu

*www.oecd.org

DOCUMENT 2 Les sources possibles des gains de productivité dans une entreprise

Estimation de la croissance de la productivité globale des facteurs en France (2000-2016)

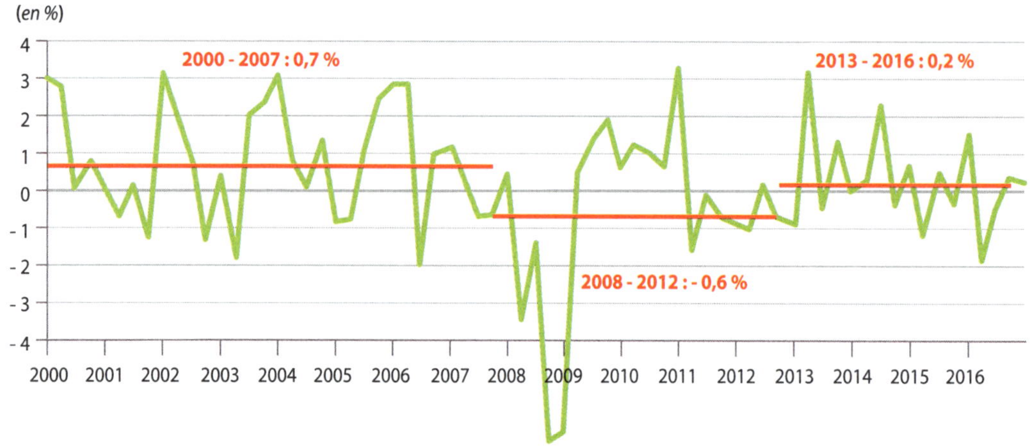

Note de lecture : le taux de croissance trimestriel annualisé de la PGF correspond au taux de croissance que connaîtrait la PGF sur un an si elle évoluait sur l'année au même rythme que durant le trimestre considéré. Le taux de croissance annuel moyen de la PGF pour les secteurs marchands s'établissait à 0,7 % sur la période 2000-2007, à - 0,6 % sur la période 2008-2012 et à 0,2 % sur la période 2013-2016.

Source : Insee, 2017.

Vidéo
3'41
Temps de travail et productivité
lienmini.fr/c576-productivite

RESSOURCE 1 Les coûts de production

Pour analyser le coût total de production, on le décompose en général en deux parties : l'une fixe, l'autre variable. Les coûts fixes sont indépendants de la quantité produite (par exemple, le loyer, les abonnements) et les coûts variables sont fonction de la quantité produite (par exemple, l'achat de matières premières). Lorsqu'on rapporte le coût total (ou chacune de ses composantes, coût variable et coût fixe) à la quantité produite, on obtient le coût total moyen ou coût unitaire (ou, si l'on décompose, coût variable moyen et coût fixe moyen).

N. Couderc, www.universalis.fr

RESSOURCE 2 La productivité

Sur un plan économique, la productivité désigne le rapport entre les quantités de biens ou de services produites (volume de production) et les moyens mis en œuvre (travail, installations, outillages et machines, capitaux engagés, matières premières, énergie et transport) utilisés pour réaliser ce volume de production.

La productivité d'une entreprise est un indicateur de performance qui permet ainsi de mesurer l'efficacité de celle-ci du point de vue de l'affectation de ses ressources à son activité productive. Elle se calcule à l'aide d'un ratio : volume produit/quantité de facteurs utilisée.

On distingue habituellement : la productivité du capital (VA/volume du capital) et la productivité du travail (VA/nombre d'heures de travail nécessaires).

Au sein d'une entreprise, la hausse de la productivité peut être due à plusieurs facteurs tels que l'organisation du travail, l'environnement de l'entreprise, la performance du matériel ou encore le climat social. L'amélioration de la productivité des entreprises d'un pays entraîne celle de l'économie nationale.

© Delagrave, 2018.

RESSOURCE 3 Comprendre l'impact des gains de productivité sur une économie

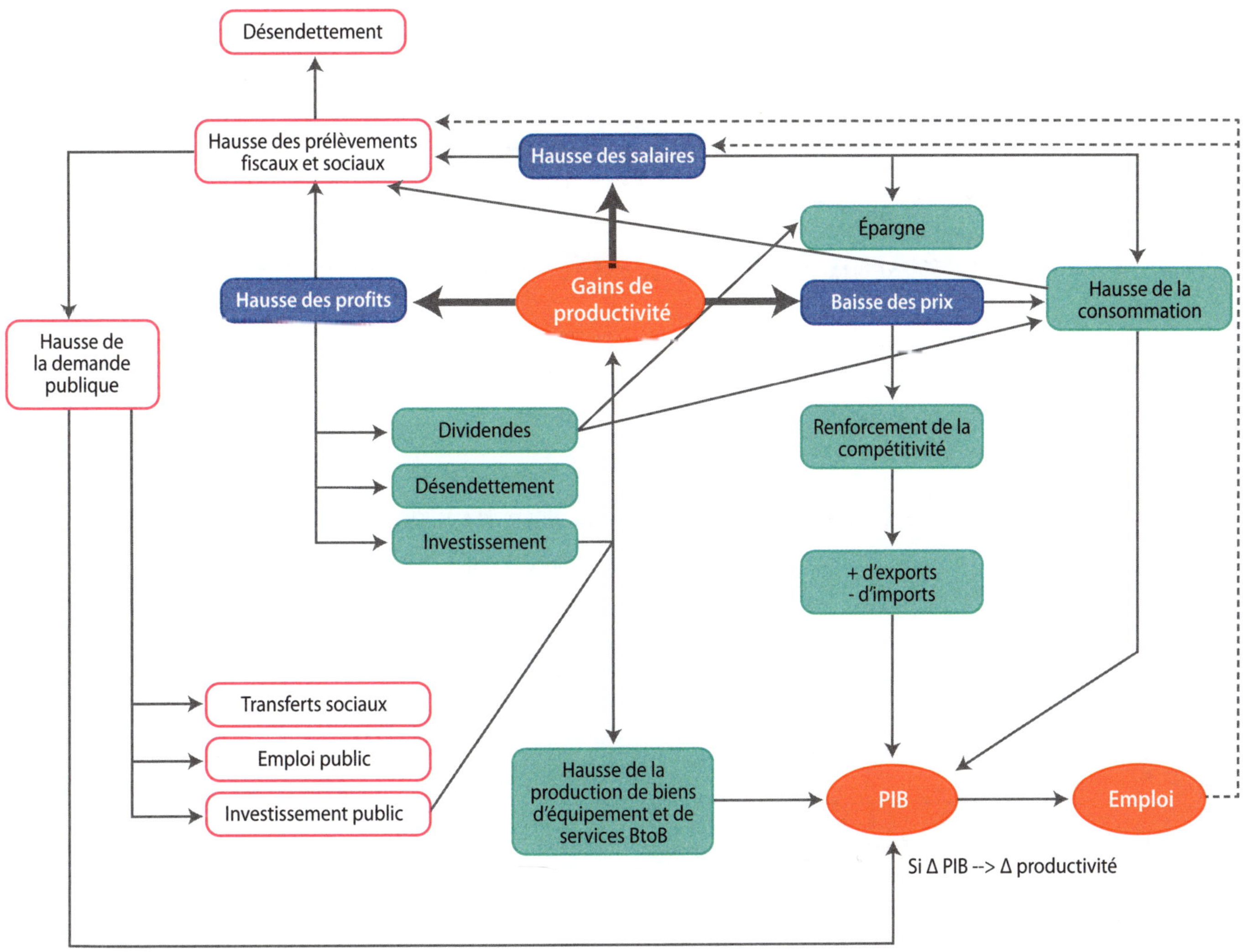

Source : Xerfi Canal, 8 janvier 2016.

3 Identifier les déterminants des coûts des facteurs de production

SAVOIRS ASSOCIÉS

- Les déterminants des coûts des facteurs de production

Situation simulée

Salomon met en œuvre une combinaison productive à forte intensité capitalistique reposant sur un capital à la fois matériel et immatériel. Son activité productive nécessite également le recours à une main-d'œuvre qualifiée (travail).

Missions

Le cours des matières premières, le coût du travail et celui du capital sont les déterminants essentiels du coût de production dans une entreprise industrielle.

1 **En vous appuyant sur les documents 1 et 2, envisagez l'impact sur les coûts supportés par Salomon des évolutions constatées au niveau du coût du travail et du taux d'intérêt.**
Le capital et le travail peuvent être complémentaires ou substituables au sein de la combinaison productive.

2 **Dans le second cas, envisagez le choix productif que Salomon pourrait opérer si le coût du travail augmentait plus vite que celui du capital (avec un investissement subventionné, par exemple).**

DOCUMENT 1 Niveau des salaires et coût du travail en France et en Allemagne

Coût* horaire de la main-d'œuvre et coût salarial unitaire dans l'industrie manufacturière en France et en Allemagne

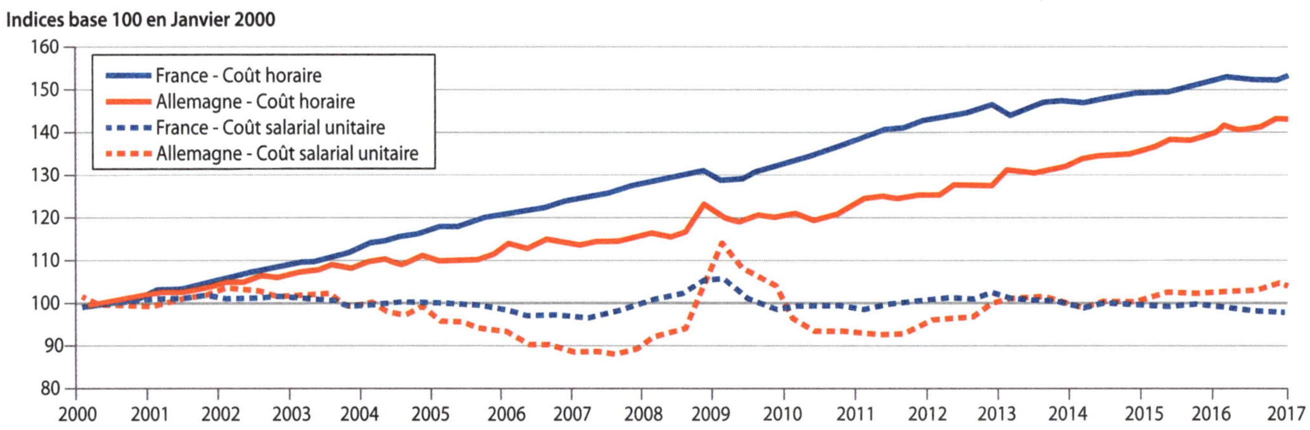

* Salaires, charges et taxes nettes des subventions liées à la masse salariale ou à l'emploi.

Sources : Eurostat et comptes nationaux, 2017.

DOCUMENT 2 Évolution des taux de crédits aux entreprises

Taux moyen des crédits par objet

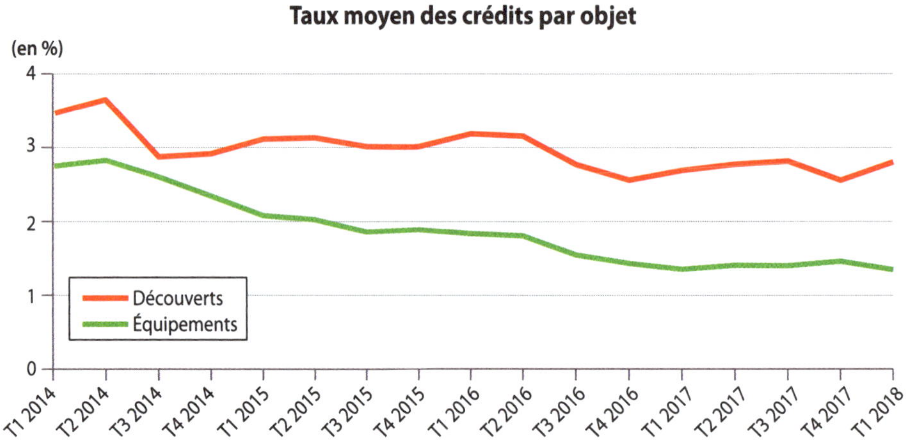

Source : www.banque-france.fr, 2018.

DOCUMENT 3 Les aides publiques à l'investissement

Plus de 140 aides à l'investissement matériel et immatériel existent en France. Ces deux types d'investissement sont souvent associés dans le même dispositif. Ce sont généralement les PME du secteur industriel qui sont visées. Les dépenses financées sont majoritairement : les équipements liés aux conditions de travail et à la sécurité, l'informatique industrielle, les bâtiments industriels, les équipements liés à l'environnement, les équipements productifs. Pour être éligible à ces aides, l'investissement doit avoir lieu, soit dans une zone géographique définie, soit dans un secteur prioritaire (qui peut varier selon les régions). De plus, les aides à l'investissement sont très souvent conditionnées à des créations d'emploi. Celles-ci peuvent aussi être orientées par thématique (numérique, environnement, industrie du futur, etc.) selon les évolutions économiques. Ces subventions sont nationales, et généralement créées par Bpifrance.

C. Spies, www.subinfo.fr, mai 2018.

RESSOURCE 1 Les déterminants des coûts des facteurs de production

Facteurs de production	Quelques déterminants essentiels des coûts des facteurs
CAPITAL	
CAPITAL MATÉRIEL Matières premières (capital circulant)	Cours des matières premières sur les marchés mondiaux Coût du transport (acheminement de ces matières premières) Taux de change (si achat en devises)
Capital technique (capital fixe)	Coût d'achat des machines (incluant potentiellement tous les éléments précédents pour les matières premières), coût de la maintenance Coût du crédit (pour financer l'investissement)
CAPITAL IMMATÉRIEL Connaissances et savoir-faire	Coût de : - veille informationnelle, technologique - recherche & développement - formation du capital humain…
TRAVAIL	Salaire horaire Charges sociales

© Delagrave, 2018.

RESSOURCE 2 Les conséquences d'une modification du coût relatif des facteurs de production

Travail et capital : complémentaires ou substituables ?

Le travail et le capital sont des facteurs de production complémentaires lorsque l'entreprise doit augmenter les quantités de l'un et de l'autre pour accroître sa production (ex. : lorsque la mise en fonctionnement d'une nouvelle machine exige de nouvelles embauches).

Ce sont des facteurs de production substituables lorsque l'augmentation des quantités utilisées de l'un se traduit par la diminution des quantités utilisées de l'autre (ex. : lorsque l'automatisation de la production se traduit par des réductions d'effectifs – substitution du capital au travail = remplacement des hommes par des machines).

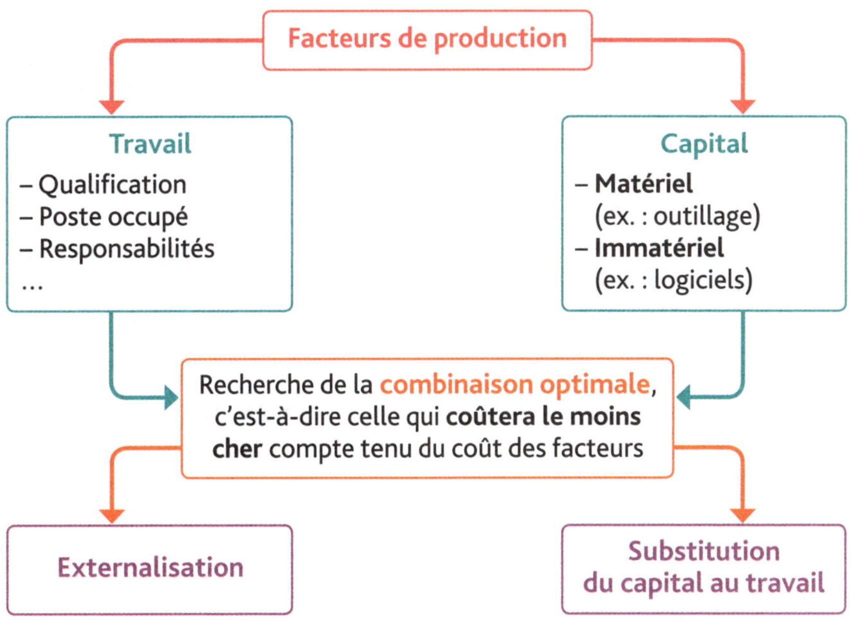

© Delagrave, 2018.

4 Comprendre les enjeux productifs du développement durable pour une entreprise

SAVOIRS ASSOCIÉS
- Développement durable (cf. Thème 2)
- Externalités (cf. Thème 1)

Situation simulée

Salomon, en tant qu'acteur des activités de plein air, accorde une vigilance de premier ordre à l'objectif de développement durable.

Missions

1. **Montrez en quoi l'analyse du cycle de vie des produits et l'éco-conception peuvent contribuer à limiter les externalités négatives résultant de la production, dans une entreprise telle que Salomon.**
2. **Expliquez en quoi l'engagement de Salomon dans une démarche de RSE** (Chapitre 7) **et de développement durable suppose des aménagements plus ou moins contraignants.**

DOCUMENT 1 Analyse du cycle de vie dans l'industrie textile et éco-conception

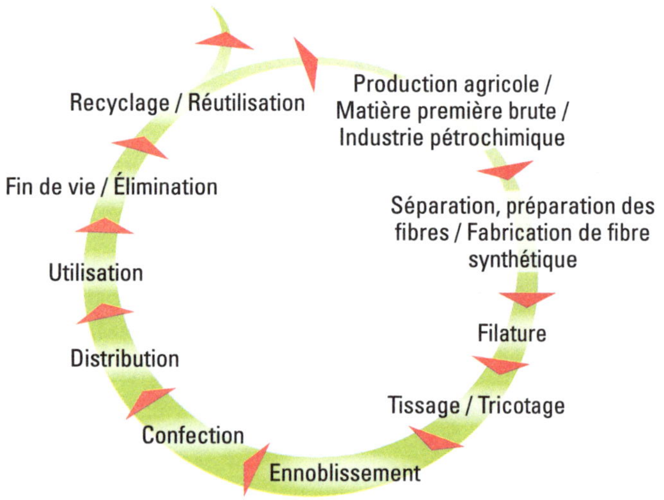

L'analyse du cycle de vie (ACV) : méthodologie pour évaluer les impacts environnementaux d'un produit, d'un service ou d'un procédé, de l'extraction des matières premières jusqu'à sa fin de vie.
L'éco-conception : intégration des critères environnementaux dès la phase de conception d'un produit ou service afin d'en réduire les impacts tout au long de son cycle de vie. Cette approche vise à trouver le meilleur équilibre entre les exigences environnementales, techniques et économiques, ainsi que les attentes clients dans la conception et le développement de produits et de services.

www.avnir.org

DOCUMENT 2 Les objectifs 2025 du développement durable chez Salomon

OBJECTIFS SALOMON 2025
Investir 1% des revenus annuels à l'éducation des sportifs
Réduire les émissions de carbone de 20 % par millions d'€ de revenus annuels (par rapport au niveau de 2015) *Siège (site + employés) et magasins*
Maintenir le haut niveau de satisfaction de nos employés. Actuellement 80 % déclarent être « satisfaits » ou « extrêmement satisfaits »
Consacrer 2,5 % de la masse salariale à la formation, au coaching
S'assurer que 100 % des fournisseurs atteignent ou dépassent le niveau minimum de notre norme de conformité sociale
Augmenter le taux de déchets recyclés/réutilisés pour atteindre 70 % de l'ensemble des opérations (selon le Higg Index Score)
100 % des fournisseurs de Salomon respectent son programme de conformité des matériaux et sa liste des substances interdites.
100 % des produits Salomon ont une performance environnementale reconnue par le consommateur
100 % des produits Salomon seront conçus selon un ou plusieurs principes de l'économie circulaire

air-agence.com

RESSOURCE 1 Le développement durable

Vidéo
3'39
Deux minutes pour comprendre le développement durable
lienmini.fr/c576-dd

Le concept de **développement durable** a été formalisé en 1987 à l'occasion des travaux de la Commission Mondiale sur l'Environnement et le Développement, dans le rapport Brundtland, du nom de la présidente de la commission. Le développement durable se définit comme « *un développement qui répond aux besoins du présent sans compromettre la capacité des générations futures à répondre aux leurs* ».

Appliqué à l'économie, le développement durable intègre trois dimensions :

- **économique** (efficacité, rentabilité) : trouver un juste équilibre entre profit et gestion durable de l'environnement ;
- **sociale** (responsabilité sociale) : satisfaire les besoins essentiels des populations en réduisant les inégalités sociales dans le respect des différentes cultures ;
- **environnementale** (responsabilité environnementale) : maintenir l'équilibre écologique sur le long terme en limitant notre impact sur l'environnement.

www.novethic.fr

RESSOURCE 2 Les nouveaux enjeux du développement durable dans les entreprises

Trop souvent réduit à son seul aspect environnemental, le développement durable dans les entreprises, qu'elles soient petites, moyennes, grandes, voire très grandes, répond aujourd'hui à des enjeux véritablement stratégiques conditionnant les succès de demain.

Il est utile de rappeler les trois piliers qui fondent le développement durable :

– **Environnemental** : réduire l'empreinte écologique de son activité et préserver l'environnement.

– **Économique** : construire une activité durable et profitable à l'entreprise, à l'ensemble de ses salariés et à l'écosystème des partenaires et répondant de manière satisfaisante aux attentes de ses clients.

– **Social/sociétal** : promouvoir la formation, l'égalité des chances, la diversité et être un acteur responsable vis-à-vis de la société.

B. Emonet, *Les Échos*, 14 septembre 2012.

RESSOURCE 3 Les externalités

Une externalité est un effet produit sur des tiers par une activité économique sans que cet effet donne lieu à un paiement ou à une transaction. On distingue des externalités positives, comme l'effet de l'activité d'un apiculteur sur les récoltes de fruits, et des externalités négatives, telles que la pollution (de l'air, des sols, de l'eau…) occasionnée par une activité industrielle ou agricole.

© Delagrave, 2018.

RESSOURCE 4 Le développement durable : contrainte ou opportunité pour les entreprises ?

Les acteurs principaux du développement durable sont les entreprises, mais aussi l'État (au travers des diverses réglementations), les investisseurs (source de financement) et les ménages en tant que citoyens. L'impératif de développement durable est à la fois source de contraintes et d'opportunités pour les entreprises.

© Delagrave, 2018.

5 Appréhender la chaîne de la valeur comme outil pour optimiser le processus productif et justifier éventuellement un choix d'externalisation

SAVOIRS ASSOCIÉS

- La chaîne de valeur

Situation simulée

Salomon cherche à optimiser le choix de la combinaison productive, mais aussi celui de produire elle-même ou de confier à des partenaires une partie des activités nécessaires à l'élaboration puis la mise à disposition de la chaussure ME:sh. Pour cela, l'entreprise Salomon prend en compte ses coûts. Dans une logique d'optimisation de ses marges, elle s'appuie sur une analyse de sa chaîne de valeur.

Missions

1. **En vous appuyant sur la chaîne de valeur selon M. Porter, distinguez, parmi les activités nécessaires à la réalisation de la chaussure ME:sh, celles qui relèvent des activités principales et celles qui correspondent à des activités de soutien.**
2. ***La liste des processus, dans chacune des catégories d'activités de la chaîne de valeur, n'est pas figée et doit être adaptée à chaque entreprise.***
Montrez en quoi la chaîne de valeur de la chaussure ME:sh fait figure d'exception au regard de celle de la fabrication des chaussures de sport en général.

DOCUMENT 1 Salomon : le salut dans la course à pied

Connu pour son matériel de ski et de sports d'hiver, le groupe Salomon – principale filiale du finlandais Amer Sport depuis 2005 – avait […] démarré un *aggiornamento** dans les chaussures, notamment de course à pied, et les vêtements de sport, deux secteurs très rentables qui affichent aujourd'hui une croissance à deux chiffres des ventes. […]
Si la fabrication des chaussures et du textile de Salomon est entièrement délocalisée en Asie (essentiellement en Chine, au Vietnam, en Indonésie, au Cambodge et en Inde), tandis que les skis et les fixations sont fabriqués en Autriche et dans les pays de l'Est, les bureaux d'Annecy font encore travailler près de 850 personnes. Sur un immense site de 33 500 m², tous les nouveaux produits Salomon, Mavic ou les chaussures de tennis Winston y sont imaginés, étudiés, développés et prototypés grâce à une gamme complète de moyens techniques (composite, injection, mécanique, thermie, couture, informatique…). L'an dernier, 32 nouveaux emplois ont été créés sur ce site, pour des ingénieurs en innovation et des spécialistes d'Internet.

www.lemonde.fr, 27 mai 2013.

* évolution, modernisation.

DOCUMENT 2 Combien valent vraiment vos chaussures de running ?

La connaissance par la concurrence du *price breakdown structure* (décomposition structurelle du prix) d'un modèle peut donner des indications sur des données économiques précieuses telles que le prix des matières premières employées (efficacité de la politique achats de l'équipementier), les frais de recherche et développement ou les coûts marketing qui peuvent ensuite permettre de réorienter tout ou partie d'une stratégie. […] Pour une chaussure de référence vendue 100 € et fabriquée en Asie, on peut avancer la répartition suivante : matières premières (8 €), coûts de production (2 € dont 0,40 € de salaires), marge du fabricant (2 €), transport et taxes (5 €), amortissements des frais de recherche et développement (11 €), publicité, marketing, sponsoring, autres (8 €), marge de la marque (13 €), marge du distributeur (29 € desquels il faut déduire les frais de location/amortissement de la surface commerciale, les frais de personnels difficiles à estimer et spécifiques à chaque situation) et TVA (20 €).

runners.fr

RESSOURCE 1 La chaîne de valeur

En principe, une entreprise cherche à obtenir un **avantage concurrentiel** et se donne pour mission de **créer de la valeur** pour ses clients.

Mise au point par Michael Porter, professeur de stratégie d'entreprise de l'université d'Harvard, la chaîne de valeur est un **outil d'analyse stratégique** permettant d'identifier, au sein d'une entreprise ou d'une organisation, les différentes activités clés, créatrices de valeur pour le client et génératrices de marge pour l'entreprise. [...] En affectant les ressources de manière plus efficace tout au long de cette chaîne, l'entreprise pourra **se positionner par rapport aux produits ou aux services des concurrents** : un prix inférieur grâce à un processus de fabrication optimisé ou à l'achat des matières premières à moindre coût, une nouvelle technologie, une innovation ou fonctionnalité du produit qui permet à l'organisation de se différencier, une meilleure qualité de fabrication, un meilleur service après-vente, un délai de livraison plus court grâce à l'organisation logistique, etc. Michael Porter présente [la chaîne de valeur] comme une succession séquentielle d'activités permettant d'aboutir à un produit ou un service économiquement viable sur son marché.

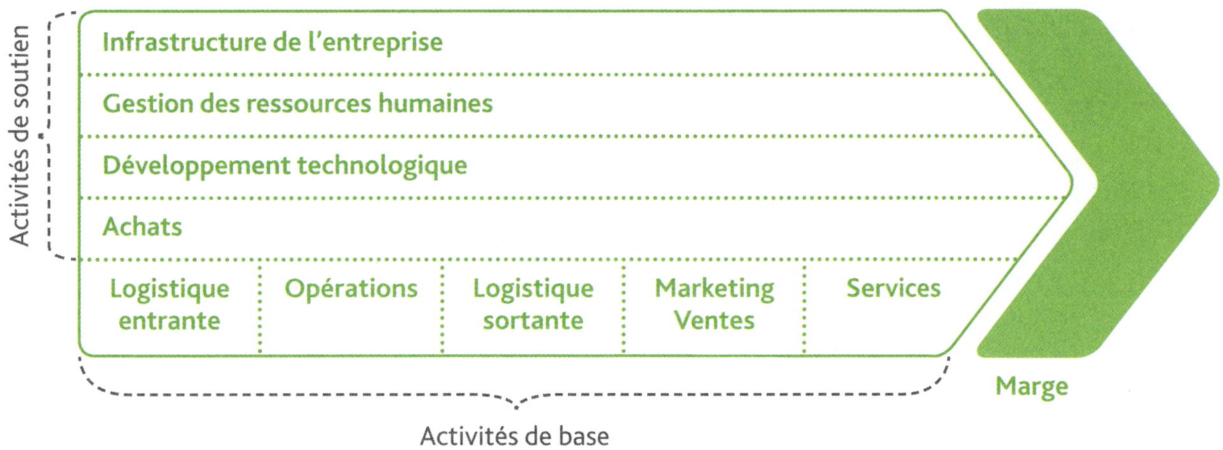

Le coût lié à ces activités rapporté à la part de valeur qu'elles dégagent pour le client final, permet de mettre en lumière les sources potentielles de l'avantage concurrentiel de l'entreprise et surtout de prendre les décisions qui vont permettre de le conserver dans le temps.

Les activités de base sont les activités qui agissent directement sur la valeur ajoutée au produit ou au service final. Elles permettent de créer physiquement un produit ou de réaliser un service, de le marketer, de le vendre, de le délivrer au client final et d'en assurer le service après-vente. [...] **Les activités de soutien sont les activités qui contribuent indirectement à ajouter de la valeur au produit ou au service final**. Elles permettent de rendre possibles les activités de base, d'en gérer la coordination et d'assurer un bon fonctionnement global pour améliorer l'efficacité de l'entreprise.

www.actinnovation.com

6 Appréhender les finalités et les risques de l'impartition au niveau de l'entreprise et au niveau global

SAVOIRS ASSOCIÉS
- Les principes et finalités de l'impartition

Situation simulée

Le groupe Amer Sports, propriétaire de l'entreprise Salomon, et l'entreprise Salomon elle-même ont parfois recours à l'impartition. Cependant, ce choix de « faire faire » n'est pas irréversible et peut être remis en cause, notamment par les évolutions technologiques.

Missions

1. **Expliquez les choix effectués par le groupe Amer Sports et l'entreprise Salomon du point de vue de l'externalisation de certaines de leurs activités. Envisagez les différents types de risques liés au choix de «faire faire».**

2. ***Dans le cadre du partenariat entre les deux technopoles TechTera (région Auvergne-Rhône-Alpes) et UPTEX (région Hauts-de-France), Salomon incorpore dans ses produits des composants fabriqués par des entreprises du nord de la France.*** **Montrez que ce choix de Salomon relève de l'impartition et s'inscrit dans une logique de filière.**

DOCUMENT 1 Depuis 2008, Salomon ne fabrique plus de skis en France

[...] En pleine crise, le finlandais Amer Sports, propriétaire de la marque Salomon, a annoncé la fin de la production de skis et la suppression de 284 emplois en France sur 400 suppressions de postes dans le monde. Ce sera le troisième plan social en trois ans chez Salomon. [...] Au fil des délocalisations vers la Roumanie, la Bulgarie et l'Autriche, l'usine ne fabriquait déjà plus que 100 000 paires de ski sur les 450 000 portant la marque Salomon. [...] Le finlandais Amer Sports justifie cette décision par un gros passage à vide : son chiffre d'affaires (1,3 milliard d'euros) a reculé de 27 % l'an passé. Son action a plongé de 16,9 % à la bourse de Helskinki après l'annonce de ces piètres performances. Également propriétaire des skis Atomic (ainsi que des marques sportives Wilson, Precor, Mavic ou Suunto), [...] Salomon [...] emploie 1 100 personnes dans ses deux sites de Haute-Savoie. Son siège, à Annecy, doit devenir « l'e-centre de compétences pour les chaussures de ski, les chaussures et les fixations de cross-country, les vêtements, les chaussures et les cycles », annonce Amer.

www.lefigaro.fr, 11 janvier 2008.

DOCUMENT 2 Salomon crée et modifie ses prototypes de semelles sans externalisation

Le processus de conception de Salomon s'appuie sur l'utilisation de son imprimante 3D. Selon son ingénieur CAO, Émilien Arbez, l'imprimante 3D permet de réduire avec succès les coûts et d'accélérer la livraison des prototypes. [...] Avant d'acquérir l'imprimante 3D, l'entreprise avait externalisé la fabrication de ses prototypes. « *Notre ancien processus nous a accordé très peu de marge de contrôle. Une fois que les fichiers ont été envoyés et que le processus débute en Asie, ce n'est plus possible d'intégrer des modifications de dernière minute. [...] Par ailleurs, il était beaucoup plus coûteux et nous devions attendre jusqu'à trois semaines pour avoir les semelles imprimées entre nos mains* ». [...] L'imprimante 3D permet un redressement rapide des prototypes de semelles tout en laissant une marge pour les ajustements continuels si nécessaire. « *Nous pouvons envoyer un fichier à imprimer la nuit et avoir la pièce le lendemain pour qu'on puisse l'analyser immédiatement* », dit Arbez. « *Si nous avons besoin de faire des ajustements et de produire un autre prototype, nous pouvons avoir le modèle révisé à la fin de la journée même. [...] En plus d'accroître notre flexibilité et de réduire efficacement les délais d'attente, internaliser nos besoins de prototypage rapide signifie que nos coûts sont réduits à 1/3 de ce que nous aurions dû dépenser avec un prestataire externe* », explique Arbez.

www.cadvision.fr

RESSOURCE 1 La chaîne de valeur dans une filière

L'entreprise ne fabrique et ne fournit pas toujours un produit ou un service fini de A à Z. Pour des produits complexes qui nécessitent plusieurs spécialisations, les entreprises s'organisent en filière. Dans une telle industrie, chaque entreprise apporte une partie de la valeur au produit final.

Dans une filière, les chaînes de valeur de chacun des acteurs, fournisseurs, fabricants, distributeurs, etc. se coordonnent et s'imbriquent pour aboutir à un bien ou un service.

Par exemple, dans la filière de l'optique-lunetterie, on trouve des entreprises spécialisées dans la fabrication des verres correcteurs, d'autres dans la fabrication des montures, des ateliers qui montent les verres sur les montures en fonction de la morphologie du client, des réseaux de distribution et des opticiens qui vendent et livrent les paires de lunettes avec les verres montés aux consommateurs. Sans l'ensemble de ces acteurs, il n'y a pas de produit fini accessible par le consommateur et chaque acteur apporte une partie de la valeur.

www.actinnovation.com

RESSOURCE 2 L'impartition

Face à une volonté croissante de certaines entreprises de se recentrer sur leur métier et de confier les activités à faible plus-value (ou qu'elles ne maîtrisent pas parfaitement) à des entreprises spécialisées, l'externalisation se présente comme un recours inévitable.

La stratégie d'externalisation désigne le transfert de tout ou partie d'une fonction (achat, transport, stockage, production, vente, mais aussi maintenance, sécurité, gestion de la paie...) d'une organisation vers un partenaire externe qui vise à lui permettre de se recentrer sur ses compétences de base et son cœur de métier, dans le but de réallouer ses ressources et d'améliorer sa valeur ajoutée et ses profits. Ce type de contrat prend la forme d'un **partenariat**. [...]

L'externalisation consiste, pour une entreprise, à confier à des partenaires extérieurs la réalisation de ses activités non stratégiques. Elle est également appelée **stratégie d'impartition.**

Il existe plusieurs formes d'externalisation :

- la ***sous-traitance*** : le donneur d'ordres définit les caractéristiques du produit, les sous-traitants ne disposant d'aucune initiative ;
- la ***franchise*** : elle met en relation un franchiseur qui apporte un savoir-faire commercial et des méthodes de gestion, et un franchisé qui bénéficie de ces avantages en contrepartie d'une redevance ;
- la ***concession*** : c'est un contrat durable par lequel une entreprise (le concédant) s'engage à approvisionner en produits de sa marque une autre entreprise (le concessionnaire) et à lui apporter une assistance technique (formation, par exemple) en contrepartie d'obligations ; [...]
- les ***filiales communes*** : ce sont des sociétés dont le capital est détenu à plus de 50 % par une autre entreprise, appelée la société mère ; [...]
- Le ***groupement d'intérêt économique (GIE)*** : c'est un accord par lequel deux entreprises au moins décident de rassembler des moyens dans une personne morale nouvelle, en vue de réaliser des activités communes à toutes. [...] L'entreprise qui externalise peut se concentrer d'avantage sur son cœur de métier, la structure de gestion est moins lourde et les ressources disponibles sont entièrement allouées à ses missions essentielles. Elle bénéficie des synergies externes grâce à la mutualisation des moyens logistiques. Elle est moins soumise aux variations d'activité car ces dernières sont absorbées par le partenaire externe. De même, elle est moins exposée en cas de mauvaise conjoncture sur une des activités externes. [...] L'externalisation en soi n'est pas sans risques. Et l'un des plus évoqués est le risque de dépendance vis-à-vis du partenaire externe [...]. Lorsque le partenaire ne respecte pas les cahiers des charges (qualité des produits, respect du programme des livraisons, des délais et des coûts...), son comportement peut influencer négativement tous les processus internes de l'entreprise et engendrer des coûts supplémentaires. Il existe par ailleurs un risque de perte de savoir lié à la fonction transférée à une autre entreprise et de perte de contrôle de l'information sur les activités associées.

www.logistiqueconseil.org

APPLICATION

Situation simulée

Le Comité des constructeurs français d'automobiles (CCFA) mène actuellement une réflexion sur l'évolution des processus productifs caractéristiques des usines connectées. Il s'agit de mettre en lumière les enjeux, pour la filière automobile française, de la digitalisation à l'œuvre dans l'« Industrie 4.0 ». Vous devez réaliser un focus sur ce thème.

PSA GROUPE

1. Présentez le groupe PSA.
2. Identifiez les éléments de la combinaison productive mise en œuvre par PSA pour fabriquer une DS3 ou une Peugeot 208, puis caractérisez cette combinaison de facteurs.
3. Montrez en quoi l'innovation technologique a été source de gains de productivité chez PSA. Mettez en évidence l'enjeu, pour l'économie nationale, de promouvoir l'Industrie 4.0 au sein de la filière automobile.
4. En vous appuyant sur l'analyse du graphique (document 5) et en vous référant à la notion de facteur de production, envisagez l'impact des évolutions constatées sur les coûts de PSA au cours de la période considérée.
5. Précisez l'intérêt que présente l'analyse de la chaîne de valeur pour une entreprise et expliquez en quoi celle-ci a pu guider les choix des entreprises de la filière automobile lorsqu'elles ont décidé de « faire faire » certaines de leurs activités.
6. Appréciez les avantages attendus et les risques possibles d'une externalisation des services informatiques de PSA.

DOCUMENT 1 Le groupe PSA

Le groupe PSA est le deuxième constructeur automobile européen. Après l'acquisition des activités de General Motors en Europe, son développement repose sur 5 marques, Peugeot, Citroën, DS, Opel et Vauxhall, au rayonnement et aux personnalités distinctes dans le cadre de stratégies internationales coordonnées et d'un plan produit cohérent. Outre son activité majeure de constructeur automobile, le groupe PSA exerce deux autres métiers principaux : le financement des réseaux commerciaux et des clients de marques automobiles (Banque PSA Finance), et la conception et la production de composants et de modules destinés à la production automobile (FAURECIA, dont PSA est l'actionnaire majoritaire). Le groupe conserve une participation de 25 % dans Gefco, acteur de transport et de logistique.

www.groupe-ffp.fr

DOCUMENT 2 Les chiffres clés de la filière automobile en France en 2016

Effectifs salariés de l'industrie automobile au sens strict (constructeurs et équipementiers)	**216 000 personnes, soit 7 % de l'emploi salarié de l'ensemble de l'industrie**
Nombre d'entreprises de plus de 20 salariés de la filière (constructeurs + équipementiers)	**1 720 entreprises**
CA	**190 milliards d'euros** (dont près de 60 % exportés), **soit 18 % du total des recettes de l'industrie manufacturière française**
Densité automobile de la France	**598 véhicules/1 000 habitants** (591 véhicules/1 000 habitants en 2005)
Classement des constructeurs français sur le marché mondial en 2016	**10e rang (Renault) et 11e rang (PSA)**

www.entreprises.gouv.fr, 2017.

DOCUMENT 3 Les secrets de fabrication des DS3 et Peugeot 208

Industrie & Technologies s'est rendu sur le site de production PSA Peugeot Citroën de Poissy où sont fabriquées les 208, DS3 et C3. [...]

Débitage : les rouleaux d'acier sont transformés en flans

Avant d'être transformés en voiture, l'acier se présente sous forme de rouleaux [...] fournis par Arcelor Mittal, Tissel ou encore Vost Alpine. Entre 270 et 300 tonnes sont consommées et embouties chaque jour, dont quelques-unes pour d'autres sites. Deux grands types de pièces sont fabriqués en acier, celles qui serviront pour l'extérieur et celles utilisées pour la structure. [...] Deux lignes de découpe servent à créer les flans, ébauches planes des pièces qui seront mises en forme lors de l'emboutissage sous presse proprement dit.

Emboutissage : 4 coups de presse donnent sa forme à la pièce

Arrivés à l'étape d'emboutissage, les flans, selon leur taille, passent sur l'une des 6 lignes, pour moitié robotisées ou mécanisées. Les portières passeront ainsi par exemple par la ligne robotisée, tandis que le pavillon, d'une taille plus importante, passera par la ligne mécanisée. En une dizaine d'années, le procédé s'est amélioré. [...] Le changement d'outillages, nécessaire pour les différentes pièces, pouvait prendre de 16 à 24 heures, contre 6 à 10 minutes aujourd'hui.

Sur les **lignes robotisées**, un « préhenseur », robot muni de ventouses, prend le flan en tôle sur la table de dépilage, pour le positionner dans une presse de 1 400 tonnes [...] et fabriquer 9 000 pièces de 15 formes différentes. La **ligne mécanisée** donne quant à elle 11 coups de presse par minute. 6 000 pièces y sont embouties par jour, moins que sur la ligne robotisée car les temps de maintenance et de changement des outillages des presses sont plus longs.

Ferrage : les pièces sont assemblées entre elles

Plus de 1 000 robots sont à l'œuvre pour l'ensemble de l'étape de ferrage, la création de la structure de la voiture, pour laquelle plusieurs procédés sont utilisés : du collage, du soudage (par laser, MIG-MAG ou résistance), du rivetage, etc.

Suite au ferrage, les structures assemblées passent au four pour sécher la colle, puis la caisse en blanc passe par l'étape de peinture, dont 10 kg seront nécessaires pour un véhicule. Enfin, les caisses peintes reçoivent les éléments fonctionnels (moteur, transmission, trains roulants...) et leurs équipements (planche de bord, habillages intérieur, sellerie...) lors de l'étape de montage. Une voiture est née !

www.industrie-techno.com

DOCUMENT 4 Automobile : PSA à la recherche de l'usine 4.0

Le groupe automobile a organisé son deuxième Factory Booster Day, un forum où des entreprises d'ingénierie exposent des solutions industrielles utilisant les nouvelles technologies (du big data à l'intelligence artificielle, en passant par la robotique collaborative) afin d'améliorer les process industriels. Pour PSA, cette usine du futur est un véritable gisement de gains de productivité et de qualité, mais également de progrès en termes de conditions de travail. [...]

Avec l'industrie du futur, PSA espère révolutionner l'usine dans sa configuration, son rapport humain mais également son rapport avec les fournisseurs. L'objectif est de gagner en efficacité (et donc en coûts) mais également en qualité de fabrication. Cette révolution industrielle fait entrer un nouveau lexique dans les sites de production : le big data, la robotique collaborative ou « cobot », l'automatisation, la réalité virtuelle... Ou encore l'intelligence artificielle. [...]

Le big data est un véritable gisement d'applications capables de faire progresser les process : [...] établir des diagnostics d'appareils afin d'anticiper des défauts ou pannes [...], gérer les flux et les stocks [...]. Avec la robotique collaborative, les industriels espèrent alléger la configuration des lignes de montage et assister des opérateurs pour les soulager de tâches parfois trop difficiles et peu ergonomiques. Autre exemple intéressant, la réalité virtuelle va faciliter et accélérer la formation des opérateurs. Dans un contexte de sophistication des process industriels, la formation est de plus en plus nécessaire afin de faire monter les opérateurs en compétence. La rationalisation de la formation à travers des outils de réalité virtuelle (avec des lunettes 3D qui permettent de simuler le travail sur une ligne de production) peut s'avérer précieuse et économique.

Les gains de l'industrie 4.0 ne se traduiront pas nécessairement par des indicateurs liés à la productivité ou aux coûts de production, ils peuvent être bénéfiques d'un point de vue qualitatif, de flexibilité de la production (pour diversifier les pièces produites sur une même ligne) et enfin sur la qualité des conditions de travail et de sécurité. Le déploiement de ces nouvelles technologies sera très progressif. Selon Yann Vincent, elles seront sûrement appliquées à l'occasion de l'arrivée de nouveaux modèles dans les usines, puisque c'est l'occasion de paramétrer les lignes de montage. Ainsi, l'arrivée de la DS7 Crossback va permettre de transformer le site de Mulhouse en incorporant de nouveaux process dits 4.0. [...] L'usine de Kenitra, au Maroc, dont l'ouverture est prévue en 2019, pourrait être la première à mettre en œuvre tous les outils de l'usine 4.0. Sur la question de l'emploi, PSA se veut rassurant. Non, l'usine 4.0 ne signifiera pas la fin de la présence d'hommes et de femmes dans les usines. *« Dans tous nos futurs process, c'est toujours l'homme qui décide »*, rappelle Patrice Peslier, directeur excellence performance des systèmes industriels. *« De plus, certaines tâches impliquent une dextérité de la gestuelle qui reste irremplaçable [...] En outre, un robot va moins vite qu'un homme »*, ajoute-t-il. *« Grâce à l'industrie du futur, les postes les plus difficiles vont disparaître au profit d'une montée en compétence des autres postes »*, souligne-t-il. [...]

N. Bourassi, www.latribune.fr, 21 septembre 2017.

DOCUMENT 5 Acier : les sidérurgistes européens profitent de l'envolée des prix

Depuis le creux de 2015, les prix de l'acier ont rebondi de près de 70 %

(en dollars par tonne, dans le monde)

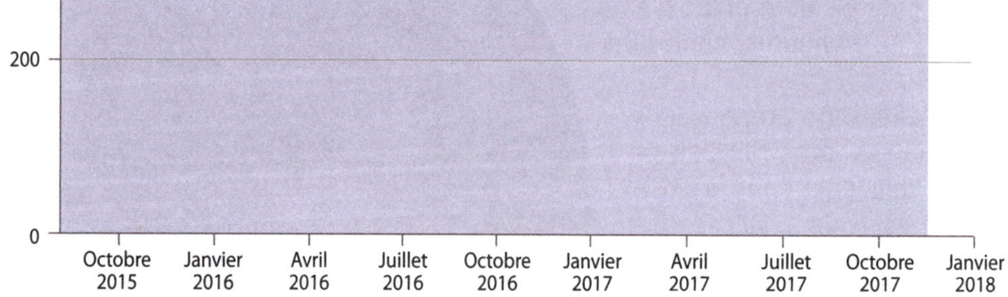

Source : OCDE.

DOCUMENT 6 L'externalisation n'a cessé de prendre de l'ampleur dans l'automobile

L'essor de la sous-traitance a donné naissance à de grands équipementiers mondiaux aux marges confortables.

[...] Les groupes automobiles ont commencé à parler de recentrage sur leur cœur de métier dès la fin des années 1980. Mais la tendance s'est accélérée à la fin des années 1990 avec la course à la taille critique et la mondialisation des organisations industrielles. Soucieux de rationaliser leurs achats, les constructeurs ont mis le paquet sur les plates-formes communes et ont cherché à s'appuyer sur de grands équipementiers mondiaux capables de les accompagner partout dans le monde.

Les équipementiers en ont profité pour diversifier leur panel de clients, tout en multipliant les opérations de fusion-acquisition. L'essor des équipements de dépollution et de l'électronique a aussi modifié peu à peu le rapport de force. [...] Reste que l'avènement de la voiture connectée, la montée en puissance de l'électrique et des services de mobilité pourraient peut-être pousser les groupes automobiles à réinternaliser, comme Boeing, certaines activités. Renault-Nissan, PSA ou Volkswagen multiplient désormais les recrutements dans le logiciel et les BMW, Audi et Daimler se sont entendus pour racheter le spécialiste de la cartographie Here.

E. Grasland, *Les Échos*, 3 août 2017.

DOCUMENT 7 PSA va externaliser ses services informatiques ?

PSA Peugeot Citroën envisage d'externaliser une partie de sa direction informatique, a priori vers le groupe français Capgemini, projet qui concerne environ 200 salariés de plusieurs sites du constructeur automobile, selon des documents qui seront présentés lors d'un comité central d'entreprise.

Le transfert vise à « réduire les coûts des activités de développement et d'industrialisation » et à « augmenter la réactivité » et la « compétitivité » de la direction des systèmes d'information (DSIN), engagée dans une transformation depuis 2015. [...]

Au total, environ 200 salariés devraient voir leur contrat de travail passer de PSA vers un nouvel employeur, le groupe de conseil et services informatiques Capgemini étant cité comme « partenaire potentiel ». Seraient touchés les sites de Bessoncourt (Territoire de Belfort), Mulhouse, Poissy, Vélizy (Yvelines), Rennes, Sochaux (Doubs), et du Pôle tertiaire.

Interrogée par l'AFP, la direction a expliqué que « *ces évolutions permettront à PSA de tirer le meilleur parti des opportunités technologiques, notamment dans le cadre de sa relation avec ses clients et du développement du véhicule connecté* ».

www.lefigaro.fr, 30 janvier 2016.

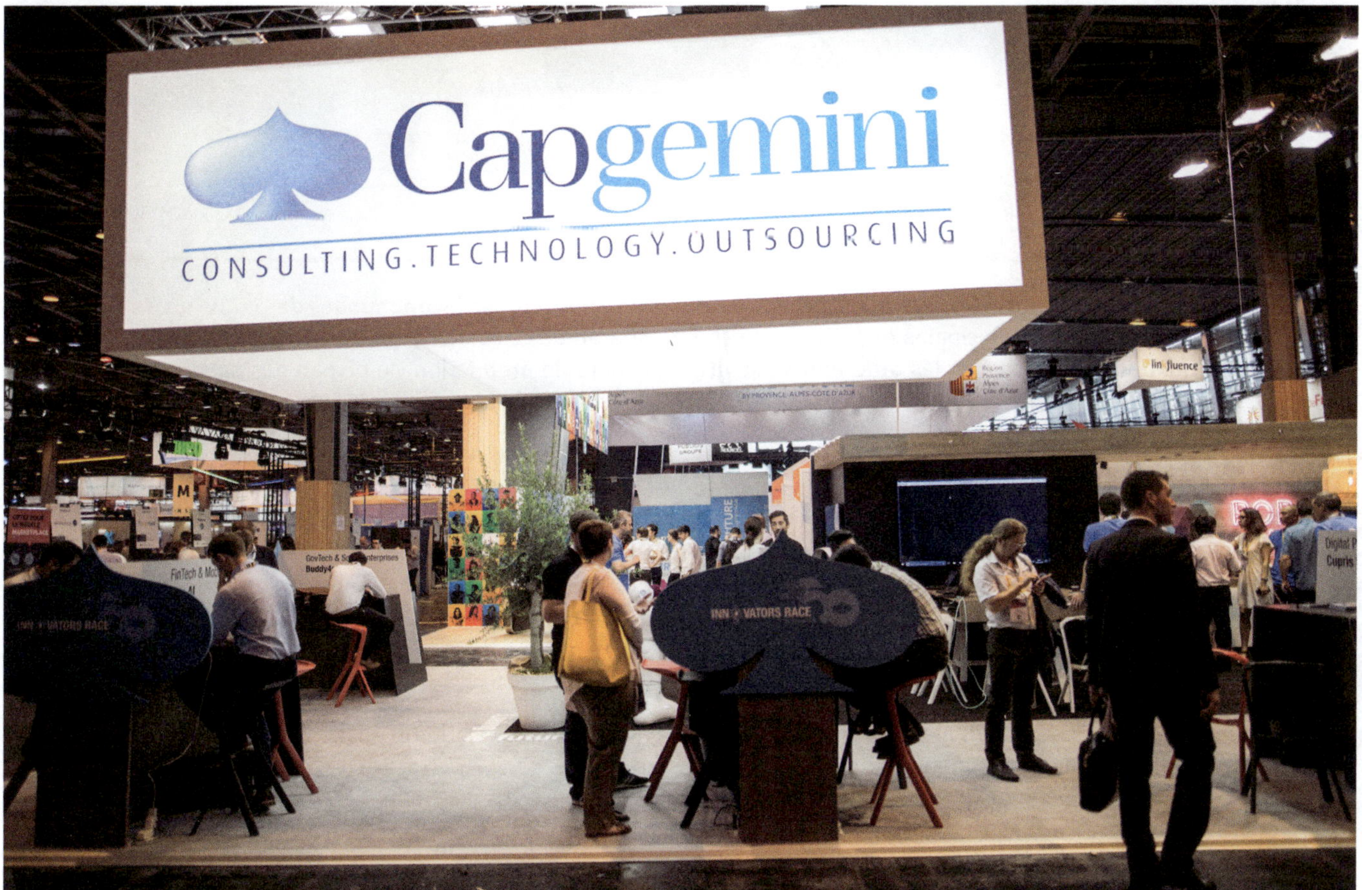

FAIRE LE POINT

CHAP 9 Comment les facteurs économiques déterminent-ils les choix de production ?

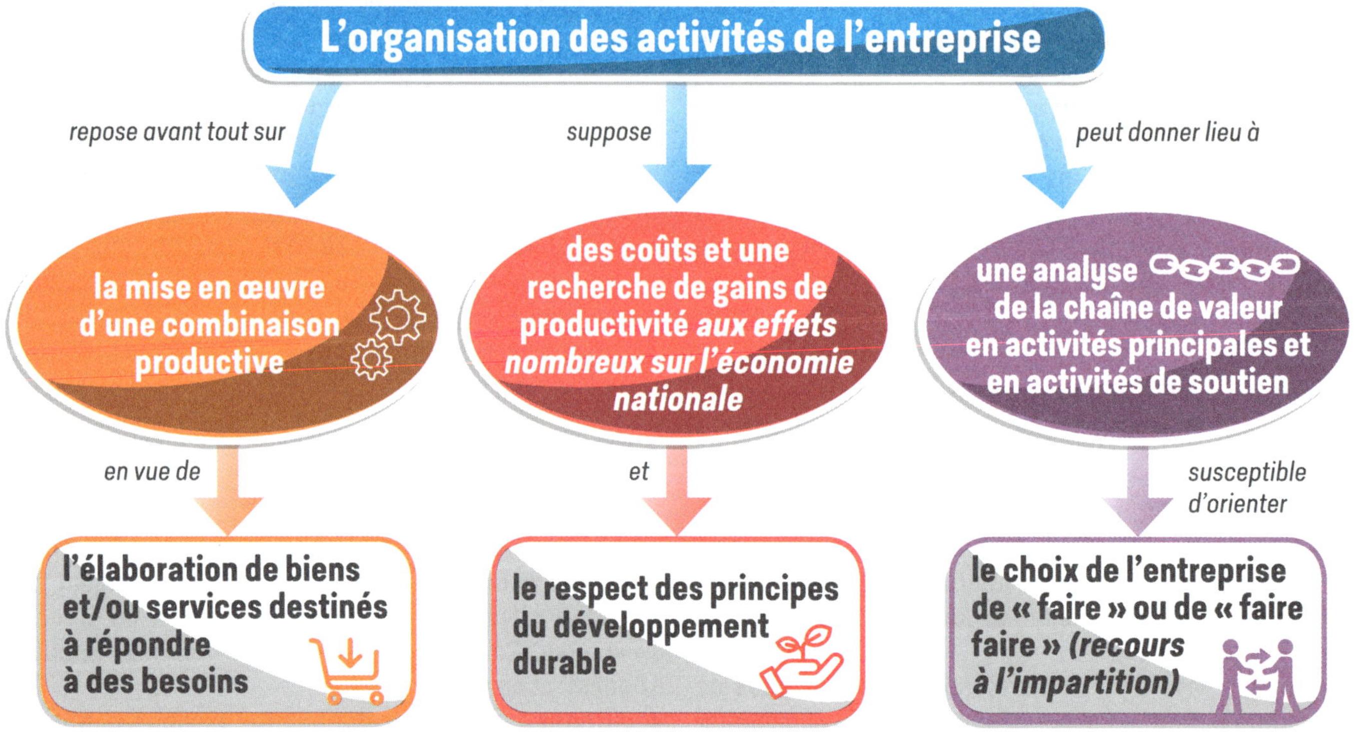

LEXIQUE

- **Chaîne de valeur :** outil d'analyse reposant sur la distinction entre activités principales et activités de soutien, et qui permet d'identifier les différentes activités clés, créatrices de valeur pour le client et génératrices de marge pour l'entreprise.

- **Combinaison productive :** association, dans des proportions variables, des facteurs de production mis en œuvre dans le processus productif (principalement le travail et le capital) et qui s'avère plus ou moins capitalistique.

- **Coûts de production :** charges supportées par l'entreprise du fait de la mise en œuvre du processus productif, qui suppose notamment des consommations intermédiaires et la rémunération des salariés. Les coûts de production se décomposent en coûts fixes et coûts variables.

- **Déterminants économiques des coûts de production :** paramètres économiques qui influent sur le niveau des coûts de production (le niveau des salaires sur le coût du travail, le taux d'intérêt sur le coût du capital).

- **Facteurs de production :** éléments entrant dans le processus productif permettant l'élaboration des biens ou services proposés par l'entreprise (capital dont matières premières et connaissances qui correspondent respectivement à du capital matériel et à du capital immatériel, travail).

- **Gains de productivité :** amélioration de la productivité des entreprises, notamment grâce à l'innovation, qui va ensuite se traduire, au niveau global, par l'amélioration des performances de l'économie nationale.

- **Impartition :** externalisation qui consiste, pour une entreprise, à confier à des partenaires extérieurs la réalisation de ses activités non stratégiques.

Quelles réponses apporte le droit face aux risques auxquels s'expose l'entreprise ?

CHAPITRE 10

Situation simulée

Entreprendre, c'est par nature prendre des risques. Salomon, comme toute entreprise, est confrontée à des risques variés nés de ses relations contractuelles, mais également issus de son environnement et de son activité… Salomon doit prévenir ces risques sous peine de voir sa responsabilité civile et/ou pénale engagée.

Vous êtes stagiaire auprès de la direction sur le site d'Annecy. À ce titre, votre tuteur vous sollicite sur plusieurs thématiques juridiques toutes en relation avec la notion de responsabilité juridique.

Compétences

- Identifier la nature juridique de la responsabilité d'une entreprise dans une situation donnée (Objectif 1)
- Analyser une situation juridique d'entreprise mettant en œuvre la responsabilité civile contractuelle et extracontractuelle (Objectifs 2 à 4)

1 Identifier la nature juridique de la responsabilité d'une entreprise dans une situation donnée

SAVOIRS ASSOCIÉS
- Les types de risques
- L'inexécution du contrat

Situation simulée

Le nouveau bâtiment acquis par l'entreprise Salomon à proximité de l'Annecy Design Center doit permettre une réorganisation complète des bureaux. Un cabinet d'architectes (Alpes Léman Architectes) a été choisi pour mener à bien ces travaux d'envergure. Magali Guy, salariée de Salomon, est cheffe du projet « Réhabilitation » ; elle représente le maître d'ouvrage. Depuis le début du projet, Magali a déjà dû gérer un problème de retard de paiement du cabinet d'architectes, une mise en cause d'exposition à l'amiante par une salariée et un sinistre sur la clôture de l'entreprise voisine, consécutif à la chute d'un panneau.

Missions

1. **Proposez une classification des risques auxquels est exposée l'entreprise Salomon au regard de ses différentes activités.**
2. **Identifiez et caractérisez les différents risques survenus à l'occasion de ce chantier de réhabilitation.**
3. **Après avoir identifié les parties en présence, expliquez en quoi les situations rencontrées par Magali relèvent de la responsabilité civile de l'entreprise et/ou de sa responsabilité pénale.**
4. **Pour chaque situation relevant de la responsabilité civile, vérifiez s'il s'agit de responsabilité contractuelle ou extracontractuelle.**

DOCUMENT 1 Extrait du contrat d'architecte sur les travaux de réhabilitation

Article 2 : Définitions
Le terme « maître d'ouvrage » désigne la personne physique ou morale pour le compte de laquelle la mission est effectuée et qui en règle les honoraires. Le terme « architecte » désigne un agréé en architecture ou une société d'architecture, inscrit au tableau de l'Ordre des architectes à qui le maître d'ouvrage confie la mission de maîtrise d'œuvre décrite au cahier des clauses particulières. Le terme « entrepreneur » désigne l'entrepreneur ou le groupe d'entrepreneurs à qui le maître d'ouvrage confie l'exécution des travaux.

Article 55 : Échéances et délais de paiement
Les honoraires sont payables au fur et à mesure de l'avancement de la mission. Les honoraires sont réglés par acomptes mensuels égaux répartis sur la durée du chantier. Le maître d'ouvrage verse les sommes dues à l'architecte pour l'exercice de sa mission, en application du présent contrat, et ce dans un délai maximum de 21 jours à compter de la date de réception de la facture.

© Delagrave, 2018.

DOCUMENT 2 Décision de la Cour de cassation, chambre criminelle, du 19 avril 2017 (extraits)

Attendu que pour déclarer les prévenus coupables de mise en danger de la vie d'autrui, l'arrêt, [...] l'entreprise intervenant sur un chantier où le risque d'inhalation de fibres d'amiantes est identifié et connu, était débitrice d'une obligation générale de sécurité de résultat, non seulement à l'égard de ses salariés mais aussi à l'égard de toute personne se trouvant à proximité du site, et d'une obligation générale d'adaptation à l'évolution des connaissances scientifiques, relève que la société Vinci Construction Terrassement et, sur sa délégation, M. X… ont violé délibérément l'obligation générale de sécurité qui pesait sur eux [...], tant à l'égard des salariés qu'à l'égard du public avoisinant, par plusieurs manquements tels que l'absence de protection aux abords immédiats du chantier, l'installation de grillages permettant la dissémination des fibres, [...] ; que, les juges retiennent ensuite que, [...] le degré de probabilité de développer un cancer du poumon ou un cancer de la plèvre dans les 30 à 40 ans de l'inhalation de poussières d'amiante est certain [...].

Attendu qu'en se déterminant ainsi, par des motifs qui établissent l'exposition d'autrui à un risque de mort, de mutilation ou d'infirmité permanente, en relation directe et immédiate avec la violation manifestement délibérée des dispositions du Code du travail, la cour d'appel a justifié sa décision ; [...] REJETTE le pourvoi.

© DILA Légifrance, www.legifrance.gouv.fr

RESSOURCE 1 Les responsabilités du chef d'entreprise

La responsabilité civile permet de réparer [financièrement] un préjudice pour des dommages causés à un tiers. La responsabilité pénale quant à elle oblige l'auteur ou le complice d'une infraction délictueuse à répondre de ses actes devant la société tout entière. Ainsi, un même acte peut entraîner à la fois la responsabilité civile et pénale du dirigeant. [...] La responsabilité civile du dirigeant d'entreprise peut être engagée s'il est prouvé que celui-ci a commis une faute ayant causé un préjudice à l'entreprise elle-même ou à un tiers. [...] La responsabilité pénale du dirigeant d'entreprise peut être engagée y compris s'il n'a pas personnellement participé à l'infraction et même si aucun préjudice n'est constaté. Le seul fait d'enfreindre un texte pénal suffit pour que sa responsabilité soit mise en cause.

L'action pénale est toujours engagée par le ministère public, qui représente les intérêts de la société et est incarné par un magistrat représentant l'État.

www.economie.gouv.fr, 7 septembre 2017.

RESSOURCE 2 La responsabilité civile des entreprises

La **responsabilité civile d'une entreprise** est l'obligation qu'elle a de réparer les dommages corporels, matériels ou immatériels qui peuvent être causés à un tiers, par les biens ou les personnes qui dépendent d'elle, au cours de son exploitation. Elle concerne également les préjudices qui pourraient intervenir après la livraison d'un bien ou d'un service. Il existe donc de nombreuses situations dans lesquelles la responsabilité de l'entreprise peut être engagée. On parle de **responsabilité [extracontractuelle]** quand, en dehors de tout contrat, une faute professionnelle est à l'origine d'un préjudice sur un tiers. On parle de **responsabilité contractuelle** lorsqu'un non-respect du contrat est à l'origine d'un préjudice. La **responsabilité contractuelle** est donc engagée lorsqu'il existe un manquement (inexécution ou mauvaise exécution du contrat), ayant entraîné un dommage et que le lien de causalité entre les deux est établi.

La **responsabilité civile du fait des produits défectueux** est engagée dans le cas de dommages générés par l'utilisation d'un produit défectueux dans le cadre d'une utilisation normale. Dès lors qu'il est identifiable, c'est le producteur qui est déclaré responsable ; dans le cas contraire, c'est le fournisseur qui endosse la responsabilité.

www.journaldunet.fr, 27 avril 2018.

RESSOURCE 3 Les risques « assurables » de l'entreprise

Cette liste s'adresse aux chefs d'entreprise qu'ils soient créateurs, repreneurs ou déjà en activité.

- La protection sociale (retraite, prévoyance) à l'égard de ses salariés.
- Les accidents pour les salariés qui voyagent.
- Les bâtiments peuvent être endommagés par un incendie, une catastrophe naturelle, un acte de terrorisme, ou à l'occasion d'un cambriolage.
- Le matériel est aussi exposé au bris accidentel et aux dommages d'origine électrique.
- Les archives (fichiers, modèles, moules...), supports d'information et fichiers informatiques sont détruits à la suite d'un accident ou d'un acte de malveillance.
- Les véhicules utilisés par l'entreprise sont endommagés lors d'un accident ou par un incendie, ou volés.
- Dommages corporels, matériels, immatériels causés à des tiers (clients, visiteurs...) pendant l'activité.
- Pollution d'origine accidentelle, soudaine ou graduelle.
- Dommages causés aux salariés ou par les salariés, maladies professionnelles, faute inexcusable, faute intentionnelle...
- Dommages causés à autrui par les produits fabriqués par l'entreprise.
- Risques économiques et financiers liés à l'exploitation.

www.ffa-assurance.fr

Vidéo
2'37 Les risques de circulation des salariés
lienmini.fr/c576-risque

RESSOURCE 4 La caractérisation du risque

Caractériser un risque c'est préciser :

- sa compréhension :
  - Quelle est la nature de l'événement que l'on redoute ?
  - Quelles sont les causes possibles, réelles ou potentielles ? (facteurs de risques)
  - Quelles sont les conséquences ? (opérationnelles, financières, environnementales...)
- sa mesure (l'estimer) :
  - Peut-on mesurer sa probabilité ?
  - Peut-on caractériser sa gravité ?

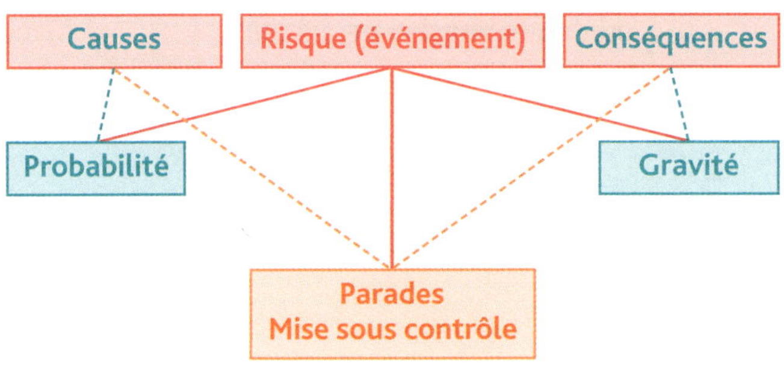

Source : CNES, octobre 2012.

2 Analyser une situation juridique d'entreprise mettant en œuvre la responsabilité civile contractuelle

SAVOIRS ASSOCIÉS
- L'inexécution du contrat
- Les principes de la responsabilité civile contractuelle

Situation simulée

Chez Salomon, la nouveauté dans le domaine du ski est la fixation Shift. Il s'agit d'une fixation hybride dite alpine-randonnée. Pour assurer la promotion de ce nouveau produit, Salomon a signé un contrat avec une TPE d'Annecy, MaîtreDesign. Elle souhaite lui confier la réalisation d'une série de dix affiches différentes mettant en scène le produit. La première affiche est livrée dans les temps et respecte entièrement le cahier des charges. Salomon se rend alors compte que cette mission fait déjà l'objet d'un autre contrat de communication vidéo. L'entreprise décide alors de rompre ses relations commerciales avec MaîtreDesign.

Missions

1. **Expliquez en quoi la situation décrite relève de la responsabilité civile contractuelle.**
2. **Après avoir identifié les obligations respectives des parties du contrat de conception graphique, vérifiez la légalité de l'article 13.**
3. **Recherchez les arguments que MaîtreDesign pourrait avancer pour engager la responsabilité de Salomon.**

DOCUMENT 1 Extrait du Code civil

Article 1103
- Les contrats légalement formés tiennent lieu de loi à ceux qui les ont faits.

Article 1217
- La partie envers laquelle l'engagement n'a pas été exécuté, ou l'a été imparfaitement, peut :
  – refuser d'exécuter ou suspendre l'exécution de sa propre obligation ;
  – poursuivre l'exécution forcée en nature de l'obligation ;
  – solliciter une réduction du prix ;
  – provoquer la résolution du contrat ;
  – demander réparation des conséquences de l'inexécution.
- Les sanctions qui ne sont pas incompatibles peuvent être cumulées ; des dommages et intérêts peuvent toujours s'y ajouter.

Article 1219
- Une partie peut refuser d'exécuter son obligation, alors même que celle-ci est exigible, si l'autre n'exécute pas la sienne et si cette inexécution est suffisamment grave.

Article 1224
- La résolution résulte soit de l'application d'une clause résolutoire soit, en cas d'inexécution suffisamment grave, d'une notification du créancier au débiteur ou d'une décision de justice.

Article 1229
- La résolution met fin au contrat. […] Lorsque les prestations échangées ont trouvé leur utilité au fur et à mesure de l'exécution réciproque du contrat, il n'y a pas lieu à restitution pour la période antérieure à la dernière prestation n'ayant pas reçu sa contrepartie ; dans ce cas, la résolution est qualifiée de résiliation.

DOCUMENT 2 Contrat de conception graphique (extraits)

Article 2 : Objet du contrat
Le présent contrat a pour objet la réalisation d'une œuvre graphique par la société MaîtreDesign pour le compte de Salomon SAS.
La prestation consistera en la réalisation de dix affiches sur la même thématique mettant en valeur les caractéristiques techniques novatrices d'une fixation de chaussure de ski.

Article 8 : Obligations du client
Salomon SAS s'engage à fournir à MaîtreDesign tous les moyens nécessaires à la réalisation de l'œuvre graphique dans le respect des délais mentionnés par le présent contrat. [...]
Salomon SAS s'engage au paiement du prix conformément aux délais stipulés dans le contrat.

Article 13 : Résiliation
La mauvaise exécution ou l'absence d'exécution des obligations par l'une des parties du présent contrat aura pour conséquence l'envoi d'une lettre de mise en demeure afin de s'exécuter.
Il sera procédé à la résiliation du contrat de conception graphique dans les 15 jours suivant la réception de la mise en demeure restée sans effet.

© Delagrave, 2018.

RESSOURCE 1 Les composantes de la responsabilité contractuelle

Pour pouvoir engager la responsabilité contractuelle d'une partie, il faut :
– un fait générateur ;
– un dommage ;
– un lien de causalité certain et direct.

• Le fait générateur est l'inexécution d'une obligation par l'une des parties. Cette inexécution peut être :
– une inexécution totale ;
– une inexécution partielle ;
– un retard dans l'exécution.

• Le dommage subi peut être :
– un dommage matériel (causé sur un bien matériel, une perte pécuniaire, un manque à gagner) ;
– un dommage corporel (atteinte à l'intégrité physique d'une personne) ;
– un dommage moral.

© Delagrave, 2018.

Vidéo 3'47
Le dommage
lienmini.fr/c576-dommage

RESSOURCE 2 La nature de l'obligation

Afin de déterminer le manquement à l'obligation contractuelle, il est nécessaire d'identifier la nature de l'obligation en question.

On distingue deux types d'obligations

L'obligation de moyens
Le débiteur ne promet pas le résultat, mais seulement certains efforts en vue du résultat. Il y a inexécution si le débiteur n'a pas mis en œuvre les moyens promis. C'est donc une responsabilité pour faute prouvée. En effet, le créancier doit démontrer cette faute.

L'obligation de résultat
Le débiteur promet le résultat indépendamment des moyens qu'il met en œuvre. C'est une responsabilité de plein droit. Le créancier n'a donc pas besoin de prouver une quelconque faute.

lesjuristes.com

3 Analyser une situation juridique d'entreprise mettant en œuvre la responsabilité extracontractuelle

SAVOIRS ASSOCIÉS

- Les principes de la responsabilité civile extracontractuelle

Situation simulée

Lors d'une séance de démonstration de matériel de ski, un technicien salarié de Salomon a accidentellement blessé un touriste. Ce dernier a été conduit à l'hôpital où on lui a fait des points de suture. Il envisage de réclamer un dédommagement pour cet incident.

Missions

1. **Indiquez en quoi la situation qui implique un technicien salarié de Salomon relève de la responsabilité civile extracontractuelle.**
2. **Expliquez dans un paragraphe argumenté qui du salarié ou de l'entreprise pourrait voir sa responsabilité engagée.**

DOCUMENT 1 Extrait du Code civil

Article 1240

- Tout fait quelconque de l'homme, qui cause à autrui un dommage, oblige celui par la faute duquel il est arrivé à le réparer.

Article 1242

- On est responsable non seulement du dommage que l'on cause par son propre fait, mais encore de celui qui est causé par le fait des personnes dont on doit répondre, ou des choses que l'on a sous sa garde. [...]
- Le père et la mère, en tant qu'ils exercent l'autorité parentale, sont solidairement responsables du dommage causé par leurs enfants mineurs habitant avec eux.
- Les maîtres et les commettants, du dommage causé par leurs domestiques et préposés dans les fonctions auxquelles ils les ont employés ; [...]

Vidéo 3'54
L'immunité du préposé
lienmini.fr/c576-prepose

DOCUMENT 2 Décision de la Cour de cassation, Assemblée plénière, du 25 février 2000

Attendu, selon l'arrêt attaqué, que la SCA du Mas de Jacquines et M. Bortino ont demandé à la société Gyrafrance de procéder, par hélicoptère, à un traitement herbicide de leurs rizières ; que, sous l'effet du vent, les produits ont atteint le fonds voisin de M. Girard, y endommageant des végétaux ; que celui-ci a assigné en réparation de son préjudice la SCA du Mas de Jacquines, les époux Reynier, M. Bortino, M. Costedoat, pilote de l'hélicoptère, et la société Gyrafrance ; [...]
Attendu que n'engage pas sa responsabilité à l'égard des tiers le préposé qui agit sans excéder les limites de la mission qui lui a été impartie par son commettant ;
Attendu que, pour retenir la responsabilité de M. Costedoat, l'arrêt énonce qu'il aurait dû, en raison des conditions météorologiques, s'abstenir de procéder ce jour-là à des épandages de produits toxiques ;
Qu'en statuant ainsi, alors qu'il n'était pas prétendu que M. Costedoat eût excédé les limites de la mission dont l'avait chargé la société Gyrafrance, la cour d'appel a violé les textes susvisés ;
PAR CES MOTIFS : CASSE et ANNULE l'arrêt rendu.

www.courdecassation.fr

RESSOURCE 1 Les fondements de la responsabilité extracontractuelle

Longtemps, la **responsabilité délictuelle** a été fondée uniquement sur la **faute**. Ce fondement est aujourd'hui en recul car il n'est pas toujours adapté : il est en particulier apparu injuste de laisser la victime d'un dommage sans réparation au motif qu'aucune faute ne pouvait être reprochée à son auteur.

Deux fondements supplémentaires ont donc été proposés : le **risque** et la **garantie**.

• À la différence de la faute, le risque repose sur une conception objective de la **responsabilité**. Il découle de l'idée selon laquelle celui qui a, par son activité, créé un risque dont est résulté un dommage doit en supporter les conséquences. Certains régimes de **responsabilité** sont directement influencés par cette garantie (ex. de la L. n° 85-677 du 5 juillet 1985, tendant à l'amélioration de la situation des victimes d'accidents de la circulation et à l'accélération des procédures d'indemnisation).

• À la différence de la faute et du risque, la théorie de la garantie se place du côté de la victime, pour retenir que celle-ci est titulaire d'un droit à la sécurité, dont la violation doit être réparée.

Fiches d'orientation, www.dalloz-avocats.fr, mai 2018.

RESSOURCE 2 Les différents régimes de la responsabilité extracontractuelle

La responsabilité extracontractuelle (article 1240 et suivants du Code civil) peut être fondée sur trois faits générateurs de responsabilité :

La faute	Le fait des choses	Le fait d'autrui
Le responsable est l'auteur du dommage.	Le responsable a la garde de la chose en question.	La responsabilité est engagée suite à l'action ou à l'omission d'une autre personne que le responsable. Ce peut être notamment un préposé (un salarié), un enfant ou une personne dont le responsable doit répondre.

Une fois le fait générateur identifié, la victime devra prouver l'existence d'un dommage et l'existence d'un lien de causalité entre le fait générateur et le dommage.

© Delagrave, 2018.

Vidéo 3'24
La responsabilité du fait d'autrui
lienmini.fr/c576-autrui

Vidéo 3'12
La responsabilité du fait des choses
lienmini.fr/c576-choses

4 Analyser une situation juridique d'entreprise mettant en œuvre un régime spécial de la responsabilité civile

SAVOIRS ASSOCIÉS
- Les principes de la responsabilité civile

Situation simulée

Justine, passionnée de ski alpin, a acheté en décembre 2016, dans un magasin de sport de son agglomération, une paire de chaussures de ski de marque Salomon (X-Alp Explore). L'hiver dernier, bien que skieuse aguerrie, elle a été victime d'une lourde chute occasionnée par la perte d'une pièce essentielle de l'une de ses chaussures. Bilan : traumatisme des ligaments du genou et, évidemment, nécessité de remplacer son matériel.

Missions

1. **Identifiez, dans la situation décrite, les conditions d'une mise en cause de l'entreprise Salomon au titre de la responsabilité civile.**
2. **Présentez les arguments que Justine pourrait avancer pour agir contre Salomon.**
3. **Vérifiez si Justine est soumise au décret du 11 février 2005.**
4. **Vérifiez si Justine pourrait utiliser les articles 1245 et suivants pour agir contre:**
   - le vendeur des chaussures;
   - le producteur de l'axe métallique en question.

DOCUMENT 1 Extrait du site Internet de Salomon

Les modèles concernés (S/LAB X-ALP et X-ALP EXPLORE) ont été produits entre novembre 2016 et février 2017 et ont été distribués au cours de la saison automne-hiver 2016/2017.
Dans certaines circonstances, l'axe métallique pourrait sortir de son logement, le skieur risque alors de perdre le contrôle de ses skis ou de tomber et de se blesser.
Les consommateurs doivent immédiatement cesser d'utiliser ces chaussures et les retourner à Salomon ou à un revendeur Salomon pour réparation.

DOCUMENT 2 Extrait du Code civil

Article 1245
- Le producteur est responsable du dommage causé par un défaut de son produit, qu'il soit ou non lié par un contrat avec la victime.

Article 1245-1
- Les dispositions du présent chapitre s'appliquent à la réparation du dommage qui résulte d'une atteinte à la personne.
- Elles s'appliquent également à la réparation du dommage supérieur à un montant déterminé par décret, qui résulte d'une atteinte à un bien autre que le produit défectueux lui-même.

Article 1245-3
- Un produit est défectueux au sens du présent chapitre lorsqu'il n'offre pas la sécurité à laquelle on peut légitimement s'attendre.
- Dans l'appréciation de la sécurité à laquelle on peut légitimement s'attendre, il doit être tenu compte de toutes les circonstances et notamment de la présentation du produit, de l'usage qui peut en être raisonnablement attendu et du moment de sa mise en circulation.
- Un produit ne peut être considéré comme défectueux par le seul fait qu'un autre, plus perfectionné, a été mis postérieurement en circulation.

Article 1245-6

- Si le producteur ne peut être identifié, le vendeur, le loueur, à l'exception du crédit-bailleur ou du loueur assimilable au crédit-bailleur, ou tout autre fournisseur professionnel, est responsable du défaut de sécurité du produit, dans les mêmes conditions que le producteur, à moins qu'il ne désigne son propre fournisseur ou le producteur, dans un délai de trois mois à compter de la date à laquelle la demande de la victime lui a été notifiée.
- Le recours du fournisseur contre le producteur obéit aux mêmes règles que la demande émanant de la victime directe du défaut. Toutefois, il doit agir dans l'année suivant la date de sa citation en justice.

Article 1245-8

- Le demandeur doit prouver le dommage, le défaut et le lien de causalité entre le défaut et le dommage.

Article 1245-15

- Sauf faute du producteur, la responsabilité de celui-ci, fondée sur les dispositions du présent chapitre, est éteinte dix ans après la mise en circulation du produit même qui a causé le dommage à moins que, durant cette période, la victime n'ait engagé une action en justice.

Article 1245-16

- L'action en réparation fondée sur les dispositions du présent chapitre se prescrit dans un délai de trois ans à compter de la date à laquelle le demandeur a eu ou aurait dû avoir connaissance du dommage, du défaut et de l'identité du producteur.

DOCUMENT 3 Décret n° 2005-113 du 11 février 2005 pris pour l'application de l'article 1386-2 du Code civil

Article 1

- Modifié par Décret n°2016-1278 du 29 septembre 2016 - art. 1 (V)

Le montant visé à l'article 1245-1 du Code civil est fixé à 500 euros.

RESSOURCE 1 Un produit défectueux : combien de responsables ?

Vidéo 10'48
Rappel de produits défectueux
lienmini.fr/c576-produit

La directive européenne du 25 juillet 1985, transposée dans le Code civil, stipule sans ambiguïté que le producteur est responsable des dommages causés par un défaut de ses produits. Est ainsi considéré le producteur d'une matière première, le fabricant d'un produit fini ou celui d'une partie composante qui agit à titre professionnel. Y sont assimilés les importateurs et les sociétés apposant leur marque ou tout autre signe distinctif. C'est la responsabilité du fait des produits défectueux. Elle s'applique, quelle que soit la destination – privée ou professionnelle – du produit incriminé.

La mise en cause du producteur ne dédouane pas pour autant les vendeurs, engagés au titre de la garantie des vices cachés. Celle-ci s'applique quel que soit le produit vendu (neuf ou d'occasion, en promotion ou à plein tarif...) et quel que soit le vendeur : fabricant, distributeur, détaillant et même particulier. Une seule exception : les ventes aux enchères.

www.generali.fr, 2017.

APPLICATION

Situation simulée

En 2015, Corentin Rayer a acheté une tondeuse auprès de la société **Coupe Gazon** qui fabrique et commercialise du matériel pour le jardin. Trois ans plus tard, M. Rayer a le sentiment d'échapper à une catastrophe. Alors qu'il était en train de vider le bac de tonte, donc éloigné de sa machine qui tourne toujours, la lame de celle-ci s'est détachée et a traversé la baie vitrée de son salon. Heureusement, le projectile n'a blessé personne. L'expert contacté par M. Rayer affirme qu'il ne s'agit pas d'un défaut d'entretien.

Coupe Gazon

1. Présentez les faits juridiquement qualifiés.
2. Retrouvez les règles juridiques sur lesquelles peut s'appuyer M. Rayer pour obtenir réparation de son préjudice.
3. Présentez votre conclusion.

DOCUMENT 1 Responsabilité du fait des produits défectueux, garantie des vices cachés

La personne, ayant acheté un produit présentant un défaut, dispose de deux moyens d'action pour rechercher les responsabilités des éventuels responsables : le premier se fonde sur les articles 1245 et suivants du Code civil applicable à la responsabilité du fait des produits défectueux, et le second sur les articles 1641 et suivants du Code civil applicable à la garantie des vices cachés.
Un cumul de ces deux actions est-il cependant possible ? C'est ce qu'il nous semble devoir être retenu d'un arrêt rendu par la Cour de cassation le 11 janvier dernier, concernant des essieux défectueux de camions semi-remorques.

Dans cette espèce, des sociétés du groupe Norbert Dentressangle avaient acheté auprès de la société Seg Samro des camions semi-remorques. Les essieux de ces camions de la marque Fontenax avaient été fabriqués par une troisième société, la société SAE.
Si la cour d'appel de Grenoble a retenu la responsabilité du fabricant des essieux (la société SAE), elle a cependant mis hors de cause les deux autres sociétés au motif que « chaque sinistre trouvait son origine dans un défaut affectant les essieux des véhicules en cause, et que ces essieux avaient été fabriqués par SAE, dont par suite en sa qualité de producteur, seule la responsabilité était engagée ». [...]
Elle [la Cour de cassation] casse, en revanche, l'arrêt au visa de l'article 1641 du Code civil reprochant à la cour d'appel de ne pas avoir recherché, comme elle y était invitée, « si les sociétés Seg Samro et Fontenax, en leur qualité de vendeurs, n'avaient pas engagé leur responsabilité sur le fondement de la garantie des vices cachés ».

Ainsi, la responsabilité du fabricant du fait d'un produit défectueux n'exclut pas la mise en cause de la responsabilité du ou des vendeurs sur le fondement de la garantie des vices cachés.

A.-S. Allouis, larevue.squirepattonboggs.com, 21 mars 2017.

DOCUMENT 2 Extrait du Code civil

Article 1641

• Le vendeur est tenu de la garantie à raison des défauts cachés de la chose vendue qui la rendent impropre à l'usage auquel on la destine, ou qui diminuent tellement cet usage que l'acheteur ne l'aurait pas acquise, ou n'en aurait donné qu'un moindre prix, s'il les avait connus.

Article 1644

• Dans le cas des articles 1641 et 1643, l'acheteur a le choix de rendre la chose et de se faire restituer le prix, ou de garder la chose et de se faire rendre une partie du prix.

DOCUMENT 3 La garantie légale des vices cachés

Lorsque vous achetez un produit, le vendeur (ou le fabricant) doit vous garantir contre ses défauts cachés. La garantie s'applique à condition que le défaut soit caché, rende le produit impropre à l'usage auquel on le destine et existe à la date d'acquisition. Vous devez agir dans un délai de 2 ans après la découverte du vice et de 5 ans après l'achat. Vous devez prouver l'existence du défaut. Vous pourrez obtenir le remboursement total ou partiel, ainsi qu'une indemnisation en cas de dommage. [...]
C'est à vous de prouver l'existence du vice caché. Pour cela, vous pouvez produire les différentes attestations ou devis de réparation.

www.service-public.fr

FAIRE LE POINT

CHAP 10 Quelles réponses apporte le droit face aux risques auxquels s'expose l'entreprise ?

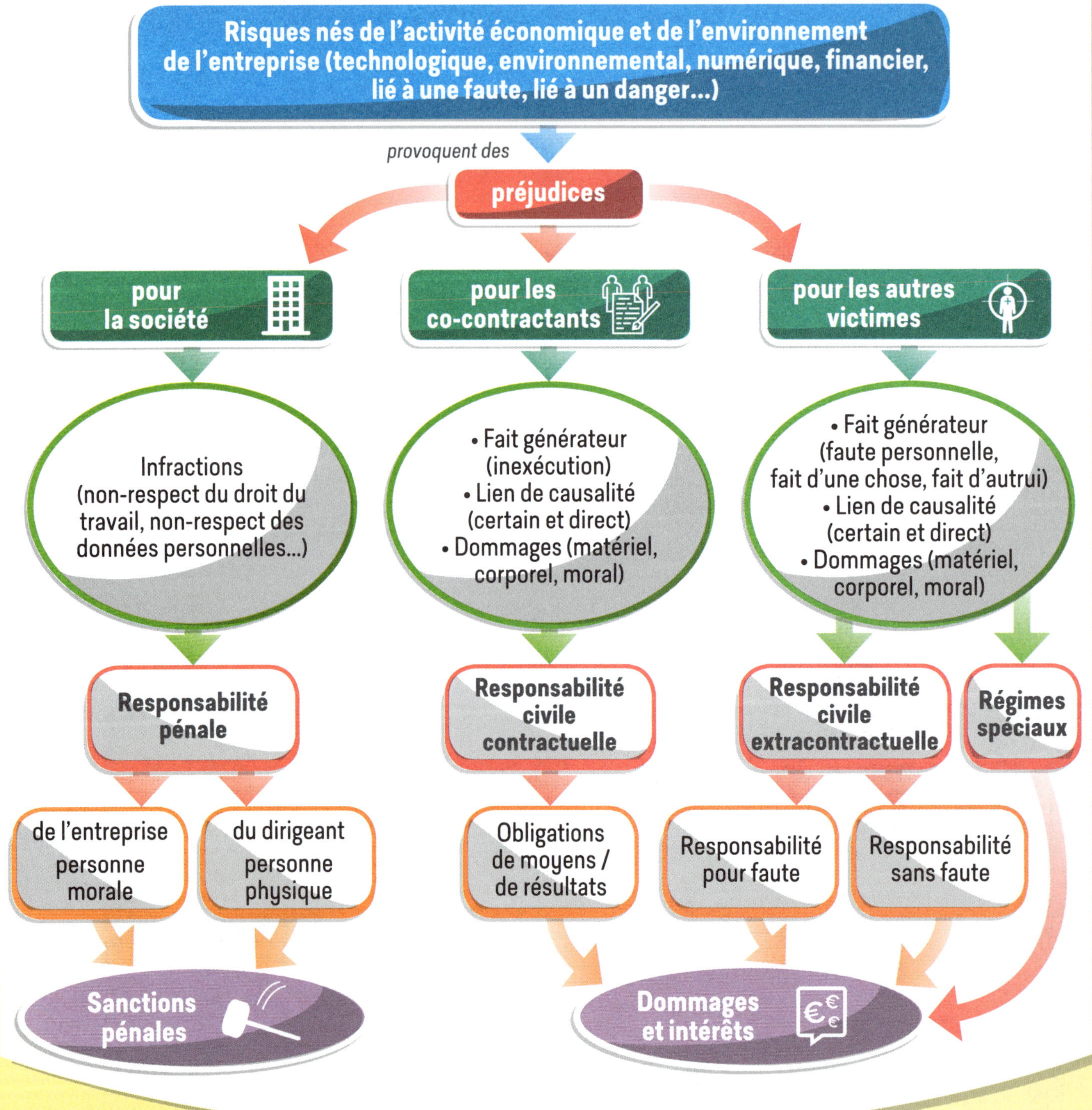

LEXIQUE

- **Dommage :** altération, volontaire ou non, causée par un tiers ou une chose à un bien ou à l'intégrité physique d'une personne.
- **Obligation de moyens :** obligation à la charge du débiteur qui a promis au créancier une action sans en garantir le résultat.
- **Obligation de résultat :** obligation à laquelle le débiteur est tenu, sauf cas de force majeure, lorsqu'il s'est engagé à un résultat déterminé.
- **Responsabilité civile contractuelle :** responsabilité née d'un dommage causé volontairement ou non dans le cadre de l'exécution d'obligation née d'un contrat.
- **Responsabilité civile extracontractuelle :** responsabilité née d'un dommage, causé volontairement ou non, à un tiers en dehors de toute relation contractuelle.
- **Responsabilité pénale :** obligation de faire, de ne pas faire ou de payer, née de la condamnation par une juridiction pénale de l'auteur ou du complice d'une infraction.

CHAPITRE 11

Quel financement pour l'entreprise ?

Situation simulée

La SAS TeXnich, créée en 2014 dans la région lyonnaise, est un acteur important dans le domaine de la fabrication de textiles techniques « intelligents » destinés à la fabrication d'articles de sport.

Pour élargir le marché de l'entreprise et lui permettre de gagner en notoriété, Maxime Demanche et Alex Courtin, les deux fondateurs de la start-up TeXnich, envisagent de proposer à Salomon et plus précisément à son centre de recherche, l'Annecy Design Center, un partenariat commercial.

Avant toute signature de contrat, le département juridique de Salomon demande à disposer des éléments relatifs à la situation financière du futur cocontractant.

Stagiaire au sein du service comptabilité de l'entreprise, vous devez procéder à l'analyse des documents comptables fournis par la SAS TeXnich.

Compétences

- Identifier le besoin de financement de l'entreprise en fonction de son cycle (exploitation/investissement) **(Objectif 1)**
- Recenser les solutions de financement adaptées à l'entreprise dans une situation donnée **(Objectif 2)**

1 Identifier le besoin de financement de l'entreprise en fonction de son cycle (exploitation/investissement)

SAVOIRS ASSOCIÉS
- La distinction cycle d'exploitation, cycle d'investissement
- Le compte de résultat de l'entreprise
- Le bilan de l'entreprise

Missions

1 ***L'exploitation du bilan pour l'année 2018 fait apparaître un besoin en fonds de roulement de 4 930 €.***
Expliquez pourquoi un besoin de financement lié au cycle d'exploitation apparaît au sein de l'entreprise TeXnich.

2 ***En 2010, l'entreprise a acquis une machine pour 80 000 euros. Chaque année, la vente des produits fabriqués grâce à cette machine génère en moyenne un chiffre d'affaires de 8 000 euros (soit un bénéfice de 2 600 euros).***
Compte tenu de ces éléments, expliquez pourquoi un besoin de financement lié au cycle d'investissement apparaît dans l'entreprise TeXnich.

DOCUMENT 1 Analyse financière synthétique de la SAS TeXnich

Synthèse du compte de résultat de la SAS TeXnich

CHARGES	2018	PRODUITS	2018
Charges d'exploitation	327 000 €	Produits d'exploitation	355 060 €
Charges financières	5 600 €	Produits financiers	0 €
Charges exceptionnelles	0 €	Produits exceptionnels	0 €
Impôts sur les bénéfices	*5 430 €*		
TOTAL DES CHARGES	**338 030 €**	**TOTAL DES PRODUITS**	**355 060 €**
Solde créditeur (bénéfices)	17 030 €	Solde débiteur (pertes)	
TOTAL GÉNÉRAL	**355 060 €**	**TOTAL GÉNÉRAL**	**355 060 €**

Extrait du bilan simplifié de la SAS TeXnich

ACTIF	2018	PASSIF	2018
Actif immobilisé		Capitaux propres	
Immobilisations incorporelles	16 400,00 €	Capital	50 000,00 €
Immobilisations corporelles	106 566,00 €	Réserves	22 100,00 €
Immobilisations financières		Résultats de l'exercice	17 030,00 €
TOTAL 1	**122 966,00 €**	**TOTAL 1**	**89 130,00 €**
Actif circulant		Dettes	
Stocks	10 560,00 €	Financières (emprunts)	35 590,00 €
Créances clients*	16 130,00 €	Dettes fournisseurs*	19 200,00 €
Valeurs mobilières de placement		Dettes fiscales et sociales	2 560,00 €
Disponibilités (trésorerie)	3 400,00 €	Autres dettes	6 576,00 €
TOTAL 2	**30 090,00 €**	**TOTAL 2**	**63 926,00 €**
TOTAL GÉNÉRAL	**153 056,00 €**	**TOTAL GÉNÉRAL**	**153 056,00 €**

**Les clients règlent leurs créances à 60 jours fin de mois et les dettes fournisseurs sont obligatoirement réglées à 30 jours fin de mois.*

Informations issues du traitement des données du bilan pour l'année 2018	
Fonds de roulement (FR)	1 754 €
Besoin en fonds de roulement (BFR)	4 930 €
Taux d'endettement net	36 %
Capacité d'endettement	56 940 €

© Delagrave, 2018.

RESSOURCE 1 Les cycles financiers de l'entreprise

• **Le cycle d'exploitation** correspond à l'ensemble des opérations réalisées depuis l'achat des biens (matières premières et/ou marchandises) et services nécessaires à l'activité de production de l'entreprise, en passant par le stockage, jusqu'à l'encaissement des ventes. Le cycle d'exploitation est plus ou moins court selon le type d'activité de l'entreprise.

• **Le cycle d'investissement** correspond à l'ensemble des opérations qui concerne l'acquisition et l'utilisation des immobilisations (outil de travail) nécessaires à l'activité de production de l'entreprise (machines, moyens de transport, matériel informatique). Le cycle d'investissement est à long terme (plusieurs années).

• **Le cycle de financement** correspond à l'ensemble des opérations dont l'objectif est d'identifier et de mobiliser les ressources financières stables pour les cycles d'exploitation et d'investissement.

© Delagrave, 2018.

RESSOURCE 2 Découvrir le compte de résultat d'une entreprise

Le **compte de résultat** retrace l'ensemble des **charges** et des **produits** de l'**exercice comptable**. Il permet d'apprécier la performance de l'entreprise sur cette période qui est caractérisée par le montant du résultat net (bénéfices ou pertes).

Une présentation schématique du compte de résultat

Exercice bénéficiaire

Charges	Produits
Charges d'exploitation Charges financières Charges exceptionnelles Bénéfices	Produits d'exploitation Produits financiers Produits exceptionnels

Exercice déficitaire

Charges	Produits
Charges d'exploitation Charges financières Charges exceptionnelles	Produits d'exploitation Produits financiers Produits exceptionnels Pertes

Résultat net = total des produits – total des charges

© Delagrave, 2018.

RESSOURCE 3 Découvrir le bilan d'une entreprise

Vidéo 3'10
Le besoin en fonds de roulement
lienmini.fr/c576-bfr

Un bilan est un document qui représente la situation patrimoniale d'une entreprise à une date donnée en termes d'emplois et de ressources.

BILAN

ACTIF Emploi des ressources financières dont dispose la société	PASSIF Origine des ressources financières dont dispose la société
Immobilisations : • Immobilisations corporelles terrain, constructions, installations techniques, outillage et matériel industriel • Immobilisations financières participations, prêts, titres	**Fonds propres :** • Capital social • Réserves • Résultat de l'exercice • Provisions réglementées
Actif circulant : • Stock de marchandises et produits finis non vendus • Créances clients et autres • Disponibilités	**Dettes :** • Emprunts et dettes financières • Avances et acomptes reçus • Dettes fournisseurs • Dettes fiscales et sociales
Total actif : égal au total passif. L'actif décline quel est l'emploi des ressources financières	Total passif : somme des ressources, financières propres (internes) et externes (dettes) dont bénéficie l'entreprise.

Immobilisations ← C'est ce que l'entreprise détient en « dur ». Elles sont financées en premier lieu par les fonds propres.

Actif circulant ← Le stock et les créances clients consomment des ressources financières. C'est pourquoi ils doivent être optimisés pour minimiser leur poids financier.

Fonds propres → Ressources financières intrinsèques à l'entreprise, plus elles sont élevées par rapport aux dettes plus l'entreprise est autonome, dans la gestion de son activité.

Dettes → Ressources financières qui sont en fait des « prêts » accordés par des tiers (banques, fournisseurs). Plus elles sont importantes, plus l'entreprise est dépendante de ces tiers pour continuer son activité.

www.etrepaye.fr

2 Recenser les solutions de financement adaptées à l'entreprise dans une situation donnée

SAVOIRS ASSOCIÉS
- Les différents modes de financement
- L'équilibre financier de l'entreprise

Missions

1. **Expliquez comment la SAS TeXnich peut financer le besoin lié au cycle d'exploitation.**
2. ***L'agrandissement des locaux et l'acquisition de matériels envisagés par Maxime Demanche représentent un investissement de 350 000 euros. La SAS TeXnich dispose d'un apport de 50 000 euros (autofinancement).*** **Identifiez le besoin net de financement lié à cet investissement.**
3. **Recensez les modes de financement auxquels la SAS TeXnich peut recourir pour financer cet investissement. Puis précisez quelle règle l'entreprise doit respecter pour assurer son équilibre financier.**

DOCUMENT 1 Interview des fondateurs de TeXnich, Maxime Demanche et Alex Courtin

Comment vous est venue l'idée de créer l'entreprise TeXnich ?
MD : *À la fin de nos études d'ingénieur à l'École des Mines de Saint Étienne, mus par une passion commune pour le sport, nous avons eu le souhait de créer notre propre entreprise dans le domaine du textile dit « intelligent ».*
Quelle innovation vous a fait connaître ?
AC : *Sans aucune hésitation, ce sont les tissus régulateurs de température corporelle qui ont permis la croissance de TeXnich et d'asseoir sa notoriété dès 2016.*
Quelle est pour vous votre plus belle réussite ?
MD : *D'avoir su valoriser les ressources et compétences de nos 10 salariés qui ont permis d'inscrire TeXnich dans un processus constant d'innovation. D'ailleurs, un contrat avec l'entité « Annecy Design Center » de Salomon devrait prochainement voir le jour. Il s'agit d'une reconnaissance de premier ordre pour notre petite entreprise.*
Quels sont actuellement vos projets ?
AC : *Nous poursuivons notre stratégie de développement et envisageons une extension de nos locaux, ce qui représente un investissement d'un montant de 350 000 €. Nous étudions actuellement les solutions de financement envisageables.*

© Delagrave, 2018.

RESSOURCE 1 L'équilibre financier

La règle de l'équilibre financier exige que les capitaux mobilisés par l'entreprise, pour financer un besoin lié aux cycles d'exploitation ou d'investissement soient d'une durée proportionnelle à la durée de vie ou d'utilisation du bien acquis.

© Delagrave, 2018.

RESSOURCE 2 Les solutions de financement pour les entreprises

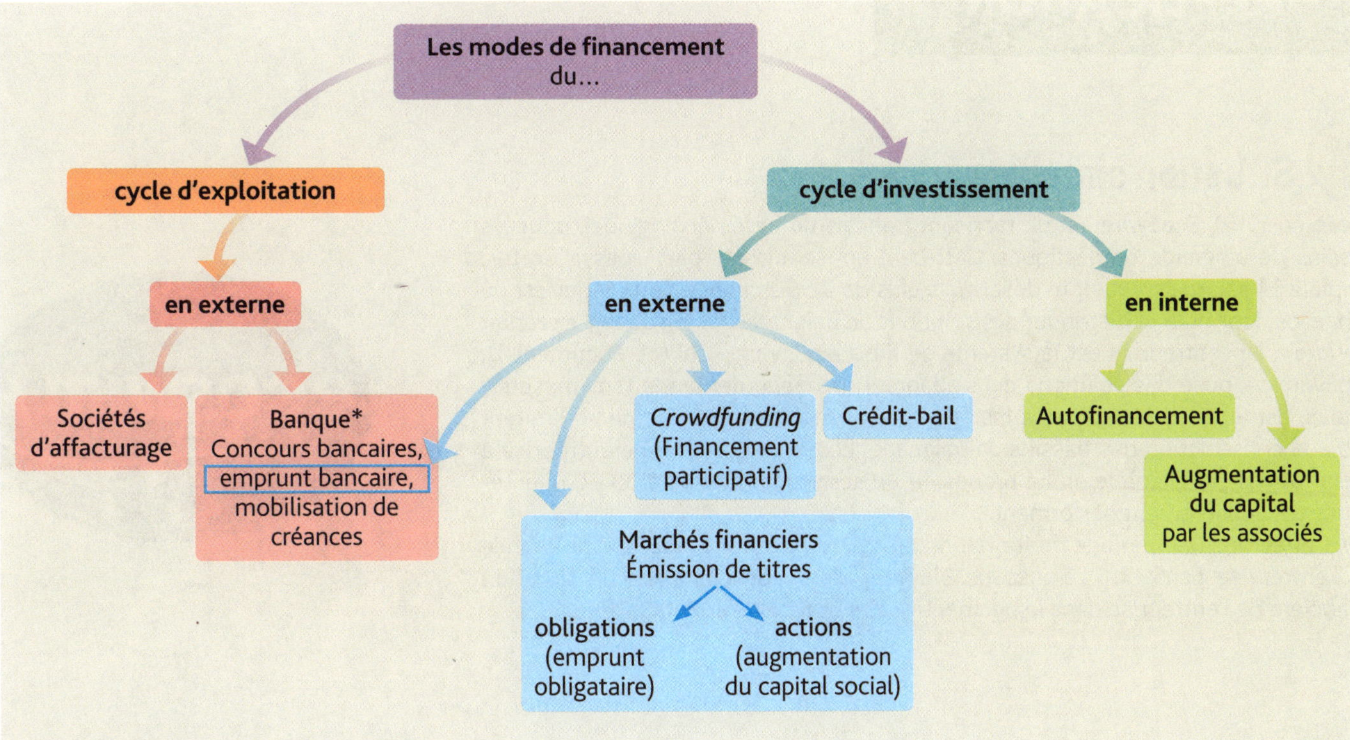

* En général, la banque veille à ce que le taux d'endettement de l'entreprise n'excède pas 33 % et ne finance pas 100 % du besoin. L'entreprise doit s'autofinancer à hauteur d'environ 30 %.

Mobilisation de créances professionnelles : moyen de financement à court terme accordé par une banque ou un établissement de crédit spécialisé (société d'affacturage) qui repose sur la cession de créances-clients afin d'en obtenir le remboursement anticipé.

Concours bancaires : ensemble de crédits ou de prêts accordés par une banque à court terme (moins d'un an). Exemples : facilité de caisse, découvert, etc.

Obligation : valeur mobilière de placement qui représente une part de l'endettement d'une entreprise (part d'un emprunt émis sur les marchés financiers). Elle a pour but de financer une activité ou des investissements. L'entreprise qui émet une obligation s'engage à rembourser son montant (le principal) à l'échéance de l'obligation. Entre temps, elle verse à son créancier des intérêts. Ce titre de créance peut être échangé sur le marché secondaire, à l'instar des actions.

Action : valeur mobilière de placement qui représente une part du capital social de l'entreprise. Elle constitue une source de financement à long terme. Contrairement à l'obligation, l'action n'est pas remboursable, elle peut être cédée sur les marchés financiers.
En contrepartie, l'action donne droit au bénéfice et à la participation à la gestion de l'entreprise, via le droit de vote.

Augmentation de capital : consiste, pour une société, à augmenter son capital social en émettant de nouvelles actions et en les cédant aux actionnaires actuels ou à de nouveaux actionnaires. Une telle opération permet de lever des fonds à long terme.

Crédit-bail : moyen de financer un bien professionnel mobilier ou immobilier. C'est une location avec possibilité d'achat en fin de contrat (option d'achat) à un prix défini au départ du contrat. C'est la banque qui a financé le bien en crédit-bail qui reste propriétaire du bien durant toute la durée du contrat. Au terme du contrat de crédit-bail, le locataire a trois solutions : faire valoir l'option d'achat, rendre le matériel au bailleur ou, lorsque c'est possible, prolonger le contrat de location.

Autofinancement : moyen de financement de l'entreprise sans appel à des ressources extérieures. L'autofinancement est réalisé grâce à ses plus-values, son épargne, ses capitaux propres et son amortissement comptable.

Financement participatif ou *crowdfunding* (« financement par la foule ») : moyen de financer des projets d'entreprise accessible à un grand nombre de particuliers qui, au travers d'une plateforme dédiée sur Internet réalisent des apports financiers. Les apporteurs de capitaux (épargnants) choisissent de financer les projets auxquels ils croient et à hauteur de ce qu'ils souhaitent y investir. Plusieurs modalités de financement participatif existent : le don (avec ou sans contrepartie), le prêt (avec ou sans intérêts) et l'investissement en capital.

© Delagrave, 2018.

Vidéo 3'20
Comprendre le financement des entreprises
lienmini.fr/c576-banque

APPLICATION

Situation simulée

Créée en 1998, **ÉcoSwim** est un fabricant français de filtres écologiques pour les bassins de baignade domestiques. Cette entreprise, dirigée par Melissa Cortes, emploie 14 salariés et compte désormais plus de 3 500 clients. Son métier est de concevoir, fabriquer et distribuer des solutions de baignade écologiques. Le produit « phare » de l'entreprise est le système de filtration Living-Pool (cf. document 1). ÉcoSwim propose des solutions qui s'adaptent à chaque demande (sur-mesure), fiables, esthétiques et rapides à installer. Les prestations fournies ne se limitent pas à la construction des bassins de baignade. ÉcoSwim est la seule entreprise à accompagner sa clientèle en lui proposant un service après-vente ou de maintenance particulièrement performant.
Vous effectuez une période de formation au sein du service comptabilité-finance de l'entreprise ÉcoSwim. Le responsable vous demande d'analyser la situation financière de l'entreprise dans la perspective des prochains projets.

ecoswim+
TRAITEMENT DE PISCINE À L'OXYGÈNE ACTIF

1. *L'exploitation du bilan pour l'année 2018 fait apparaître un besoin en fonds de roulement (BFR) de 320 K€.* Expliquez pourquoi apparaît un besoin de financement lié au cycle d'exploitation, au sein de l'entreprise ÉcoSwim.
2. *L'entreprise envisage d'exiger un règlement client de 15 jours.* Expliquez les incidences qu'aurait cette décision sur le besoin de financement du cycle d'exploitation.
3. *ÉcoSwim projette de réaliser un investissement de 420 K€.* Recensez les modes de financement auxquels ÉcoSwim peut recourir pour financer cet investissement. Puis précisez quelle règle l'entreprise doit respecter pour assurer son équilibre financier.

DOCUMENT 1 Le concept du Living-Pool

Le *Living-Pool* est un système de filtration écologique des baignades, sans chlore ni autres produits chimiques. Le système présente de nombreux avantages ; par exemple, en hiver, il n'est pas nécessaire de vider l'eau du bassin, les pompes peuvent rester en place.

© Delagrave, 2018.

DOCUMENT 2 Les projets au sein d'ÉcoSwim

Melissa Cortes et ses collaborateurs, conscients de la forte demande des particuliers pour des solutions de baignades écologiques et saines pour la santé, souhaitent intensifier les ventes du système *Living-Pool*. Il s'agirait de développer des partenariats avec des distributeurs spécialisés et d'envisager une modalité de développement stratégique à l'international. En effet, les pays scandinaves et l'Allemagne sont, par exemple, des marchés porteurs pour cette offre. C'est pourquoi ÉcoSwim fait le choix d'augmenter ses capacités de production, d'investir dans des outils de production de pointe et d'augmenter la taille des ateliers dédiés à la R&D. Au total, cela représente un projet d'envergure d'un montant estimé à 420 000 euros.

© Delagrave, 2018.

DOCUMENT 3 Bilan d'ÉcoSwim pour l'année 2018

BILAN en milliers d'euros ÉCOSWIM			
Actif Immobilisé	320	Capitaux propres	140
Stock	200	Dettes financières*	500
Clients	280	Dettes fournisseurs	160
Disponibilités	0		
TOTAL	**800**	**TOTAL**	**800**

** dont 60 en solde créditeur des banques.*
Les clients règlent leurs créances à 45 jours fin de mois et les dettes fournisseurs sont obligatoirement réglées à 30 jours fin de mois.

© Delagrave, 2018.

DOCUMENT 4 Résultat d'ÉcoSwim pour l'année 2018

RÉSULTAT (en milliers d'euros) ÉCOSWIM	
Résultat d'exploitation	160
Résultat financier	– 40
Résultat exceptionnel	– 80
Résultat net	40

© Delagrave, 2018.

DOCUMENT 5 Exploitation du bilan – année 2018 (en milliers d'euros)

Fonds de roulement (FR)	260
Besoin en fonds de roulement (BFR)	320
Trésorerie nette	60
Taux d'endettement net	314 %

© Delagrave, 2018.

Le COMPTE DE RÉSULTAT et le BILAN de l'entreprise peuvent faire apparaître...

un besoin de financement

lié au **cycle d'exploitation** et/ou lié au **cycle d'investissement**

révélé par

- la **trésorerie**
- le **besoin en fonds de roulement**

qui conduit à rechercher

des **solutions de financement**

pour **le cycle d'exploitation**

en externe
- Banque (emprunt, concours bancaire, mobilisation de créances)
- Société d'affacturage

pour **le cycle d'investissement**

en externe
- Emprunt bancaire
- Marché financier (actions, obligations)
- Crédit-bail
- Financement participatif (*crowdfunding*)

en interne
- Autofinancement
- Augmentation du capital social par les associés

LEXIQUE

- **Besoin en fonds de roulement (BFR) :** montant prévisible dont l'entreprise a besoin pour financer son cycle d'exploitation.
- **Bilan :** document qui représente la situation patrimoniale d'une entreprise à une date donnée en termes d´emplois et de ressources. Il permet une analyse de la situation financière du cycle d'exploitation et d'investissement de l'entreprise.
- **Compte de résultat :** document comptable synthétisant l'ensemble des charges et des produits d'une entreprise de l'exercice comptable. Il permet de déterminer le résultat net de l'exercice qui peut être un bénéfice ou une perte.
- **Cycle d'exploitation :** ensemble des opérations réalisées pour l'achat des biens et services nécessaires à l'activité de production de l'entreprise jusqu'à l'encaissement des ventes.
- **Cycle d'investissement :** ensemble des opérations qui concerne l'acquisition et l'utilisation des immobilisations nécessaires à l'activité de production de l'entreprise.
- **Équilibre financier :** principe selon lequel les capitaux mobilisés par l'entreprise pour répondre à un besoin de financement doivent être d'une durée proportionnelle à la durée de vie ou d'utilisation du bien acquis.
- **Fonds de roulement (FR) :** ressource durable (stable) qui permet de financer les investissements et les emplois du cycle d'exploitation.
- **Modes de financement :** solutions de financement internes et/ou externes à l'entreprise pour financer ses besoins actuels et/ou futurs de ses cycles d'exploitation et d'investissement. Les choix des modes de financement sont contraints par le respect de l'équilibre financier.
- **Trésorerie :** ensemble des sommes d'argent disponibles en caisse ou placées sur des comptes bancaires.

SYNTHÈSE DU THÈME 3

L'ORGANISATION DE L'ACTIVITÉ DE L'ENTREPRISE

Pour assurer son fonctionnement optimal dans un contexte donné, l'entreprise organise son activité.

- ☑ Elle se dote d'une **structure organisationnelle** adaptée.
- ☑ Elle adopte un **style de management** approprié à chaque niveau.
- ☑ Elle mobilise des **ressources** et **compétences** propres.
- ☑ Elle organise son activité **en processus**.
- ☑ Elle doit composer avec les **parties prenantes** (parfois érigées en contre-pouvoirs).
- ☑ Elle assume une **responsabilité** éthique, sociale, sociétale et environnementale.
- ☑ Elle fait face à un **besoin de financement** lié à deux cycles :
  - – cycle d'exploitation
  - – cycle d'investissement.
- ☑ Elle recherche des **solutions de financement** adaptées :
  - – financement bancaire
  - – financement participatif
  - – financement par le marché financier.

  Elle doit respecter l'équilibre financier.

- ☑ Elle choisit, parmi de nombreuses possibilités, une **structure juridique** adaptée à son activité :
  - structure à but lucratif :
    - – entreprise individuelle
    - – entreprise sociétaire (SA, SAS, EURL/SARL)
  - structure de l'économie sociale et solidaire :
    - – coopérative
    - – mutuelle.
- ☑ Elle peut être confrontée à différents types de **risques** :
  - relevant de la **responsabilité civile** :
    - – contractuelle
    - extracontractuelle
  - relevant de la **responsabilité pénale**.

- ☑ Elle crée de la richesse (valeur ajoutée) en combinant des **facteurs de production** : capital (matériel et immatériel) et travail.
- ☑ Elle répartit cette richesse entre différentes catégories d'**acteurs** : salariés et organismes sociaux, État, banques, actionnaires, entreprise elle-même.
- ☑ Elle est confrontée à une structure de **coût** :
  - – coûts fixes
  - – coûts variables.
- ☑ Elle détermine sa **combinaison productive** (capital + travail) :
  - – en fonction de paramètres économiques (coût des matières premières, taux d'intérêt)
  - – pour contribuer au développement durable (en réponse à une contrainte réglementaire ou dans une démarche délibérée).
- ☑ Elle analyse sa **chaîne de valeur** :
  - – pour identifier les activités principales et les activités de soutien
  - – pour orienter son choix de « faire » ou de « faire faire » (impartition, externalisation).

LE SLIP FRANÇAIS

THÈME 3 L'ORGANISATION DE L'ACTIVITÉ DE L'ENTREPRISE

1. Présentez l'entreprise Le Slip Français.
2. **Management** Au regard des actions envisagées par les dirigeants de l'entreprise, évaluez le risque de constitution de contre-pouvoirs.
3. **Droit** Justifiez le choix du statut juridique de l'entreprise au lancement de l'activité.
4. **Économie** Présentez les choix productifs de Guillaume Gibault, puis envisagez leurs conséquences sur la combinaison productive de l'entreprise.
5. **Droit** *Pour la seconde fois au cours du même semestre LaMercerieIndustrielle livre en retard des étiquettes qui de plus ne correspondent pas au cahier des charges.* Qualifiez juridiquement la situation, puis proposez à Guillaume Gibault une solution juridique.
6. **Économie** Montrez en quoi les constats permis par le graphique du document 5 peuvent justifier le choix du « made in France », pourtant à contre-courant de l'externalisation en Asie, largement pratiquée dans le secteur textile français.
7. **Management** Identifiez le cycle de l'activité de l'entreprise Le Slip Français concerné par les choix de financement présentés dans le document 7. Justifiez ces choix en les comparant aux autres solutions de financement possibles pour les projets de l'entreprise.

DOCUMENT 1 Interview de Guillaume Gibault, fondateur du Slip Français

[…] Management : De quelle manière a commencé l'aventure du Slip Français ?

Guillaume Gibault : Par un pari un peu stupide. Au chômage depuis quinze jours, j'avais envie de créer mon entreprise dans le secteur de la fringue. J'avais LVMH en tête. Il me manquait juste l'essentiel : le produit et l'histoire qui va avec. C'est en discutant avec des potes que j'ai eu l'illumination : Le Slip Français ! J'ai parié que j'arriverais à vendre des slips 100 % « made in France » avec cette marque.

Management : Ça ressemblait à une blague, non ?

Guillaume Gibault : Faire rire, c'est déjà exister. J'avais confiance dans mon idée. J'ai commencé par acheter des slips pour m'initier, car je n'y connaissais rien. Sur Google, j'ai trouvé un atelier de confection en Dordogne. J'ai rencontré les responsables, on a créé un modèle et je suis reparti avec 600 slips, en bleu, blanc, rouge et noir. Au pire, me suis-je dit, j'en ai assez pour toute ma vie. En quatre mois, j'ai réalisé 40 000 euros de chiffre d'affaires. En fait, à peine avait-on ouvert le site Web qu'on courait déjà après les stocks ! […]

Management : Vous aviez quel statut au départ ?

Guillaume Gibault : J'ai été autoentrepreneur [entreprise individuelle] pendant cinq mois, à l'époque où je squattais chez ma grand-mère. Puis, j'ai créé l'entreprise, pris des stagiaires, fait appel à des prestataires pour rester souple. Il faut se débrouiller. Au final, tous les salariés du Slip ont commencé en stage et notre premier contrôle Urssaf s'est très bien passé !

A. Mora, www.capital.fr, 4 novembre 2015.

DOCUMENT 2 Le Slip Français : l'entreprise tricolore qui monte

C'est une marque qui grimpe : Le Slip Français. L'entreprise est en train de passer un cap, de devenir un véritable industriel. Son fondateur, Guillaume Gibault, reste à 32 ans le principal actionnaire, mais il a fait entrer dans le capital deux fonds d'investissement. Cela donne de l'argent frais pour acheter de nouveaux robots, des outils de production, en partenariat avec les fournisseurs. Parce que « *Le Slip Français, ce sont 60 personnes, mais aussi 42 ateliers dans la France entière qui font travailler 152 employés avec nous* », se réjouit Guillaume Gibault.

Pas mal pour un sous-vêtement pour homme avec un liseré bleu blanc rouge, dont l'idée a germé il y a 7 ans. En 2012, Guillaume Gibault décide de fabriquer un slip pour homme made in France. [...] « *Mais je voulais créer ma propre boîte* », raconte-t-il. [...] Guillaume aime la mode, il veut miser sur Internet. [...] Là, il a fallu trouver les fabricants. La première cargaison, 600 slips, ramenés dans le coffre d'une voiture de location, vient de l'usine Moulin Neuf Textiles, en Dordogne. Puis ce sont les ateliers Lemahieu, à Saint-André-lez-Lille, qui rejoignent l'initiative. Maintenant, il y a aussi les confections du Coglais, près de Rennes, pour les maillots de bain, ou Broussaud Textiles, près de Limoges, pour les chaussettes. [...]

Le Slip Français, c'est maintenant une PME parisienne qui affiche un chiffre d'affaires de 13 millions d'euros pour une production made in France, qui se compose à 60 % de slips, 20 % de maillots de bain, 70 % des ventes qui se font sur internet, sept boutiques en propre et quatre nouvelles qui vont bientôt ouvrir à Lyon, Bordeaux, Lille et Cannes.[...] Parce que ça marche : un slip se vend en moyenne entre 25 et 35 euros et pour rester en France, l'entreprise réduit sa marge et croit en la robotisation. « *Les robots peuvent permettre de conserver les usines textiles chez nous : produire plus vite, fabriquer sans couture pour réduire au maximum le nombre d'opérations sur chaque pièce, présenter peu de modèles* ». Ce sont les clés du succès du Slip Français.

B. Tassart, www.rtl.fr, 10 mars 2018.

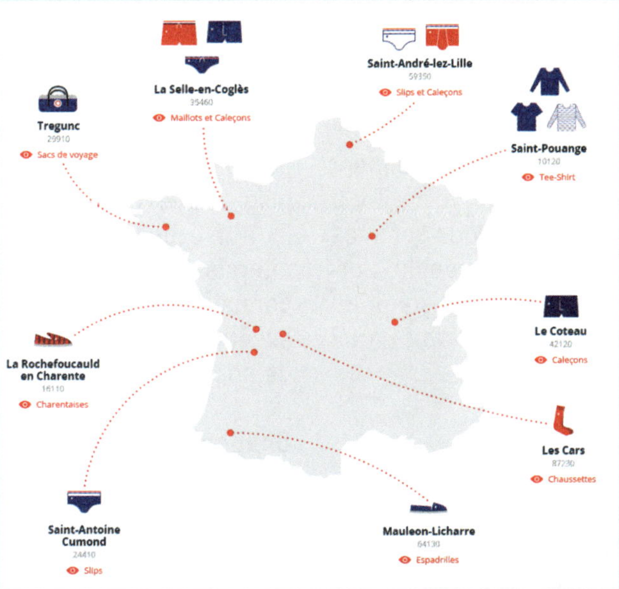

www.leslipfrancais.fr

DOCUMENT 3 Guillaume Gibault : Le management qui sent bon le naturel !

[...] Diplômé d'HEC, vous avez lancé votre entreprise fin 2011. Le parcours tout tracé vers les entreprises de consulting ou les grands groupes n'était-il pas pour vous ?

En sortant de l'école, je suis allé chez General Electric. J'ai rejoint le *Graduate program* mais je n'ai vraiment pas passé un bon moment. J'ai démissionné au bout de 3 mois. [...]

Était-ce le côté formatage ou le métier en lui-même qui ne vous plaisait pas ?
C'était un peu des deux : le format, le métier. J'ai eu une réaction assez violente vis-à-vis de cela. En fait je me suis posé la question de ce que j'avais envie de faire alors que j'étais déjà sorti de l'école...

N'étiez-vous pas supposé le faire avant ?
Mieux vaut tard que jamais ! [...] Les parcours de jeunes issus d'écoles de commerce qui ne se reconnaissent pas dans les postes qu'on leur propose dans les grandes entreprises et qui se lancent dans des projets un peu fous de création avant la trentaine se multiplient. On peut citer, par exemple, Michel&Augustin ou Faguo. [...]

Combien de salariés travaillent pour Le Slip Français aujourd'hui ?
Nous avons 14 salariés au total, dont 12 en CDI. J'ai donc 2 stagiaires, ce qui me fait dire que je n'en ai pas assez...

Vous les comptez donc dans les effectifs...
Allez les voir et dites-leur qu'on ne les compte pas. Ils bossent comme les autres, ils sont impliqués comme les autres, parfois ils connaissent la boîte aussi bien que les autres. Ils sont ravis, ils font partie de l'aventure. J'espère qu'ils garderont toujours un petit bout de cela avec eux. En tout cas, je suis très exigeant. Ils apprennent beaucoup, nous permettent de tester et de voir s'il y a un vrai besoin sur un poste. Aujourd'hui, nous sommes donc à 12 salariés et 2 stagiaires, c'est formidable. Surtout, nous avons embauché des personnes en stage de fin d'études. Tout le monde ou presque en a fait un ici avant de se faire embaucher. [...]

Avec combien d'usines travaillez-vous ?
Nous travaillons avec neuf sous-traitants principaux, qui sont répartis un peu partout en France. Le principal aujourd'hui étant à Lille. Nous faisons ainsi travailler 25 personnes en équivalant temps plein à l'année, en plus des 14 que nous avons ici.

Vos salariés travaillent en open space. Je ne vois pas de bureau aux parois vitrées et aux stores baissés... En avez-vous un ?
Non, je n'ai pas de bureau à part. [...]

Est-ce par choix ?
Oui, totalement. La moyenne d'âge chez nous est de 24 ans. Je suis de loin le plus vieux avec mes 29 ans. Nous nous entendons bien, nous sommes tous dans un tir groupé d'âges. Je mets clairement des relations d'autorité car cela ne fonctionne pas autrement mais cela reste bon enfant. Je pense que la hiérarchie peut être efficace sans avoir besoin de jouer au petit chef imbécile. En tout cas, c'est ce que j'essaie de faire. À partir du moment où l'on travaille et où l'on est compétent, l'autorité se crée naturellement. [...]

Vous reconnaissez-vous dans les méthodes de management formalisées ?
Il y a beaucoup de bonnes méthodes de management, mais cela dépend des personnes. Je pense que pour bien manager, il faut que ce soit naturel, que ce ne soit pas forcé. [...] Le management doit se construire sur la relation interpersonnelle et non l'inverse. [...]

Le modèle 100 % Web n'est-il pas tenable ?
Il n'est pas adapté à notre cas, car nous sommes vraiment une marque. À mon sens, une marque doit se décliner sur beaucoup de plans. Ce qui fait sa notoriété, c'est la répétition et son utilisation dans beaucoup de canaux. Nous avons besoin d'être aux Galeries Lafayette, d'avoir une boutique physique où les gens et les partenaires étrangers (japonais, coréens) qui viennent faire les salons parisiens puissent nous voir. [...]

Quels sont vos modèles de réussite ? Et en matière de management ?
Il y a quelques entrepreneurs vraiment très forts, comme le fondateur de Patagonia [Yvon Chouinard, ndlr]. Il a écrit un ouvrage : *Let my people go surfing*. Ce sont des personnes qui, selon moi, ont de vraies valeurs. J'ignore jusqu'à quel point on se situe dans le marketing, mais le livre m'a beaucoup plu. En termes de management, je citerais *Fany* [Péchiodat, ndlr] de My Little Paris que je connais. L'entreprise est parvenue à structurer ce qui par essence est difficile à structurer : la création d'idées et de nouveautés. [...]

Quelles sont vos ambitions à l'export ?
Pour l'instant, nous sommes assez peu présents, nous ne faisons que 10 % de notre chiffre à l'export. Mais nous avons d'excellentes pistes. C'est en train de bien démarrer. C'est aussi pour cela que nous faisons une levée de fonds, pour nous donner les moyens en termes d'équipes et de capacités de projection à l'export, pour aller chercher la croissance.

A. Gérard, courriercadres.com, 6 mai 2015.

DOCUMENT 4 La nouvelle vie du Slip Français

Dans un secteur frappé de plein fouet par les délocalisations, Le Slip Français affiche une croissance insolente (13 millions d'euros de CA en 2017) et des perspectives florissantes. Afin d'accélérer son développement et atteindre une stature industrielle, l'ex start-up mise sur **l'automatisation de ses processus de production**.

« On sort de la phase start-up, on devient une véritable entreprise industrielle », s'enthousiasme Guillaume Gibault (32 ans), fondateur du Slip Français. En l'espace de 6 ans, la PME parisienne, qui a redonné ses lettres de noblesse au slip « made in France » – toutes les matières premières et toutes les étapes de confection sont réalisées dans l'Hexagone –, est passée du statut de start-up clin d'œil à celui d'acteur majeur du secteur textile.

Comptant désormais 70 salariés, le Slip Français doit sa réussite à quatre facteurs : des produits de qualité, la touche « made in France », une approche digitale et l'essor du e-commerce. Avec 260 000 pièces commercialisées en 2017 [...], Le Slip Français a atteint un seuil critique. À ce titre, l'année 2017 représente un nouveau tournant majeur pour la marque tricolore. **Ce futur changement d'échelle repose sur la mise en place de nouveaux modes de production.** [...]

La première phase de l'amélioration de l'outil de production du Slip Français consiste à **cibler les procédés à améliorer et les innovations à mettre en œuvre.** [...] La première piste concrète qui sera défrichée dans le cadre du **R3iLab [Réseau innovation immatérielle pour l'industrie] vise à importer le tricotage circulaire**, aujourd'hui utilisé dans la fabrication des chaussettes. [...]

Pour une marque qui fut dès son lancement investie d'une mission d'ordre sociétale, la question de la robotisation n'est pas neutre. [...] Guillaume Gibault en appelle à la spécificité du secteur : le textile a tellement subi les affres de la délocalisation depuis 30 ans (la production a encore reculé de 7 % entre 2010 et 2016) que **l'automatisation, si décriée dans d'autres secteurs, se mue en levier de relocalisation.** [...]

Cette perspective de relocalisation est accueillie avec un certain engouement par tout ce que le tissu industriel du textile compte de PME. **Elles sont aujourd'hui une trentaine à profiter de l'essor du Slip Français qui ambitionne de commercialiser entre 350 000 et 400 000 pièces en 2018.** *« En comptant nos principaux sous-traitants, cela représente 97 emplois à temps plein »*, précise Guillaume Gibault qui envisage, de son côté, de recruter une vingtaine de collaborateurs supplémentaires pour accompagner cette croissance. [...]

« On souhaite renverser la façon dont fonctionne ce secteur jusqu'à présent : au lieu de fabriquer trois fois moins cher à l'autre bout du monde des produits qu'on ne vend pas ou seulement en soldes, on vend au prix juste des produits conçus au niveau local avec des procédés aussi respectueux que possible de l'environnement. [...] » Une marque qui n'hésite pas à aborder frontalement la question des marges. Entre le prix sortie d'usine et le prix public, **Le Slip Français qui réalise 70 % de ses ventes sur son site affiche des coefficients compris entre 3 et 3,5.** [...] **Avec des marges deux fois inférieures aux autres acteurs de l'industrie textile, la PME fondée en 2011 est obligée de miser sur son agilité.**

Cette volonté de se distinguer des pratiques des acteurs traditionnels du secteur fait partie de la stratégie de l'entrepreneur. En misant sur des produits de qualité fabriqués en France et sur des campagnes virales sur les réseaux sociaux, Le Slip Français est devenu une sorte de modèle qui joue à fond sur sa dimension sociétale, avec le « made in France » en toile de fond.
« L'enjeu, c'est d'expliquer la chaîne de valeur et le vrai prix des produits. Les clients sont réceptifs. [...] Lorsqu'ils sont impliqués et mis au courant des réalités du secteur, les consommateurs se rendent compte qu'ils ont un rôle à jouer. » [...]

Après avoir construit une marque forte en France, [...] **le Slip Français court désormais vers un nouvel enjeu « naturel » : son déploiement à l'international.** Fabriquer des slips en France et les vendre à l'étranger, notamment dans des pays où la marque est déjà présente (Angleterre, Allemagne et Japon).

T. Veysset, www.entreprendre.fr, 7 novembre 2017.

DOCUMENT 5 Le Slip Français en quête de nouveaux modes de production

[...] Le Slip Français veut conforter son ancrage en France. Et pour cela, **la jeune entreprise est en quête de nouveaux modes de production via la robotique. Son projet vient d'être sélectionné par le réseau d'innovation immatérielle pour l'industrie (R3iLab), soutenu par l'État. La société a reçu une aide dans le cadre d'un programme destiné à développer de nouveaux process dans la filière textile**. Le secteur a subi de plein fouet les délocalisations, il y a une trentaine d'années. Il emploie encore 57 000 salariés, une partie des entreprises s'étant reconverties dans les textiles techniques.

Gagner en productivité est un des enjeux de la filière pour faire face à la compétition de la Chine, des pays de l'Est ou du bassin méditerranéen. C'est aussi, le projet du Slip Français pour pouvoir continuer de fabriquer en France. Fondée en 2011, la société a fait le pari du 100 % local, du tricotage des fils de coton, aux élastiques, à la confection en passant par les étiquettes. Et ça marche. « *Notre production a atteint 250 000 pièces en 2016, nous visons le double en 2017* », dit Guillaume Gibault, son fondateur. [...]

Aujourd'hui, la jeune entreprise travaille avec **27 fournisseurs en France,** pour une gamme comprenant chaussettes, maillots de bain ou charentaises. Pour les sous-vêtements, elle a deux principaux partenaires, Lemahieu, à Lille, et Éminence, près de Nîmes. C'est dans ce domaine, que la start-up veut pousser l'innovation. Son idée : adapter des procédés comme le **tricotage circulaire** utilisé notamment dans la fabrication de chaussettes, à celle des sous-vêtements. **Aujourd'hui, ce dernier savoir-faire exige, pour l'assemblage, une main-d'œuvre qualifiée, mais qui disparaît avec les départs en retraite.** « *Sur 100 millions de sous-vêtements masculins consommés en France, à peine 5 millions ont été fabriqués dans l'Hexagone*, dit Guillaume Gibault. *On ne pourra rapatrier ces volumes qu'en robotisant, pour avoir des gains de productivité, ce qui permettra de créer des emplois ailleurs qu'en production, dans la logistique par exemple* ».

Pour favoriser « cette troisième révolution industrielle » et protéger ces savoir-faire, la start-up via le réseau R3iLab va donc rencontrer des fabricants de machines, des directeurs industriels afin de mettre au point un prototype de nouvelle génération. « *Le soutien de R3ilab donne de la crédibilité à notre démarche. Nous espérons aboutir d'ici 18 mois.* » Le Slip Français pourrait ensuite co-investir avec ses fournisseurs et continuer à lutter pour le made in France.

D. Chapuis, *Les Échos*, 29 mars 2017.

DOCUMENT 6 Salaires, productivité et coût salarial dans le secteur textile, en France et en Asie (2000-2015)

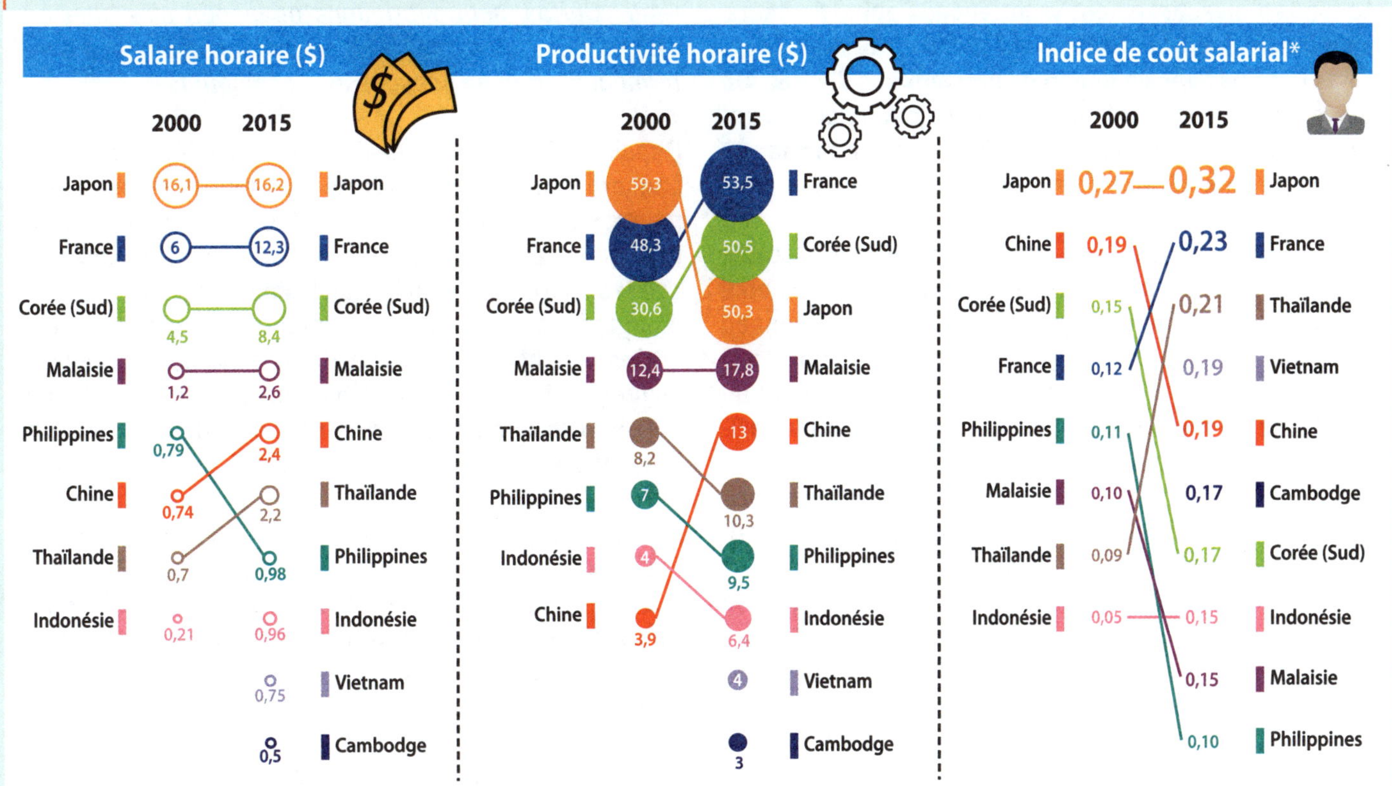

* L'indice de coût salarial correspond au rapport entre le salaire et la productivité. Plus l'indice est élevé, plus la rentabilité est faible, et vice versa.

Sources : ONU, Banque mondiale.

DOCUMENT 7 Contrat de sous-traitance avec LaMercerieIndustrielle (extraits)

Article 1 :
Le présent contrat a pour objectif de définir les conditions dans lesquelles LaMercerieIndustrielle assurera les prestations suivantes :
– production d'étiquettes de taille à coudre ;
– mise à disposition des étiquettes.
Ces travaux devront respecter strictement le cahier des charges ci-après détaillées. [...]

Article 3 – Obligations du prestataire :
Le prestataire est responsable de la bonne exécution de l'ensemble des prestations confiées ; il en assurera le suivi et le contrôle.
Le prestataire s'engage à informer le client, tant préalablement qu'au cours de l'exécution du présent accord, de tout élément susceptible d'impacter l'exécution de la prestation. [...]

Article 9 :
Le prestataire s'engage, tant en son nom personnel qu'au nom de ses collaborateurs, à garder secrètes les informations qui lui seront divulguées par le client, pour les besoins de l'exécution des présentes, et ce tant pendant la durée du présent contrat qu'après son extinction.
À ce titre, il s'engage : à ne pas les utiliser à d'autres fins que celles de l'exécution des présentes ; à limiter la divulgation des informations aux seules personnes en charge de l'exécution des prestations ; à recueillir de ces dernières leur engagement de secret.

Tous les documents papier et informatique du prestataire concernant ce contrat, sont de la propriété du client. [...]

DOCUMENT 8 Avec sa levée de fonds, Le Slip Français veut boxer en taille XXL

Le fonds d'investissement Experienced Capital Partners, spécialisé dans la mode, vient d'entrer au capital du Slip Français avec un apport de huit millions d'euros. Un moyen pour le spécialiste du sous-vêtement de consolider son activité florissante en France et de passer un cap à l'international.

« On est passé de la jeune start-up marrante à quelque de chose de vraiment sérieux », se réjouit Guillaume Gibault, le fondateur du Slip Français. En octobre, Experienced Capital Partners, le holding d'investissement fondé par les anciens patrons de Sandro et Maje [...], est entré au capital de la marque à hauteur de 36,5 % pour huit millions d'euros. [...]

La recette du Slip Français : une marque forte, une communication soignée et l'e-commerce

Pour engendrer un tel niveau de croissance, Le Slip Français s'appuie sur des forces identifiées de longue date : une marque forte, une communication soignée et un canal de distribution de prédilection, Internet. *« À la base, j'ai créé cette marque en me disant que l'e-commerce allait révolutionner le secteur,* se rappelle le fondateur. *Je voulais faire quelque chose dans le tissu, mais il fallait un segment de marché qui corresponde. Or le slip est un vêtement facile : léger, pratique à expédier, avec un faible taux de retour. »*

Le choix du made in France s'est également avéré payant : « *Je m'étais rendu compte que le savoir-faire artisanal français était très bien utilisé par les grandes marques mais pas par les acteurs de la consommation courante. Certes, nous fabriquons beaucoup plus cher en restant en France, mais comme nous n'avons pas d'intermédiaires, nous pouvons être compétitifs.* »

Depuis 2011, les ambitions de la PME ont dépassé le slip. La marque propose désormais tous types de sous-vêtements, mais aussi des tee-shirts, des pulls, des maillots de bain et des produits typiques de l'artisanat français, tels que les charentaises ou les boules de pétanque. Ces produits sont vendus à 80 % sur Internet : l'e-commerce est profondément ancré dans l'ADN de la marque, qui réalise environ 70 % de son chiffre d'affaires par ce canal. **Elle a d'ailleurs levé 2 millions d'euros en 2015 pour devenir** *« le meilleur exemple de marque digitale en France ».* Pour autant, Le Slip Français ne veut pas négliger les points de vente physiques. Guillaume Gibault compte ouvrir une quinzaine de boutiques en France. Trois boutiques ont déjà vu le jour à Paris. **La levée de fonds réalisée en octobre avec Experienced Capital Partners, spécialiste du retail, devrait accélérer le mouvement.**

[...]

Avec ce tour de table, Guillaume Gibault entend également consolider l'activité de la marque à l'export. [...] Pour l'heure, le fondateur se concentre sur la période cruciale de Noël [...] durant laquelle l'opération « Bouge ton pompon » sera reconduite en partenariat avec le Téléthon. Mise en place depuis deux ans, cette campagne a permis de récolter 135 000 euros en faveur de l'événement caritatif grâce à la vente de bonnets.

B. Dekonink, *Les Échos*, 1er décembre 2016.

MÉTHODOLOGIE POUR PRÉPARER L'ÉPREUVE DE CEJM

L'accompagnement méthodologique proposé ici veille à se conformer aux modalités et critères de l'épreuve, tels que définis dans le JO du 6 mars 2018. Le cas et les consignes ne constituent toutefois pas un modèle. Ils vous permettent, en revanche, l'acquisition, par étapes, des compétences méthodologiques nécessaires pour aborder la nouvelle épreuve.

Dans cet accompagnement méthodologique, vous trouverez les principaux outils pour :

1 Traiter les consignes et exploiter chaque type de documents

2 Construire une réponse argumentée à une consigne

	Objectifs et étapes	Compétences méthodologiques	Supports
1	Repérer, dans les consignes le(s), champ(s) disciplinaire(s) concerné(s)	*Repérer dans des consignes les mots-clés et les rattacher à un champ disciplinaire*	Missions : Consignes 1 à 7
2	Repérer dans les documents les éléments structurants	*Repérer dans un document (texte, graphique, tableau) les éléments structurants* *Repérer, dans les documents de nature différente, les informations concordantes et les informations complémentaires*	Documents 1 à 8
3	Repérer dans les documents du corpus les redondances/concordances et les complémentarités		
4	Analyser les attendus des consignes à partir des verbes directeurs et des notions	*Analyser les verbes directeurs*	Consignes 1 à 7
5	Relier les consignes aux documents qui permettront leur traitement	*Mettre en correspondance le contenu des documents et les attendus des consignes*	Consignes 1 à 7
6	Repérer dans les textes et documents iconographiques les éléments pertinents pour construire la réponse		Documents 1 à 8 Consignes 1 à 7
7	Exploiter un texte pour argumenter	*Traiter l'information d'un texte pour construire une réponse argumentée*	Consignes 1 à 7
8	Exploiter un graphique pour argumenter	*Analyser un graphique* *Construire une réponse argumentée*	Consignes 1, 4, 7
9	Exploiter un tableau pour argumenter	*Analyser un tableau* *Construire une réponse argumentée*	Consignes 1, 4, 7
10	Exploiter une iconographie pour argumenter	*Sélectionner les éléments visuels pertinents pour argumenter*	Consigne 3
11	Exploiter un contrat pour argumenter	*Analyser un contrat*	Consigne 5
12	Exploiter une décision de justice pour argumenter	*Analyser une décision de justice*	Consigne 6
13	Réaliser une argumentation juridique à l'aide du syllogisme	*Résoudre un cas pratique à l'aide du syllogisme*	Consigne 6
14	Se référer à plusieurs champs disciplinaires pour argumenter	*Construire une réponse argumentée par référence à plusieurs champs*	Consigne 7

Activités du secteur de la pêche et de l'aquaculture en France

MISSIONS :

1. Présentez *Les Pêcheurs de Bretagne.* (thème 1)
2. Recensez (en veillant à les classer) quelques-unes des parties prenantes des *Pêcheurs de Bretagne*. Puis identifiez les finalités de cette organisation de producteurs.
3. Analysez l'évolution de la demande sur le marché des produits aquatiques, en France, entre 2010 et 2015. (thème 1)
4. Expliquez en quoi consiste la politique de la pêche et pourquoi elle peut s'appliquer dans différents pays. Puis rattachez-la à un type de politique économique. (thème 2)
5. Analysez le contrat de location d'un bateau de pêche. (document 7)
6. Conseillez Samy B. sur la procédure de licenciement envisagée à l'encontre de Paul M.
7. Montrez en quoi la réglementation prévue par le Parlement européen vise à faire évoluer le cadre juridique de la pêche européenne. Précisez l'impact possible de ces changements sur certaines relations contractuelles. Envisagez-en les conséquences sur l'évolution prévisible de la combinaison productive des entreprises de pêche et sur les conditions de leur engagement RSE. (thème 3)

DOCUMENT 1 Les Pêcheurs de Bretagne

Les Pêcheurs de Bretagne est une organisation de producteurs (OP), structure reconnue au niveau européen par le règlement UE n° 1379/2013 portant organisation commune des marchés (OCM) dans le secteur des produits de la pêche et de l'aquaculture. En tant qu'OP, elle a pour objectif de « promouvoir l'exercice, par ses membres, d'*activités de pêche viables* et *durables* dans le *respect* [...] des *règles de conservation*, et [...] en participant également à la *gestion des ressources* biologiques marines. »

L'OP, structure fondée par et pour les pêcheurs, a adopté un mode de gouvernance qui met **les professionnels au cœur des décisions**. Le conseil d'administration (CA), composé de pêcheurs désignés par leurs pairs, débat des principaux enjeux liés aux activités des membres de l'organisation et prend les décisions (adhésions, mesures de gestion des activités de pêche, actions de l'OP...).
Des commissions par port, par métier ou par pêcherie se réunissent régulièrement afin de débattre des différentes activités et proposer des décisions au CA. La stratégie et les décisions du CA sont appliquées et mises en œuvre au quotidien par la direction, les chargés de

mission et l'ensemble de l'équipe de l'OP *Les Pêcheurs de Bretagne*.

En s'organisant de la sorte, les pêcheurs adhérents affirment leur volonté de promouvoir un mode de gestion pour une **pêche durable**, basé sur la **responsabilité individuelle** des acteurs et la **gestion collective** des droits de pêche. En tant qu'organisation de producteurs, ils entendent porter ce modèle et peser dans les négociations au niveau national comme au niveau communautaire. À travers ces valeurs essentielles, il s'agit aussi de **valoriser** les métiers, les femmes et les hommes de la pêche et d'encourager les consommateurs à choisir des produits de la **pêche responsable** telle que pratiquée par les adhérents de *Les Pêcheurs de Bretagne*. La structure regroupe aujourd'hui près de **700 navires** et **3 000 marins** pour une production annuelle moyenne de **100 000 tonnes***. Ces bateaux, qui mesurent de 4,4 à 46 mètres, sont majoritairement répartis sur la côte bretonne de St-Malo au Croisic et pratiquent des métiers divers : bolinche, casier, chalut, drague, filet, ligne, senne… Cette diversité est synonyme de complémentarité et l'organisation *Les Pêcheurs de Bretagne* constitue un ensemble cohérent tant au plan halieutique qu'économique.

** 300 000 tonnes de poissons sont pêchées et débarquées chaque année dans les ports français.*

www.pecheursdebretagne.eu

DOCUMENT 2 Les filières pêche et aquaculture

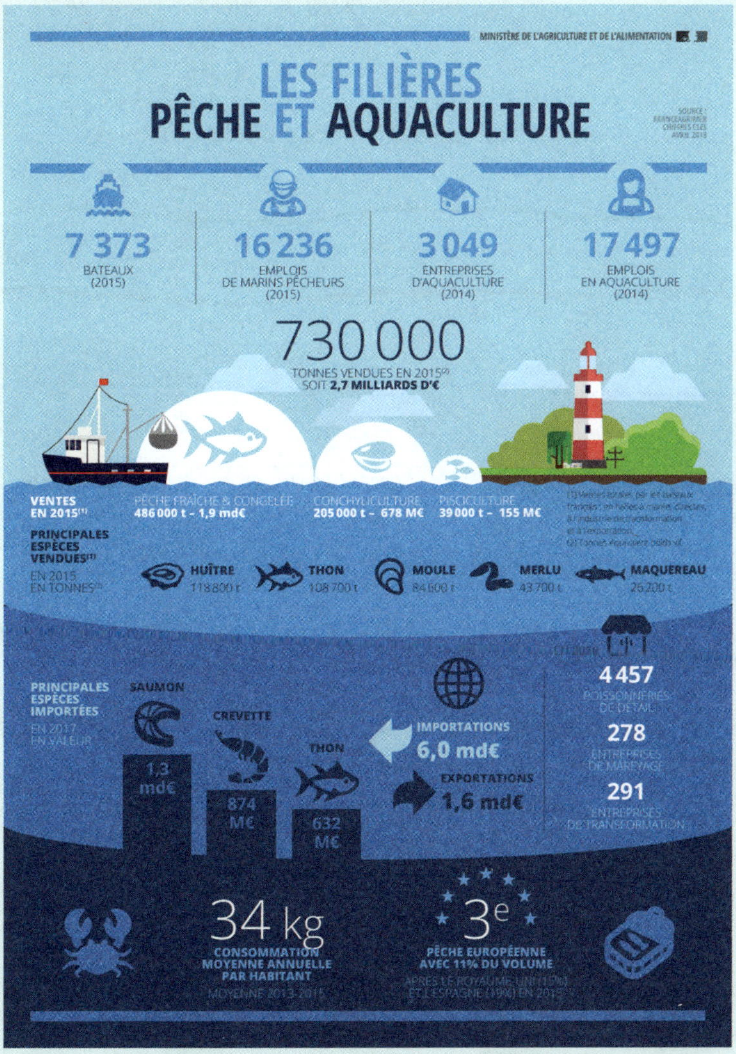

Source : http://agriculture.gouv.fr/infographie-les-filieres-peche-et-aquaculture

DOCUMENT 3 La consommation par habitant de produits aquatiques

Consommation par habitant de produits aquatiques

Moyenne 2013-2015

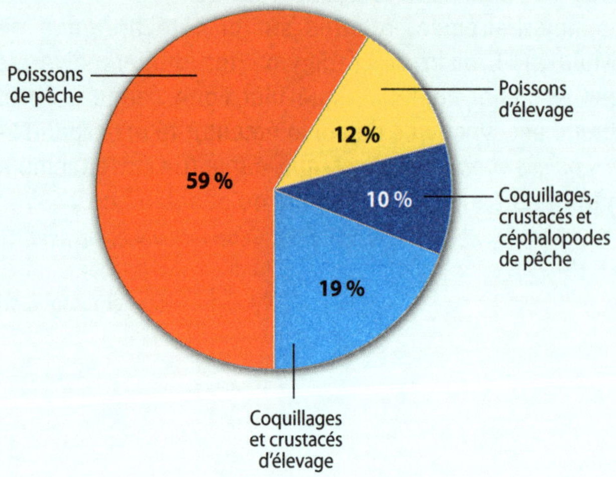

Consommation par habitant

(en kg poids vif par habitant et par an) (calculée par bilan)

	Population (millions d'hab.)	Tous produits aquatiques	Poissons	Coquillages, crustacés et céphalopodes
1998	59,899	28,7	19,1	9,7
1999	60,123	30,0	20,1	9,9
2000	60,508	31,0	21,1	9,8
2001	60,941	33,8	23,6	10,1
2002	61,385	34,4	24,4	10,0
2003	61,824	34,1	23,6	10,6
2004	62,251	35,7	24,4	11,3
2005	62,731	35,4	24,0	11,3
2006	63,186	35,7	24,3	11,5
2007	63,601	34,0	23,2	10,8
2008	63,962	34,0	22,6	11,4
2009	64,305	34,8	23,2	11,6
2010	64,613	35,6	24,0	11,6
2011	64,933	36,5	24,8	11,7
2012	65,241	33,3	22,9	10,4
2013	65,525	34,2	24,1	10,1
2014	66,021	34,1	24,3	9,8
2015	66,318	33,4	23,8	9,7

Consommation par habitant de produits aquatiques

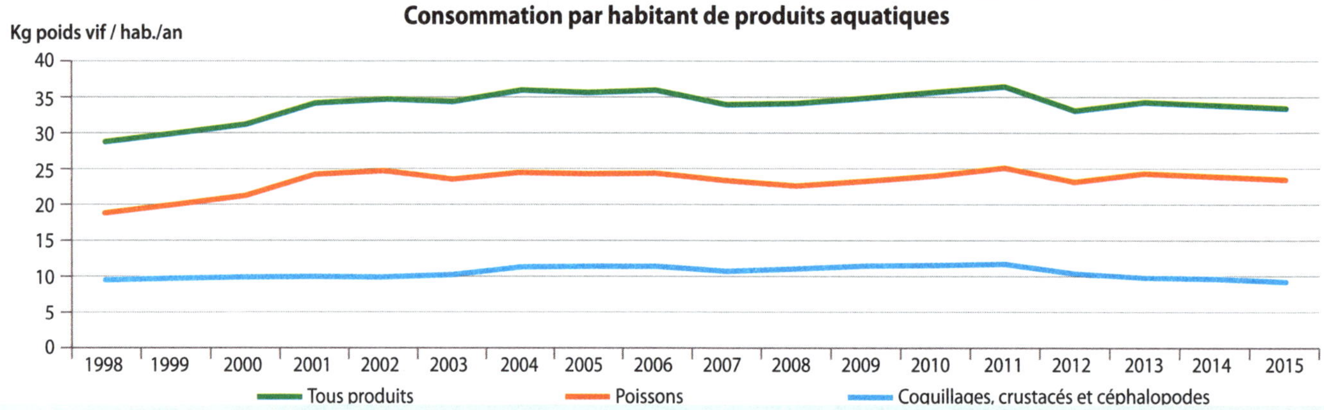

Source : www.franceagrimer.fr

DOCUMENT 4 Les achats de produits aquatiques par les ménages entre 2010 et 2016

TOUS PRODUITS	2011	2012	2013	2014	2015	2016	%16/15
Valeurs (k€)	6 963 961	7 099 140	7 090 354	7 085 568	7 135 737	7 262 070	1,8 %
Prix moyen (€/kg)	10,0	10,2	10,5	10,7	10,8	11,2	3,7 %

Tous produits

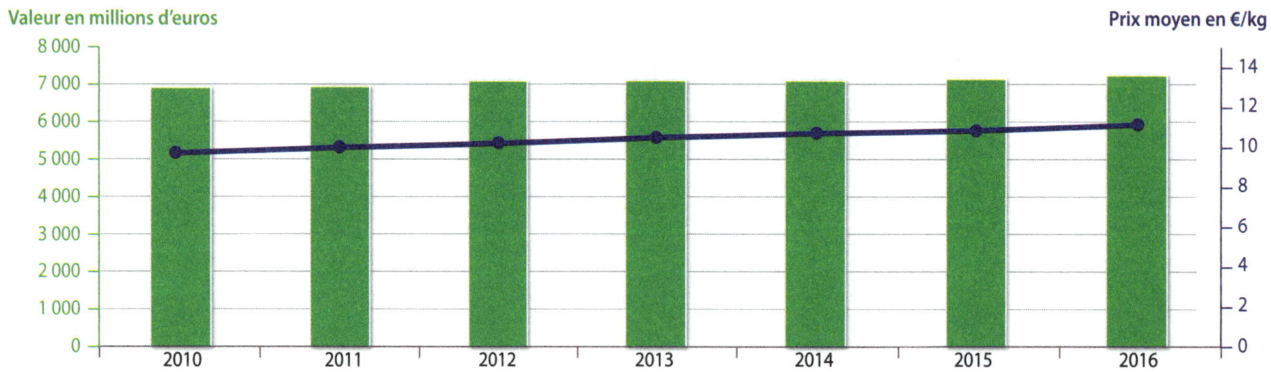

Source : www.franceagrimer.fr

DOCUMENT 5 Les importations et les exportations de produits aquatiques en 2016

[...] En France, la production de produits aquatiques ne couvre que partiellement la consommation. Le déficit (- 4,1 milliards d'euros en 2016) du commerce extérieur français de la pêche et de l'aquaculture est important et se creuse pour la quatrième année consécutive.

La valeur des importations de produits aquatiques augmente de 7 % en un an.

Parmi ceux-ci, les achats de poissons frais ou congelés (entiers et filetés) croissent de 13 % tandis que les préparations et conserves de poissons diminuent de 5 %. La France importe principalement, en 2016, des filets de poissons (1,3 milliard d'euros), des poissons frais (1,3 milliard d'euros) et des crustacés frais ou congelés (1 milliard d'euros).

Tous produits confondus, les exportations augmentent de 5 % en valeur avec notamment les filets de poissons (+ 10 %), les préparations et conserves de poissons (+ 8 %) et surtout les poissons congelés (+ 17 %).

Les saumons, les crevettes, la morue, les thons, et les coquilles Saint-Jacques pèsent fortement sur le déficit commercial. Parmi les principales espèces dont la balance est excédentaire, deux viennent pour partie ou totalement de l'élevage : la truite et les huîtres. Les autres espèces sont issues de la pêche : la légine, la seiche et l'anguille.

Les principaux fournisseurs de la France sont la Norvège, le Royaume-Uni et l'Espagne. À l'exportation, les principaux clients sont l'Espagne, l'Italie et la Belgique. [...]

Source : www.agreste.agriculture.gouv.fr, 2017

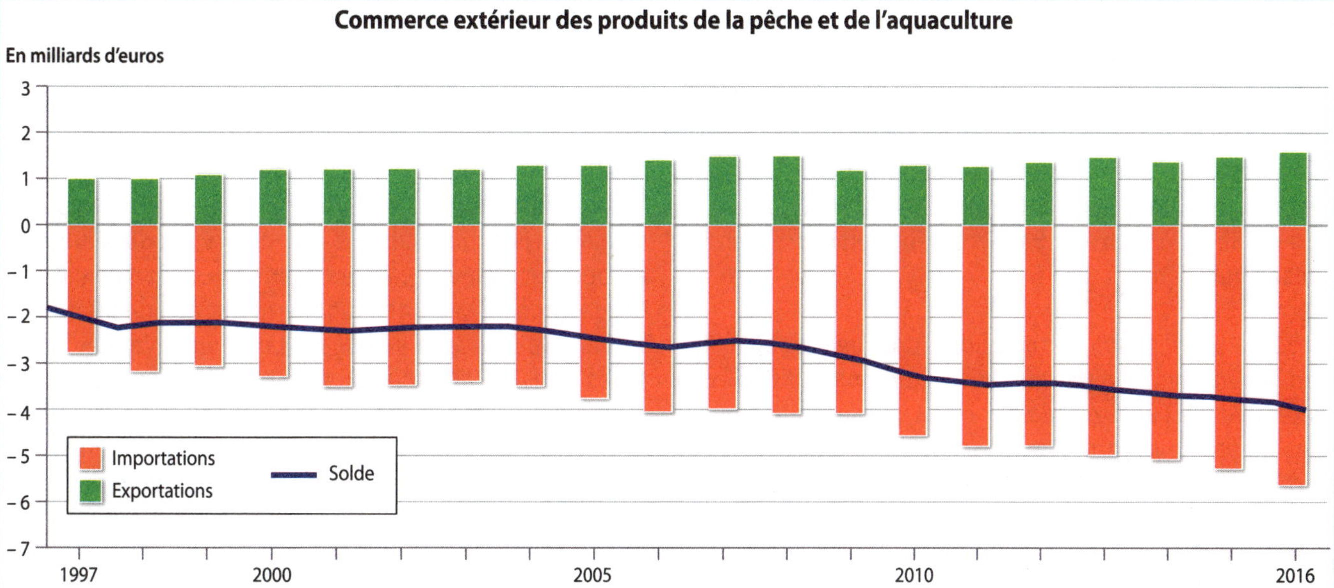

Champ : France y compris Dom.
Source : Douanes.

	2010		2016	
	Importations	Exportations	Importations	Exportations
	Millions d'euros			
Poissons, crustacés, mollusques et autres	**3 577,9**	**980,5**	**4 530,8**	**1 226,7**
Poissons vivants	*25,4*	*64,7*	*18,6*	*76,1*
Poissons frais	*949,6*	*271,4*	*1 299,7*	*294,9*
Poissons congelés	*179,0*	*158,8*	*173,3*	*212,1*
Filets et autres chairs de poisson	*1 019,7*	*107,7*	*1 335,7*	*177,4*
Poissons séchés, fumés, salés	*141,4*	*63,4*	*192,9*	*79,3*
Crustacés	*812,2*	*128,9*	*1 037,3*	*160,5*
Mollusques	*450,7*	*185,6*	*469,9*	*225,1*
Autres invertébrés aquatiques	*0,0*	*0,0*	*3,5*	*1,2*
Préparations et conserves de poissons, crustacés et mollusques	**882,2**	**188,8**	**1 025,3**	**242,6**
Poissons, caviar	*650,5*	*130,5*	*776,9*	*167,4*
Crustacés, mollusques	*231,7*	*58,4*	*248,4*	*75,2*
Farines et solubles de poissons non comestibles	**37,9**	**37,7**	**42,8**	**53,1**
Graisses et huiles	**37,5**	**24,7**	**65,4**	**47,9**
Algues et dérivés	**37,4**	**42,1**	**47,2**	**47,6**
Total	4 573,0	1 273,8	5 711,5	1 618,0

Champ : France y compris Dom.
Sources : Douanes et www.agreste.agriculture.gouv.

DOCUMENT 6 **Le Parlement européen demande l'interdiction de la pêche électrique**

402 députés européens se sont prononcés pour, 232 ont voté contre.
Ce choix tranché doit beaucoup à la mobilisation-éclair d'une coalition d'ONG et de pêcheurs-artisans.

Le retournement est spectaculaire. Contre toute attente, le Parlement européen s'est prononcé, mardi 16 janvier en séance plénière, pour l'interdiction totale de la pêche électrique. Le vote a d'autant plus surpris les observateurs que la majorité obtenue est sans appel : 402 députés européens se sont prononcés pour l'interdiction, 232 ont voté contre et 40 se sont abstenus. Ce choix tranché et la forte médiatisation de la controverse sur les chaluts à électrodes ont cependant occulté d'autres enjeux techniques du nouveau règlement, dénoncés par certaines ONG.

Le cheminement législatif du texte – destiné à fixer l'encadrement de la politique commune de la pêche – va se poursuivre : avant d'être formellement adopté, celui-ci doit encore faire l'objet de négociations dans le cadre d'un « trilogue » entre le Parlement, la Commission et le Conseil européen.

Le vote-surprise des eurodéputés doit beaucoup à la mobilisation-éclair d'une coalition hétéroclite d'ONG de protection de l'environnement et de plusieurs associations de pêcheurs-artisans. Selon ces derniers, la pêche électrique – qui consiste à envoyer des impulsions dans les sédiments pour en déloger les poissons – a un effet désastreux sur la biodiversité puisqu'elle électrocute indistinctement un grand nombre d'organismes benthiques – c'est-à-dire vivant sur le fond des océans. Mais selon ses partisans, cette technique serait moins destructrice pour le milieu marin que les chaluts classiques et elle permettrait d'économiser le carburant. [...]

« *C'est une victoire formidable pour les océans, pour les pêcheurs artisans et pour l'Europe* », s'est félicité Claire Nouvian, fondatrice de Bloom, l'association qui a fédéré l'opposition à cette pêche. Les eurodéputés socialistes, de même que le groupe des écologistes, se sont également réjouis de l'issue du vote, marqué par une prise de parole forte de l'eurodéputé français Yannick Jadot (EELV).

Ce dernier a accusé, en séance, la Commission d'avoir « *menti sur les fondements scientifiques* » de sa proposition d'étendre l'utilisation de la pêche électrique. Interdite en 1998, celle-ci avait été partiellement réautorisée, fin 2006, sur proposition de Bruxelles. L'exécutif européen se prévalait pour prendre cette décision d'un rapport d'experts du Comité scientifique, technique et économique de la pêche (CSTEP), alors qu'en réalité cette expertise – récemment exhumée par Bloom –, ne recommandait pas l'octroi de dérogations et émettait des réserves.

En dépit de cet avis, chaque État membre peut, depuis début 2007, électrifier 5 % de ses chalutiers à perche opérant en mer du Nord. Selon les associations de défense de l'environnement et les pêcheurs artisans français, les Pays-Bas, principaux utilisateurs de cette méthode, sont allés bien au-delà de ce seuil de 5 %. Interrogés par *Le Monde*, les services de la Commission font valoir que deux nouveaux rapports d'experts, en 2012 et 2016, sont favorables à l'extension de la pêche électrique. [...]

Interrogé à l'Assemblée nationale sur cette question, le 16 janvier, le ministre de la transition écologique et solidaire, Nicolas Hulot, a salué le vote du Parlement européen comme *« une très bonne nouvelle »* et a affirmé l'opposition de la France à cette technique de pêche qu'il a qualifiée de *« folie absolue »*. Le trilogue va donner lieu à des mois de négociations durant lesquels *« la France continuera à* être *impliquée et à dénoncer cette pratique de pêche qui a non seulement un impact sur l'environnement marin mais aussi sur la ressource halieutique »*, a déclaré le ministre.

Cependant d'autres points du projet de règlement demeurent contestés par des défenseurs de l'environnement marin. *« Le Parlement européen a affaibli les mesures qui permettent la protection des mers européennes depuis des décennies »*, a ainsi déclaré Björn Stockhausen, responsable de la politique de la pêche pour Seas at Risk.

L'ONG assure qu'à l'issue de ce vote, il n'existe plus de contraintes quantitatives destinées à réduire les prises de poissons immatures et de petite taille – exigence nécessaire, selon elle, au maintien des capacités de reconstitution des stocks. En l'état du texte voté par le Parlement, poursuit Seas at Risk, *« ce sera à des groupes régionaux d'États membres de déterminer et d'appliquer de telles recommandations régionales, si tant est que de telles mesures de réduction de prises soient décidées »*.

S. Foucart, www.lemonde.fr, 16 janvier 2018.

DOCUMENT 7 Contrat de location d'un bateau de pêche

Entre la société Captain Pêche, représentée par le gérant Jacques Lequellec, ci-après désigné « le loueur »,
Et Pierre Melville ci-après désigné « le locataire »,
il est convenu la location du bateau « NANA », de type QUICKSILVER 230 ARVOR AS,
Du 3 mai 201X à 6 heures jusqu'au 3 mai 201X à 19 heures,
Pour un prix de 450 euros par jour payable selon les conditions de l'article 3 du présent contrat.

Article 1 : Le locataire affirme qu'il possède les permis exigés par les affaires maritimes. À défaut, le loueur se réserve le droit à tout moment de refuser la mise à disposition du bateau.

Article 2 : L'acompte, soit 30 % du prix de la location, est payable à la signature du contrat. Le locataire s'engage à effectuer un deuxième versement de 30 %, deux mois avant l'embarquement. Le solde est payable au plus tard 10 jours avant la prise de jouissance.
En cas d'annulation du contrat de la part du locataire :
– plus de deux mois avant le départ, le loueur conservera 100 euros à titre de dédommagement ;
– moins de deux mois et plus de dix jours avant le départ, il sera retenu 50 % du montant de la location ;
– moins de dix jours avant le départ, il sera retenu 80 % du montant de la location.
En tout état de cause, si le loueur parvient à louer le bateau pendant la période prévue, la totalité des acomptes sera restituée, déduction faite d'une somme de 100 euros à titre de dédommagement.

Article 3 : Une caution de 2 000 euros est déposée à l'embarquement. Elle constitue une garantie destinée à couvrir la franchise d'assurance, les dégradations anormales du matériel, le délaissement du bateau dans un autre port. Elle sera restituée au plus tard dans la semaine suivant le retour de la croisière, si le bateau et le matériel n'ont subi aucun dommage.

Article 4 : Le propriétaire a souscrit une police d'assurance couvrant les risques de navigation, sous réserve d'une franchise dont le montant est de 2 000 euros, les dégâts que pourrait commettre le locataire sur le corps du navire. Le loueur conseille au locataire de souscrire une assurance responsabilité civile pour lui et ses équipiers, ainsi que pour les objets personnels.

Article 5 : La libre disposition du bateau sera accordée au locataire lorsqu'il aura reconnu par écrit que le bateau est en bon état de fonctionnement, qu'il aura pointé et signé l'inventaire. Il devra déposer chez le loueur une photocopie de ses papiers d'identité, de son permis de navigation et la liste des membres d'équipage. Le locataire dispose de 24 heures pour procéder aux essais et contrôles approfondis, et faire part au loueur de ses réclamations éventuelles. Passé ce délai, il sera réputé entièrement d'accord sur la conformité du bateau en sa possession et sera responsable de toutes les dégradations.

Article 6 : Tous les combustibles sont à la charge du locataire (essence, fuel, gaz). Le locataire prend garde aux contrôles habituels du moteur (niveau d'huile, eau de refroidissement. eau des batteries.).

Article 7 : Le locataire est tenu de rentrer au port d'embarquement dans les délais prévus au contrat. Dès son retour, le locataire est tenu de signaler sa présence afin de procéder à l'inventaire et à l'inspection du bateau, celui-ci étant au préalable vidé de tous ses occupants et bagages, remis en bon état de fonctionnement, en parfait ordre et propreté (intérieur et extérieur), les pleins de gasoil et eau faits, une bouteille de gaz neuve. À défaut, les frais de nettoyage et de réparation seront à la charge du locataire et déduits de la caution.
Chaque heure de retard donnera droit au loueur à une indemnité de 50 euros par heure, pour les six premières heures et de 200 euros par jour, au-delà de six heures.

Article 8 : La sous-location et le prêt du bateau sont rigoureusement interdits.

© Delagrave, 2018.

DOCUMENT 8 Situation de M. Paul, marin-pêcheur

Paul M. est marin-pêcheur dans la société « La pêcherie de Bretagne » depuis 15 ans. Il participe à toutes les activités nécessaires sur un bateau de pêche : nettoyage du bateau, mise en œuvre et réparation des engins de pêche, capture du poisson… et une fois rentré au port, préparation du poisson en vue de sa vente (nettoyage, compartimentage, glaçage). Aujourd'hui est une journée pas comme les autres, il y a la finale de la coupe du monde de football et la France joue. Avec l'accord de l'employeur, une pause a été accordée pour la durée du match. Toutefois, ce dernier leur rappelle que le règlement intérieur interdit la consommation d'alcool sur le lieu de travail, les matériels utilisés pouvant être dangereux. Dans la salle de repos, la télévision allumée, les marins-pêcheurs suivent le match. Les buts s'enchaînent tout comme les bières. À la fin du match, les salariés repartent vers leur travail, mais Paul est en état d'ébriété. Il titube, tombe et blesse un autre pêcheur. L'employeur arrive en courant et demande des explications. Tous les collègues de Paul tentent de minimiser l'accident, d'autant que ce n'est pas la première fois que Paul est sous l'emprise de l'alcool. Le gérant de la pêcherie, Samy B., annonce à Paul qu'il est convoqué dès le lendemain dans son bureau. C'est ainsi qu'il lui annonce qu'il est licencié pour le motif suivant : consommation d'alcool sur le lieu de travail. Paul conteste cette décision. Samy B. vous demande conseil.

© Delagrave, 2018.

DOCUMENT 9 Décision de la Cour de cassation, jeudi 15 décembre 2011

Attendu, selon l'arrêt attaqué (Metz, 14 juin 2010), qu'engagé le 16 décembre 1996 en qualité d'aciériste par la société Akers France, M. Y **a été licencié** pour faute **grave pour avoir consommé de l'alcool sur le lieu de travail** ;

Attendu que l'employeur fait grief à l'arrêt de le condamner au paiement des indemnités légales et conventionnelles de rupture et de dommages-intérêts pour licenciement sans cause réelle et sérieuse, alors, selon le moyen :

1°/ que le règlement intérieur de l'entreprise prohibe expressément l'introduction d'alcool sur le site, ainsi que le fait d'y pénétrer ou séjourner en état d'ivresse ; que dénature les termes clairs et précis de ce règlement et viole les articles 1134* du Code civil et L. 1321-1 du Code du travail la cour d'appel qui considère que ce règlement intérieur de la société Akers ne prohiberait pas formellement toute consommation d'alcool sur le lieu de travail ;

2°/ qu'indépendamment même des stipulations du règlement intérieur, en vertu du contrat de travail, l'employeur est tenu envers le salarié d'une obligation de sécurité de résultat ; qu'en application de ce principe général, la société Akers était en droit de faire usage de son pouvoir disciplinaire à l'encontre d'un salarié dont il était avéré que celui-ci avait consommé de l'alcool sur le lieu de travail, peu important que son état d'ivresse manifeste, en dépit des nombreuses présomptions en ce sens, n'ait pas été formellement établi ; qu'ayant ainsi constaté que M. Y, salarié travaillant sur un site industriel potentiellement dangereux, avait participé à un événement festif non autorisé dans l'enceinte de l'entreprise au cours duquel il avait consommé de l'alcool, viole les articles L. 1221-1, L. 1234-1, L. 1234-5, L. 4121-1 et L. 4122-1 du Code du travail, la cour d'appel qui décide qu'un tel comportement ne présenterait pas un caractère fautif ;

Mais attendu qu'ayant relevé, hors toute dénaturation, que le salarié avait à la fin de sa journée de travail, participé à un « pot » organisé dans l'entreprise sans autorisation de l'employeur et avait consommé modérément des boissons alcoolisées, son état d'ébriété n'étant pas démontré, la cour d'appel a pu décider que le fait reproché à ce salarié qui, en dix années au service de l'employeur, n'avait fait l'objet d'aucune sanction, ne constituait pas une faute grave ; qu'exerçant les pouvoirs qu'elle tient de l'article L. 1235-1 du Code du travail, elle a décidé que le licenciement était dépourvu de cause réelle et sérieuse ; que le moyen n'est pas fondé ;

PAR CES MOTIFS :

REJETTE le pourvoi ;

Condamne la société Akers France aux dépens ;

*Ancienne codification

B. Héricher-Mazel, blogavocat.fr, 13 mars 2018.

DOCUMENT 10 Extrait du Code du travail

Article R4228-20

• Aucune boisson alcoolisée autre que le vin, la bière, le cidre et le poiré n'est autorisée sur le lieu de travail. Lorsque la consommation de boissons alcoolisées, dans les conditions fixées au premier alinéa, est susceptible de porter atteinte à la sécurité et la santé physique et mentale des travailleurs, l'employeur, en application de l'article L. 4121-1 du code du travail, prévoit dans le règlement intérieur ou, à défaut, par note de service les mesures permettant de protéger la santé et la sécurité des travailleurs et de prévenir tout risque d'accident. Ces mesures, qui peuvent notamment prendre la forme d'une limitation voire d'une interdiction de cette consommation, doivent être proportionnées au but recherché.

Article L4121-1

• L'employeur prend les mesures nécessaires pour assurer la sécurité et protéger la santé physique et mentale des travailleurs. Ces mesures comprennent :

1° Des actions de prévention des risques professionnels ;

2° Des actions d'information et de formation ;

3° La mise en place d'une organisation et de moyens adaptés.

L'employeur veille à l'adaptation de ces mesures pour tenir compte du changement des circonstances et tendre à l'amélioration des situations existantes.

1 Analyser les consignes et exploiter chaque type de documents

Les analyses dévoppées ci-après s'appuient sur le traitement de la **consigne 3** (économie) comme illustration de la mise en œuvre de la méthode en économie et en management et sur celles des consignes 4 et 5 pour le champ juridique.

Étape 1 : Repérer dans les consignes le(s) champ(s) disciplinaire(s) concerné(s)

Compétence méthodologique 1	***Repérer dans des consignes les mots-clés et les rattacher à un champ disciplinaire***	Missions : liste de consignes 1 à 7

Code couleur par champ disciplinaire : Management – Droit – Économie – Pluralité des champs

MISSIONS :

1. Présentez *Les Pêcheurs de Bretagne.* (thème 1)
2. Recensez (en veillant à les classer) quelques-unes des parties prenantes des *Pêcheurs de Bretagne.* Puis identifiez les finalités de cette organisation de producteurs.
3. Analysez l'évolution de la demande sur le marché des produits aquatiques, en France, entre 2010 et 2015. (thème 1)
4. Expliquez en quoi consiste la politique de la pêche et pourquoi elle peut s'appliquer dans différents pays. Puis rattachez-la à un type de politique économique. (thème 2)
5. Analysez le contrat de location d'un bateau de pêche. (document 7)
6. Conseillez Samy B. sur la procédure de licenciement envisagée à l'encontre de Paul M.
7. Montrez en quoi la réglementation prévue par le Parlement européen vise à faire évoluer le cadre juridique de la pêche européenne. Précisez l'impact possible de ces changements sur certaines relations contractuelles. Envisagez-en les conséquences sur l'évolution prévisible de la combinaison productive des entreprises de pêche et sur les conditions de leur engagement RSE. (thème 3)

Étapes 2 et 3 : Repérer dans les documents les éléments structurants. Repérer dans les documents de nature différente les éléments similaires

Compétence méthodologique 2	***Repérer dans un document (texte, graphique, tableau) les éléments structurants***	Documents 1 à 8
Compétence méthodologique 3	***Repérer dans les documents de nature différente les informations concordantes et les informations complémentaires***	

▶ Construire une fiche d'identité pour chaque document (texte, graphique, tableau ou une iconographie)

Doc n°	Nature : texte graphique tableau iconographie
Titre	
Source	
Date	
Période de l'étude	
Objet(s) de l'étude	
Utilité et complémentarité des autre(s) document(s) fournissant une information similaire	

Étapes 4 à 6 : Analyser les attendus des consignes à partir des verbes directeurs et des notions. Établir une correspondance entre consignes et documents. Repérer, dans les documents, les éléments pertinents pour construire les réponses

Compétence méthodologique 4	*Analyser les verbes directeurs*	Consignes 1 à 7
Compétence méthodologique 5	*Mettre en correspondance le contenu des documents et les attendus des consignes*	Consignes 1 à 7
Compétence méthodologique 6		Consignes 1 à 7

▶ Utiliser un tableau d'analyse du type suivant pour chaque consigne
(cf. Lexique des verbes directeurs p. 203)

Consigne [n°]			
Verbe(s) directeur(s)	**Mots-clés**	**Exigences implicites de la consigne**	**Documents**

▶ Appliquer ce tableau à la consigne 3

Analysez l'évolution de la demande sur le marché des produits aquatiques, en France, entre 2010 et 2015 (thème 1).			
Verbe(s) directeur(s)	**Mots-clés**	**Exigences implicites de la consigne**	**Documents**
Analyser = étudier, faire apparaître, mettre en évidence. Ici, *une évolution, c'est-à-dire un ensemble de changements, de transformations, de mouvements qui affectent un phénomène.*	***Évolution*** **Demande** **Marché**	Savoir mettre en évidence les changements qui affectent la demande de produits de la mer en remarquant qu'il s'agit à la fois de la demande intérieure (par les consommateurs français) et de la demande extérieure (par les consommateurs étrangers → exportations). Définir ce terme spécifique en l'appliquant aux produits de la mer.	***Doc. 2 : Les filières pêche et aquaculture*** ***Doc. 4 : Les achats de produits aquatiques par les ménages entre 2010 et 2016*** ***Doc. 5 : Les importations et exportations de produits aquatiques en 2016***

DOCUMENT 2 Les filières pêche et aquaculture

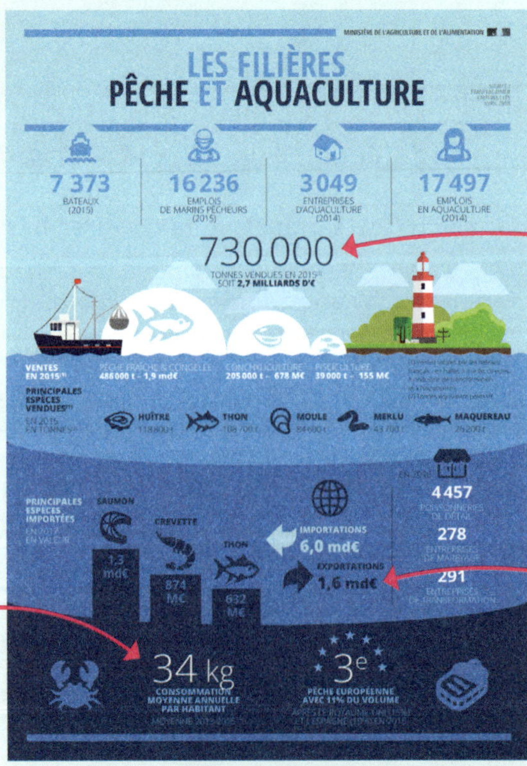

Source : http://agriculture.gouv.fr/infographie-les-filieres-peche-et-aquaculture

❶ La production des filières françaises *Pêche* et *Aquaculture* vendue **en 2014**, en volume (730 000 tonnes) et en valeur (2,7 milliards d'euros)

❷ Le montant des exportations françaises de produits de la pêche et de l'aquaculture en valeur **en 2016** (1,6 milliard d'euros)

❸ La consommation annuelle moyenne française de produits de la pêche et de l'aquaculture par habitant **en 2013-2014** (34 kg)

❷ Attention aux différentes unités. Dans le tableau (valeurs en K€) et dans le graphique (valeurs en millions d'euros). Nécessité d'une conversion (cf. tableau d'analyse du graphique 4).

❶ Présence de deux échelles et correspondance entre :
→ *les histogrammes et l'échelle de gauche*
→ *la courbe des prix et l'échelle de droite*

DOCUMENT 4 Les achats de produits aquatiques par les ménages entre 2010 et 2016

TOUS PRODUITS	2011	2012	2013	2014	2015	2016	%16/15
Valeurs (k€)	6 963 961	7 099 140	7 090 354	7 085 568	7 135 737	7 262 070	1,8 %
Prix moyen (€/kg)	10,0	10,2	10,5	10,7	10,8	11,2	3,7 %

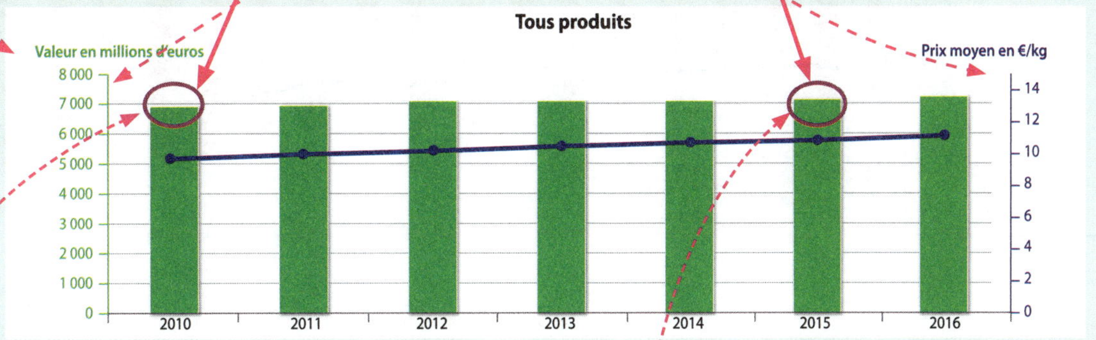

Source : www.franceagrimer.fr

❸ La valeur correspondant au sommet de l'histogramme 2010. Montant exact non fourni dans le tableau (inférieur à celui de 2011 : 6, 963 milliards).

❹ Correspondance entre la valeur du sommet de l'histogramme 2015 et la valeur fournie dans le tableau pour la même année

Tableau d'analyse du graphique 4		
Particularité du graphique	Graphique à double échelle → échelles de gauche et de droite à lire séparément	
Échelles	**Échelle de gauche**	**Échelle de droite**
Variables	Achats (= demande) de produits aquatiques en valeur, c'est-à-dire exprimés en monnaie	Prix moyen au kilo des produits aquatiques
Unité	Millions d'euros	Euros par kilo
Type de représentation	Histogramme (cf. indication « barres »)	Courbe (cf. indication « courbe »)
Lecture pour l'année 2011	Sommet de l'histogramme à près de 7 000 millions d'euros (soit 7 milliards d'euros)	Point de la courbe à 10 € le kilo
Confrontation avec les données du tableau	Valeur **en k€**, c'est-à-dire en milliers d'euros 6 963 961 000,00 € (soit 6,963 milliards d'euros)	Valeur en €/kg 10,0 €
Autre(s) document(s) fournissant une information identique	Tableau situé au-dessus du graphique (cf. correspondance établie entre les deux)	
Conclusion	La vérification avec le tableau permet de confirmer les observations de la courbe. *Seule difficulté : l'unité retenue (millions d'euros sur la courbe et milliers d'euros dans le tableau)*	

DOCUMENT 5 Les importations et les exportations de produits aquatiques en 2016

[…] En France, la production de produits aquatiques ne couvre que partiellement la consommation. Le déficit (- 4,1 milliards d'euros en 2016) du commerce extérieur français de la pêche et de l'aquaculture est important et se creuse pour la quatrième année consécutive.
La valeur des importations de produits aquatiques augmente de 7 % en un an.
Parmi ceux-ci, les achats de poissons frais ou congelés (entiers et filetés) croissent de 13 % tandis que les préparations et conserves de poissons diminuent de 5 %. La France importe principalement, en 2016, des filets de poissons (1,3 milliard d'euros), des poissons frais (1,3 milliard d'euros) et des crustacés frais ou congelés (1 milliard d'euros).
Tous produits confondus, les exportations augmentent de 5 % en valeur avec notamment les filets de poissons (+ 10 %), les préparations et conserves de poissons (+ 8 %) et surtout les poissons congelés (+ 17 %).
Les saumons, les crevettes, la morue, les thons, et les coquilles Saint-Jacques pèsent fortement sur le déficit commercial. Parmi les principales espèces dont la balance est excédentaire, deux viennent pour partie ou totalement de l'élevage : la truite et les huîtres. Les autres espèces sont issues de la pêche : la légine, la seiche et l'anguille.
Les principaux fournisseurs de la France sont la Norvège, le Royaume-Uni et l'Espagne. À l'exportation, les principaux clients sont l'Espagne, l'Italie et la Belgique. […]

Source : www.agreste.agriculture.gouv.fr, 2017.

1 Attention aux différentes unités. Dans le tableau (millions d'€) et dans le graphique (milliards d'euros). Nécessité d'une conversion (cf. tableau d'analyse du graphique 4).

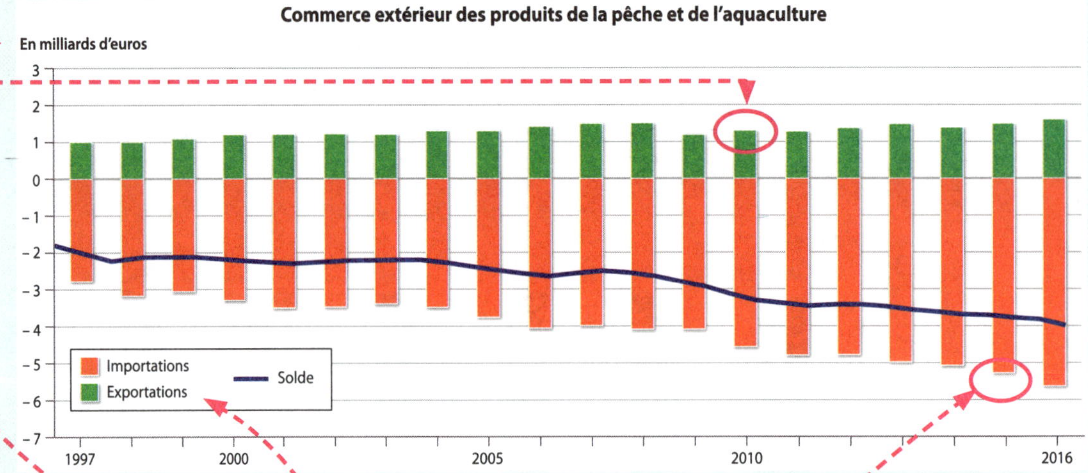

Champ : France y compris Dom.
Source : Douanes.

2 Demande étrangère.

3 Correspondance entre la valeur du sommet de l'histogramme vert 2010 et la valeur fournie dans le tableau pour la même année.

	2010		2016	
	Importations	Exportations	Importations	Exportations
	Millions d'euros			
Poissons, crustacés, mollusques et autres	**3 577,9**	**980,5**	**4 530,8**	**1 226,7**
Poissons vivants	*25,4*	*64,7*	*18,6*	*76,1*
Poissons frais	*949,6*	*271,4*	*1 299,7*	*294,9*
Poissons congelés	*179,0*	*158,8*	*173,3*	*212,1*
Filets et autres chairs de poisson	*1 019,7*	*107,7*	*1 33517*	*177,4*
Poissons séchés, fumés, salés	*141,4*	*63,4*	*192,9*	*79,3*
Crustacés	*812,2*	*128,9*	*1 037,3*	*160,5*
Mollusques	*450,7*	*185,6*	*469,9*	*225,1*
Autres invertébrés aquatiques	*0,0*	*0,0*	*3,5*	*1,2*
Préparations et conserves de poissons, crustacés et mollusques	**882,2**	**188,8**	**1 025,3**	**242,6**
Poissons, caviar	*650,5*	*130,5*	*776,9*	*167,4*
Crustacés, mollusques	*231,7*	*58,4*	*248,4*	*75,2*
Farines et solubles de poissons non comestibles	**37,9**	**37,7**	**42,8**	**53,1**
Graisses et huiles	**37,5**	**24,7**	**65,4**	**47,9**
Algues et dérivés	**37,4**	**42,1**	**47,2**	**47,6**
Total	4 573,0	1 273,8	5 711,5	1 618,0

Champ : France y compris Dom.
Sources : Douanes et www.agreste.agriculture.gouv.

4 Particularité pour 2015 (valeur non fournie dans le tableau) → Valeur comprise entre 1 273,8 (2010) et 1 618,0 (2016) millions d'euros.

Doc n° 5	Nature texte tableau graphique iconographie
Titre	**Les importations et exportations de produits aquatiques par les ménages entre 2010 et 2015**
Source	Ministère de l'Agriculture et Douanes (tableau) → sources officielles fiables
Date	2017
Période de l'étude	1997 à 2016 pour le graphique / 2010 et 2016 pour le tableau
Objet(s) de l'étude	Évolution de la consommation de produits aquatiques français par les ménages et mise en perspective avec les données du Commerce extérieur → Par rapport à la consigne, il faudra utiliser le texte et le graphique. Le tableau ne sera pas utile puisque l'année d'arrivée est 2016 (au lieu de 2015)
Utilité et complémentarité des différents types de documents constitutifs du document 5	Texte → sélectionner avant tout ce qui concerne la demande (consommation et exportations) Graphique → se limiter aux années entre 2010 et 2016 Tableau → années 2010 et 2016 → nécessité de croiser avec le graphique

2 Construire une réponse argumentée à une consigne

A - Économie et Management (Étapes 7 à 10)

Rappel de la consigne

Analysez l'évolution de la demande sur le marché des produits aquatiques, en France, entre 2010 et 2015 (thème 1).

Marché des produits aquatiques (à définir) → Pour l'étude, se limiter à la demande
Demande de produits aquatiques (à définir) → Bien prendre en compte la distinction entre demande intérieure et demande extérieure

Étape 7 : Exploiter un texte pour argumenter (Doc. 5)

Recueillir les éléments et les ordonner

En France, la production de produits de la mer n'est pas suffisante pour assurer la satisfaction de la **demande nationale** → nécessité d'importer. Pourtant, la France exporte aussi des produits de la mer, principalement vers l'Espagne, l'Italie et la Belgique. Les **exportations** augmentent de 5 % en valeur, pour l'ensemble des produits de la mer. La **demande étrangère** concerne surtout certaines catégories de produits : les produits congelés, les filets de poissons et les conserves.

Étape 8 : Exploiter un tableau pour argumenter (Doc. 5)

Recueillir les éléments et les ordonner

Année 2010 → À partir des éléments du tableau, total des exportations : 1 273,8 millions d'euros
Année 2015 → À partir des éléments du graphique (car, dans le tableau, année 2016)

Étape 9 : Exploiter un graphique pour argumenter (Docs 4 et 5)

Recueillir les éléments et les ordonner (Doc. 4)

Lecture de l'échelle de gauche (histogrammes) et confrontation avec la ligne du tableau (valeur en K€)	**Lecture de l'échelle de droite (courbe) et confrontation avec la ligne du tableau (Prix moyen en €/kg)**
→ Entre 2010 et 2015, la demande de produits aquatiques en valeur pour l'ensemble des produits de la mer (« tous produits ») a tendance à augmenter, passant d'à peine 7 milliards d'euros en 2010 à 7,135 milliards en 2015	→ Entre 2010 et 2015, le prix moyen au kilo passe d'un peu moins de 10 € en 2010 (chiffre exact non fourni dans le tableau) à 10,80 € en 2015. Il a donc augmenté de 8 % sur la période de 5 ans considérée, correspondant à une augmentation annuelle moyenne de 1,6 %. *Cette variable n'est pas la variable centrale de l'étude, mais les niveaux des deux variables sont corrélés.*

▶ Recueillir les éléments et les ordonner (Doc. 5)

Lecture du graphique « Commerce extérieur des produits de la pêche et de l'aquaculture »
→ En se limitant à la partie du graphique correspondant à la période comprise entre 2010 et 2015. → En prenant en compte les exportations (partie supérieure du graphique, en vert). Les exportations augmentent sur la période avec quelques fluctuations : -relative stabilité entre 2010 et 2011 -augmentation entre 2011 et 2013 -diminution entre 2013 et 2014 -augmentation entre 2014 et 2015

Étape 10 : Exploiter une iconographie pour argumenter (Doc. 2)

▶ Recueillir les éléments et les ordonner

Lecture de l'iconographie (en se limitant ici au traitement de la consigne 3)
Deux chiffres à retenir : - exportations : 1,6 milliard d'euros ; - consommation moyenne annuelle par habitant : 34 kg sur la période 2013-2015. Cela montre que chaque Français, en moyenne, consomme environ 650 g de poissons et de produits de la mer par semaine, moyenne qui paraît élevée.

▶ Construire la réponse à la consigne 3

Analysez l'évolution de la demande sur le marché des produits aquatiques, en France, entre 2010 et 2015 (thème 1).

[Définition du marché des produits aquatiques]
Le marché des produits aquatiques est le lieu de rencontre entre l'offre et la demande de produits aquatiques (issus de la pêche et de l'aquaculture).

[Précisions relatives à l'offre et à la demande sur ce marché]
L'offre correspond à la production vendue résultant des activités de la pêche et de l'aquaculture ; la demande à la consommation nationale et aux exportations de ces mêmes produits.

[Phrase qui précise les aspects et la période à considérer]
Notre étude portera sur l'évolution de la demande (intérieure et extérieure) des produits aquatiques qui s'exprime en France, sur la période 2010-2015.

[Constats] Entre 2010 et 2015,
- la demande de produits aquatiques en valeur pour l'ensemble des produits de la mer (« tous produits ») passe d'à peine 7 milliards d'euros en 2010 à 7,135 milliards en 2015 (Doc. 4), elle a donc tendance à augmenter ;
- la demande intérieure française de produits aquatiques peut être appréhendée à travers la consommation moyenne par habitant de ces produits : 34 kg sur la période 2013-2015, ce qui montre que chaque Français, en moyenne, consomme environ 650 g de poissons et de produits de la mer par semaine, moyenne qui paraît élevée (Doc. 2). Cependant, nous ne disposons d'aucune indication sur l'évolution de cette consommation française moyenne sur la période 2010-2015 ;
- la demande extérieure (exportations) de produits de la pêche et de l'aquaculture affiche une relative stabilité entre 2010 et 2011, une augmentation entre 2011 et 2013, une diminution entre 2013 et 2014 puis une augmentation de 2014 à 2015 (Doc. 5). Les exportations s'élèvent à 1,6 milliard d'euros en 2015 (Doc. 2). Sur la période considérée, la demande extérieure des produits de la pêche et de l'aquaculture connaît donc quelques fluctuations et une tendance globale à la hausse.

[Analyse]
En France,
→ une demande (intérieure et extérieure) élevée de produits aquatiques qui ne peut être satisfaite par la production nationale (Doc. 5) ;
→ des importations (pour compléter l'offre nationale), mais aussi des exportations de produits pour lesquels la France est performante (compétitive) et une tendance à la hausse du prix moyen au kilo des produits aquatiques toutes catégories confondues (augmentation annuelle moyenne de 1,6 %) analysable au regard de la loi de l'offre et de la demande.

[Bilan]
Sur la période 2010-2015, la demande de produits de la pêche et de l'aquaculture augmente à la fois au niveau national (consommateurs français) et de la part du « reste du monde » (consommateurs étrangers).

B - Droit (Étapes 7 à 10)

Étape 11 : Exploiter un contrat pour argumenter (Doc. 7)

Recueillir les éléments et les ordonner

- Vous pouvez vous constituer une grille d'analyse en incorporant les points suivants : nom du contrat – objet - identification des parties en présence – obligations de chaque partie – date d'effet – durée – conditions de résiliation ou de résolution – sanctions en cas de mauvaise exécution ou d'inexécution.
- Vous pouvez ensuite rechercher les différents caractères du contrat :

– consensuel ou solennel ou réel ;
– de gré à gré ou d'adhésion ;
– unilatéral ou synallagmatique ;
– à titre gratuit ou à titre onéreux ;
– à exécution instantanée ou à exécution successive…

DOCUMENT 7 Contrat de location d'un bateau de pêche

Entre la société Captain Pêche, représentée par le gérant Jacques Lequellec, ci-après désigné « le loueur »,
Et Pierre Melville ci-après désigné « le locataire »,
il est convenu la location du bateau « NANA », de type QUICKSILVER 230 ARVOR AS,
Du 3 mai 201X à 6 heures jusqu'au 3 mai 201X à 19 heures,
Pour un prix de 450 euros par jour payable selon les conditions de l'article 3 du présent contrat.

Article 1 : Le locataire affirme qu'il possède les permis exigés par les affaires maritimes. À défaut, le loueur se réserve le droit à tout moment de refuser la mise à disposition du bateau.

Article 2 : L'acompte, soit 30 % du prix de la location, est payable à la signature du contrat. Le locataire s'engage à effectuer un deuxième versement de 30 %, deux mois avant l'embarquement. Le solde est payable au plus tard 10 jours avant la prise de jouissance.
En cas d'annulation du contrat de la part du locataire :
– plus de deux mois avant le départ, le loueur conservera 100 euros à titre de dédommagement ;
– moins de deux mois et plus de dix jours avant le départ, il sera retenu 50 % du montant de la location ;
– moins de dix jours avant le départ, il sera retenu 80 % du montant de la location.
En tout état de cause, si le loueur parvient à louer le bateau pendant la période prévue, la totalité des acomptes sera restituée, déduction faite d'une somme de 100 euros à titre de dédommagement.

Article 3 : Une caution de 2 000 euros est déposée à l'embarquement. Elle constitue une garantie destinée à couvrir la franchise d'assurance, les dégradations anormales du matériel, le délaissement du bateau dans un autre port. Elle sera restituée au plus tard dans la semaine suivant le retour de la croisière, si le bateau et le matériel n'ont subi aucun dommage.

Article 4 : Le propriétaire a souscrit une police d'assurance couvrant les risques de navigation, sous réserve d'une franchise dont le montant est de 2 000 euros, les dégâts que pourrait commettre le locataire sur le corps du navire. Le loueur conseille au locataire de souscrire une assurance responsabilité civile pour lui et ses équipiers, ainsi que pour les objets personnels.

Article 5 : La libre disposition du bateau sera accordée au locataire lorsqu'il aura reconnu par écrit que le bateau est en bon état de fonctionnement, qu'il aura pointé et signé l'inventaire. Il devra déposer chez le loueur une photocopie de ses papiers d'identité, de son permis de navigation et la liste des membres d'équipage. Le locataire dispose de 24 heures pour procéder aux essais et contrôles approfondis, et faire part au loueur de ses réclamations éventuelles. Passé ce délai, il sera réputé entièrement d'accord sur la conformité du bateau en sa possession et sera responsable de toutes les dégradations.

Article 6 : Tous les combustibles sont à la charge du locataire (essence, fuel, gaz). Le locataire prend garde aux contrôles habituels du moteur (niveau d'huile, eau de refroidissement. eau des batteries.).

Article 7 : Le locataire est tenu de rentrer au port d'embarquement dans les délais prévus au contrat. Dès son retour, le locataire est tenu de signaler sa présence afin de procéder à l'inventaire et à l'inspection du bateau, celui-ci étant au préalable vidé de tous ses occupants et bagages, remis en bon état de fonctionnement, en parfait ordre et propreté (intérieur et extérieur), les pleins de gasoil et eau faits, une bouteille de gaz neuve. À défaut, les frais de nettoyage et de réparation seront à la charge du locataire et déduits de la caution.
Chaque heure de retard donnera droit au loueur à une indemnité de 50 euros par heure, pour les six premières heures et de 200 euros par jour, au-delà de six heures.

Article 8 : La sous-location et le prêt du bateau sont rigoureusement interdits.

© Delagrave, 2018.

Construire la réponse à la consigne 5

Analysez le contrat de location d'un bateau de pêche.

Nom du contrat : Contrat de location **Objet** : location d'un bateau de pêche

Identification des parties en présence : la société Captain Pêche, représentée par le gérant Jacques Lequellec, « le loueur » et Pierre Melville, « le locataire »

Obligations de chaque partie :
- Loueur : mise à disposition du bateau en bon état de fonctionnement aux dates convenues (du 3 mai 201X, 6 heures au 3 mai 201X, 19 heures), avoir souscrit une police d'assurance…
- Locataire : paiement du prix et de la caution (450 euros par jour + 2 000 euros de caution), détention du permis bateau, inventaire lors de la prise de possession, restitution au moment fixé, utilisation conforme…

Date d'effet : 3 mai 201X à 6 heures **Durée** : 1 jour

Conditions de résiliation ou résolution : défaut de permis par le locataire

Sanctions en cas d'inexécution : prise en charge des dommages par le locataire (ou par l'assurance), pénalités en cas de retard de la restitution du bateau…

Il s'agit d'un contrat nommé (contrat de location), consensuel (le contrat est formé dès l'accord des parties), d'adhésion (les clauses du contrat sont définies par une des parties, le loueur), synallagmatique (chaque partie a des obligations), à titre onéreux (chacune des parties s'engage à fournir une prestation en échange d'une contre-prestation), à exécution instantanée (il n'y a pas de renouvellement envisagé).

Étape 12 : Exploiter une décision de justice pour argumenter (Doc. 8)

Au cours de votre formation, et pour l'examen, vous serez confrontés à la lecture de décisions de justice. Celles-ci peuvent émaner de juridictions du fond (tribunaux d'instance, de grande instance ou encore cour d'appel qui ont la compétence pour trancher les litiges en tenant compte des faits et des prétentions des parties) ou de la Cour de cassation (juridiction qui vérifie que le droit a été correctement appliqué). Toute décision de justice oppose deux parties qui soumettent un différend à un juge.
- **Devant les juridictions du fond**, chaque partie, le demandeur et le défendeur, invoque **des arguments (moyens de fait ou de droit)** pour soutenir ses prétentions (ce qu'elle demande au juge).
- **Devant la Cour de cassation**, le demandeur conteste la décision des juges du fond (tribunal ou cour d'appel) sur le plan de la conformité au droit. Ainsi, seuls **les arguments de droit** (moyens de droit) seront pris en compte. La Cour de cassation n'est pas un troisième degré de juridiction, elle vérifie seulement que le droit a été correctement appliqué.

Structure d'une décision de justice

Juridiction – Date – Nom des parties (en distinguant le demandeur et le défendeur)
L'identification de la juridiction est une information essentielle. S'il s'agit d'une décision d'un tribunal d'instance, la portée de la décision n'est pas la même que si la décision provient de l'assemblée plénière de la Cour de cassation.
La date vous renseigne sur l'actualité de la décision. Attention, certaines décisions anciennes ont posé des principes fondamentaux qui restent encore en vigueur aujourd'hui.

Les faits
Vous devez vous attacher à identifier les qualifications juridiques utiles. Il faut retenir les termes de victime, demandeur, prétention, faute, accident, recours… et se débarrasser de toute mention purement anecdotique.

La procédure antérieure
Dans certains cas, il est possible de retracer l'ensemble de la procédure suivie (première instance, appel, cassation, renvoi en cour d'appel…). À chaque stade de la procédure, vous pouvez repérer les moyens invoqués par les parties et le sens de la décision.
Dans les arrêts de la Cour de cassation, il est important de repérer si la décision de la cour d'appel confirme ou infirme le jugement de première instance.
Dans d'autres décisions, la procédure antérieure n'apparaît, hélas, qu'en filigrane.

Les thèses en présence (ou arguments des parties)
Il faut distinguer les deux positions qui s'affrontent.
Pour les décisions au fond (jugement de première instance ou arrêt de la cour d'appel), le demandeur à l'action s'oppose au défendeur à l'action. Les faits autant que les moyens de droit peuvent être contestés.
Pour les arrêts de la Cour de cassation, le demandeur au pourvoi (qui n'est pas forcément le demandeur initial à l'action) s'oppose à la décision des juges du fond (généralement la cour d'appel). C'est ici qu'il faut être vigilant : les contresens sont possibles. La lecture doit être très attentive à la construction des phrases.

La solution retenue
Vous devez impérativement repérer le sens de la décision (le dispositif) et en recherchez l'explication à partir de la décision qui vous est soumise, de vos connaissances et/ou de la documentation qui vous est fournie.

Repérer les informations utiles d'une décision de justice

DOCUMENT 9 Décision de la Cour de cassation, jeudi 15 décembre 2011

Attendu, selon l'arrêt attaqué (Metz, 14 juin 2010), qu'engagé le 16 décembre 1996 en qualité d'aciériste par la société Akers France, M. Y **a été licencié pour faute grave pour avoir consommé de l'alcool sur le lieu de travail** ;

Attendu que l'employeur fait grief à l'arrêt de le condamner au paiement des indemnités légales et conventionnelles de rupture et de dommages-intérêts pour licenciement sans cause réelle et sérieuse, alors, selon le moyen :

1°/ que le règlement intérieur de l'entreprise prohibe expressément l'introduction d'alcool sur le site, ainsi que le fait d'y pénétrer ou séjourner en état d'ivresse ; que dénature les termes clairs et précis de ce règlement et viole les articles 1134* du Code civil et L. 1321-1 du Code du travail la cour d'appel qui considère que ce règlement intérieur de la société Akers ne prohiberait pas formellement toute consommation d'alcool sur le lieu de travail ;

2°/ qu'indépendamment même des stipulations du règlement intérieur, en vertu du contrat de travail, l'employeur est tenu envers le salarié d'une obligation de sécurité de résultat ; qu'en application de ce principe général, la société Akers était en droit de faire usage de son pouvoir disciplinaire à l'encontre d'un salarié dont il était avéré que celui-ci avait consommé de l'alcool sur le lieu de travail, peu important que son état d'ivresse manifeste, en dépit des nombreuses présomptions en ce sens, n'ait pas été formellement établi ; qu'ayant ainsi constaté que M. Y, salarié travaillant sur un site industriel potentiellement dangereux, avait participé à un événement festif non autorisé dans l'enceinte de l'entreprise au cours duquel il avait consommé de l'alcool, viole les articles L. 1221-1, L. 1234-1, L. 1234-5, L. 4121-1 et L. 4122-1 du Code du travail, la cour d'appel qui décide qu'un tel comportement ne présenterait pas un caractère fautif ;

Mais attendu qu'ayant relevé, hors toute dénaturation, que le salarié avait à la fin de sa journée de travail, participé à un « pot » organisé dans l'entreprise sans autorisation de l'employeur et avait consommé modérément des boissons alcoolisées, son état d'ébriété n'étant pas démontré, la cour d'appel a pu décider que le fait reproché à ce salarié qui, en dix années au service de l'employeur, n'avait fait l'objet d'aucune sanction, ne constituait pas une faute grave ; qu'exerçant les pouvoirs qu'elle tient de l'article L. 1235-1 du Code du travail, elle a décidé que le licenciement était dépourvu de cause réelle et sérieuse ; que le moyen n'est pas fondé ;

PAR CES MOTIFS :

REJETTE le pourvoi ;

Condamne la société Akers France aux dépens ;

*Ancienne codification

Juridiction : La Cour de cassation vérifie que le droit a bien été appliqué ; chambre sociale car il s'agit d'un conflit individuel du travail.

Faits : Un salarié conteste son licenciement pour faute grave motivé par la consommation d'alcool sur le lieu de travail.

Procédure antérieure : La cour d'appel retient que le licenciement est abusif, car dépourvu de cause réelle et sérieuse.

Thèse du demandeur : Le demandeur au pourvoi (la société Akers) estime que la cour d'appel a dénaturé le règlement intérieur qui interdit l'introduction d'alcool et l'état d'ivresse, car elle n'a pas conclu que, de fait, toute consommation d'alcool sur le lieu de travail était interdite.
Argument supplémentaire du demandeur au pourvoi : la cour d'appel a violé les textes qui imposent à l'employeur une obligation de sécurité de résultat, en ne lui permettant pas d'utiliser son pouvoir disciplinaire contre le salarié coupable d'avoir consommé de l'alcool.

Thèse de la Cour de cassation : La Cour de cassation confirme la décision de la cour d'appel selon laquelle le salarié n'avait pas commis de faute grave, ayant consommé modérément des boissons alcoolisées et son état d'ébriété n'étant pas démontré.

La solution retenue : La Cour de cassation rejette la demande de la société Akers et la condamne à payer les frais de procédure.

1 La mineure ou les faits juridiquement qualifiés

La qualification juridique est la reformulation des faits en vue de rechercher ou d'appliquer des règles juridiques.
Vous devez donc ***utiliser des termes juridiques pour qualifier des situations pratiques****. Votre expression doit être précise.*
Votre travail va donc consister à transformer des faits bruts en faits qualifiés juridiquement puis à associer à ces faits les règles juridiques pertinentes.

Concrètement, vous devez procéder en deux temps :

- **Supprimer les informations inutiles**

Vous devez sélectionner les informations essentielles qui vont permettre de comprendre le problème qui se pose. Il faut donc supprimer toutes les informations qui relèvent de l'anecdote.

- **Qualifier juridiquement les informations utiles pour le cas**

Il faut, à partir des faits bruts sélectionnés, réaliser la qualification juridique, c'est-à-dire traduire la situation en termes juridiques. Cette qualification juridique permet de rattacher le problème à un cadre juridique et ainsi de déterminer la règle applicable.

Appliquer cette méthode à la situation juridique (Doc. 8)

Faits bruts	Faits bruts sélectionnés	Faits qualifiés juridiquement
Paul M. est marin-pêcheur dans la société « La pêcherie de Bretagne » depuis 15 ans. Il participe à toutes les activités nécessaires sur un bateau de pêche : nettoyage du bateau, mise en œuvre et réparation des engins de pêche, capture du poisson… et une fois rentré au port, préparation du poisson en vue de sa vente (nettoyage, compartimentage, glaçage). Aujourd'hui est une journée pas comme les autres, il y a finale de la coupe du monde de football et la France joue. Avec l'accord de l'employeur, une pause a été accordée pour la durée du match. Toutefois, ce dernier leur rappelle que le règlement intérieur interdit la consommation d'alcool sur le lieu de travail, les matériels utilisés pouvant être dangereux. Dans la salle de repos, la télévision allumée, les marins-pêcheurs suivent le match. Les buts s'enchaînent tout comme les bières. À la fin du match, les salariés repartent vers leur travail, mais Paul M. est en état d'ébriété. Il titube, tombe et blesse un autre pêcheur. L'employeur arrive en courant et demande des explications. Tous les collègues de Paul tentent de minimiser l'accident, d'autant que ce n'est pas la première fois que Paul est sous l'emprise de l'alcool. Le gérant de la pêcherie, Samy B., annonce à Paul qu'il est convoqué dès le lendemain dans son bureau. C'est ainsi qu'il lui annonce qu'il est licencié pour le motif suivant : consommation d'alcool sur le lieu de travail. Paul conteste cette décision et Samy B. vous demande conseil.	Paul M. est marin-pêcheur dans la société « La pêcherie de Bretagne » depuis 15 ans. Avec l'accord de l'employeur, une pause a été accordée pour la durée du match. Toutefois, ce dernier leur rappelle que le règlement intérieur interdit la consommation d'alcool sur le lieu de travail. Les buts s'enchaînent tout comme les bières. Paul est en état d'ébriété. Il titube, tombe et blesse un autre pêcheur. Ce n'est pas la première fois que Paul est sous l'emprise de l'alcool. Il lui annonce qu'il est licencié pour le motif suivant : consommation d'alcool sur le lieu de travail.	Paul M. est salarié dans une pêcherie. L'employeur a accordé une pause aux salariés pendant la journée de travail, tout en leur rappelant que le règlement intérieur interdit la consommation d'alcool sur le lieu de travail. En reprenant le travail, Paul M. est en état d'ébriété, titube et blesse un autre salarié. Il s'avère que ce n'est pas la première fois qu'il est sous l'emprise de l'alcool sur son lieu de travail. L'employeur souhaite le licencier au motif suivant : consommation d'alcool sur le lieu de travail.

2 Le problème de droit

Il s'agit d'identifier la question juridique à résoudre. Il doit être formulé de manière générale.

À quelles conditions un employeur peut-il licencier un salarié pour consommation d'alcool sur le lieu de travail ?

3 La majeure ou la (les) règle(s) de droit applicable(s)

Il s'agit de repérer, à l'aide de vos connaissances et des annexes, les règles juridiques qui appuient votre raisonnement. Il faut donc trouver des arguments, des preuves à ce que vous avancez.

▶ Repérer les règles de droit applicables (Docs 9 et 10)

DOCUMENT 10 Code du travail

Article R4228-20 - Aucune boisson alcoolisée autre que le vin, la bière, le cidre et le poiré n'est autorisée sur le lieu de travail.
Lorsque la consommation de boissons alcoolisées, dans les conditions fixées au premier alinéa, est susceptible de porter atteinte à la sécurité et la santé physique et mentale des travailleurs, l'employeur, en application de l'article L. 4121-1 du Code du travail, prévoit dans le règlement intérieur ou, à défaut, par note de service les mesures permettant de protéger la santé et la sécurité des travailleurs et de prévenir tout risque d'accident. Ces mesures, qui peuvent notamment prendre la forme d'une limitation voire d'une interdiction de cette consommation, doivent être proportionnées au but recherché.

Article L4121-1 - L'employeur prend les mesures nécessaires pour assurer la sécurité et protéger la santé physique et mentale des travailleurs.
Ces mesures comprennent :
1° Des actions de prévention des risques professionnels ;
2° Des actions d'information et de formation ;
3° La mise en place d'une organisation et de moyens adaptés.
L'employeur veille à l'adaptation de ces mesures pour tenir compte du changement des circonstances et tendre à l'amélioration des situations existantes.

DOCUMENT 9 Décision de la Cour de cassation, jeudi 15 décembre 2011

Extrait de la décision de justice
Mais attendu qu'ayant relevé, hors toute dénaturation, que le salarié avait à la fin de sa journée de travail, participé à un « pot » organisé dans l'entreprise sans autorisation de l'employeur et avait consommé modérément des boissons alcoolisées, son état d'ébriété n'étant pas démontré, la cour d'appel a pu décider que le fait reproché à ce salarié qui, en dix années au service de l'employeur, n'avait fait l'objet d'aucune sanction, ne constituait pas une faute grave ; qu'exerçant les pouvoirs qu'elle tient de l'article L. 1235-1 du Code du travail, elle a décidé que le licenciement était dépourvu de cause réelle et sérieuse ; que le moyen n'est pas fondé ;
PAR CES MOTIFS :
REJETTE le pourvoi ;
Condamne la société Akers France aux dépens ;
*Ancienne codification

4 La solution

Il s'agit ici d'appliquer les règles juridiques à la situation juridique étudiée pour apporter une conclusion logique à votre argumentation.

▶ Répondre à la consigne 6

Conseillez Samy B. sur la procédure de licenciement envisagée à l'encontre de Paul M.

[Faits ou mineure]
Paul M. est salarié dans une pêcherie. L'employeur a accordé une pause aux salariés pendant la journée de travail tout en leur rappelant que le règlement intérieur interdit la consommation d'alcool sur le lieu de travail. En reprenant le travail, Paul M., enivré, titube et blesse un autre salarié. Il s'avère que ce n'est pas la première fois qu'il est sous l'emprise de l'alcool sur son lieu de travail. L'employeur souhaite le licencier au motif suivant : consommation d'alcool sur le lieu de travail.
[Le problème juridique]
À quelles conditions un employeur peut-il licencier un salarié pour consommation d'alcool sur le lieu de travail ?
[Les règles applicables ou majeure]
En vertu des articles R4228-20 et L4121-1 du Code du travail, aucune boisson alcoolisée autre que le vin, la bière, le cidre et le poiré n'est autorisée sur le lieu de travail. L'employeur peut prévoir la limitation, voire l'interdiction de cette consommation afin de protéger la sécurité et la santé physique et mentale des travailleurs.
Toutefois, l'arrêt de la Cour de cassation du 15 décembre 2011 apporte une inflexion : l'employeur ne peut pas licencier un salarié ayant consommé de l'alcool modérément et n'étant pas en état d'ébriété, même si cette consommation est interdite par le règlement intérieur.
[La conclusion]
Paul M., en état d'ébriété, a blessé un collègue. Il a effectivement consommé de l'alcool sur son lieu de travail, alors que cette consommation était interdite par le règlement intérieur (conformément aux articles R4228-20 et L4121-1 du Code du travail. De plus, il s'avère que ce n'est pas la première fois qu'il est sous l'emprise de l'alcool sur son lieu de travail. L'inflexion apportée par la décision de Cour de la cassation ne peut pas s'appliquer car la consommation d'alcool n'a pas été modérée et l'état d'ébriété a été constaté. Samy B. peut donc licencier Paul. M.

LEXIQUE DES VERBES DIRECTEURS

1. OBSERVER / REPÉRER

Verbe directeur	Traitement de la consigne
Identifier	Repérer, reconnaître.
Nommer	Citer, désigner par un nom.
Mettre en évidence	Montrer, faire apparaître.
Citer	Mentionner, évoquer ; donner en exemple ; donner la liste.
Décrire	Dépeindre sans jugement, refléter.
Indiquer	Désigner, signaler, mentionner, notifier.
Présenter	Montrer, exposer, mettre en évidence.

2. ÉVALUER / MESURER / CLASSER

Verbe directeur	Traitement de la consigne
Associer	Réunir, regrouper selon des critères déterminés.
Comparer	Rechercher/présenter les ressemblances et les différences entre des éléments.
Convertir	Transformer, exprimer dans une autre unité (monétaire par exemple).
Mesurer	Évaluer, estimer.
Regrouper	Rassembler, mettre ensemble des éléments, réunir.
Sélectionner	Choisir, trier selon un (des) critères déterminé(s).
Caractériser	Dégager les traits principaux, les signes distinctifs, les particularités.
Distinguer	Différencier, faire apparaître des spécificités, opposer.
Différencier	Établir une distinction, une séparation en se basant sur des caractéristiques.
Apprécier	Estimer, juger, donner la valeur.
Classer	Trier par catégorie, hiérarchiser.
Déterminer	Estimer, juger, évaluer (apprécier la valeur).
Mesurer	Évaluer, estimer, comparer.

3. ANALYSER / ÉTUDIER / EXPLIQUER / FAIRE COMPRENDRE

Verbe directeur	Traitement de la consigne
Énoncer	Exprimer en termes précis.
Illustrer	Clarifier, proposer des exemples pour démontrer.
Interpréter	Donner un sens, une signification ; exprimer à partir de connaissances ou d'observations antérieures.
Préciser	Clarifier, détailler, expliciter, souligner (des particularités).
Analyser	Chercher, faire apparaître (les causes), étudier, examiner.
Expliquer	Exposer les causes et les effets d'une situation, faire comprendre, fournir des éclaircissements.
Expliciter	Expliquer en détail.
Justifier	Montrer le bien-fondé, démontrer, prouver.

POUR PRÉSENTER UNE ARGUMENTATION

4. SYNTHÉTISER

Verbe directeur	Traitement de la consigne
Récapituler	Résumer, rappeler, reprendre de manière condensée ce qui a été dit.
Rédiger	Écrire sous forme structurée, organisée ; transcrire.

5. EXPOSER / PRÉSENTER

Verbe directeur	Traitement de la consigne
Exposer	Présenter de manière circonstanciée (détaillée), retracer.
Présenter	Montrer, exposer.
Proposer	Présenter, soumettre, avancer (une interprétation, une explication).
Construire	Assembler, agencer des idées de manière structurée ; organiser, structurer un écrit.

Abus de position dominante : fait, pour une ou plusieurs entreprises disposant d'une place prépondérante sur un marché, d'exploiter cette situation en adoptant des comportements restreignant le jeu de la concurrence.

Acceptation : consentement à une offre de contracter.

Action en concurrence déloyale : action en responsabilité civile extracontractuelle intentée par un commerçant contre une personne qui tente de détourner sa clientèle par des manœuvres déloyales.

Action en contrefaçon : action en justice intentée par le titulaire d'un droit de propriété intellectuelle contre celui qui reproduit tout ou partie d'une création protégée sans son autorisation.

Agent économique : unité institutionnelle qui se caractérise par sa contribution à l'activité économique. *Ex. : les ménages qui consomment, les entreprises qui produisent.*

Apport : élément constitutif du capital social d'une société sous forme de numéraire, de bien mobilier ou immobilier, d'activités. La valeur des apports détermine le montant des parts sociales et l'étendue des droits et de la responsabilité de chaque apporteur.

Associé : membre d'une société. Les associés s'appellent actionnaires dans les sociétés anonymes.

Asymétrie d'information : situation de marché déséquilibrée du fait que l'offreur et le demandeur ne disposent pas des mêmes informations sur le bien ou le service échangé.

Autorité de la concurrence : autorité administrative indépendante (A.A.I.) française chargée de lutter contre les pratiques anticoncurrentielles et d'étudier le fonctionnement des marchés.

Avenant : modification apportée par les parties à un contrat conclu antérieurement.

Barrière à l'entrée : obstacle (technique, juridique...) rencontré par une entreprise pour accéder à un marché.

Besoin en fonds de roulement (BFR) : représente le montant prévisible dont l'entreprise a besoin pour financer son cycle d'exploitation.

Bilan : document qui représente la situation patrimoniale d'une entreprise à une date donnée en termes d´emplois et de ressources. Il permet une analyse de la situation financière du cycle d'exploitation et du cycle d'investissement de l'entreprise.

Brevet : document attestant un droit exclusif d'exploitation détenu sur une invention par son auteur ou des ayants droit à condition que cette invention soit nouvelle, corresponde à une activité inventive et soit susceptible d'application.

Budget de l'État : ensemble des recettes (impôts et taxes) et des dépenses (de fonctionnement et d'investissement) de l'État, telles qu'elles sont votées chaque année par le Parlement dans le cadre de la loi de finances.

Cadre européen de la politique économique : système de coordination et de surveillance des politiques économiques nationales des pays membres de l'Union européenne et de la zone euro qui leur impose des règles de « bonne conduite ». *Ex. : limitation des déficits publics.*

Capacité juridique : aptitude à être titulaire de droits et d'obligations (capacité de jouissance) et à pouvoir les exercer (capacité d'exercice).

Capital social : ensemble des apports effectués par les associés à la personne morale.

Chaîne de valeur : outil d'analyse reposant sur la distinction entre activités principales et activités de soutien, et qui permet d'identifier les différentes activités clés, créatrices de valeur pour le client et génératrices de marge pour l'entreprise.

Chômage : situation de déséquilibre sur le marché du travail dans laquelle la demande de travail (par les entreprises) est inférieure à l'offre de travail (par les candidats à l'embauche).

Clause : phrase ou ensemble de phrases contenu dans le texte d'un acte juridique (un contrat) où sont définis les droits et les obligations des parties.

Clause abusive : clause imposée à un consommateur et qui procure un avantage excessif au contractant professionnel. Elle peut être réputée non écrite par le juge.

Clause d'indexation : clause qui prévoit que le prix mentionné au contrat évoluera de manière automatique en fonction de l'évolution d'une autre donnée.

Clause de renégociation : clause qui prévoit l'obligation pour les parties de renégocier le contrat si des données essentielles à son équilibre viennent à changer.

Clause de réserve de propriété : clause qui permet au créancier de conserver la propriété du bien vendu jusqu'à complet paiement.

Clause limitative ou exclusive de responsabilité : clause par laquelle le débiteur d'une obligation décide de limiter ou d'exclure par avance sa responsabilité en cas de mauvaise exécution ou d'inexécution du contrat. Cette clause est valable si elle est librement négociée et qu'elle ne vide pas de toute sa substance l'obligation essentielle du cocontractant.

Clause pénale : clause qui détermine à l'avance la sanction pécuniaire applicable au cas où l'une des parties n'exécuterait pas ses obligations.

Clause résolutoire : clause qui prévoit qu'en cas de manquement à une obligation contractuelle de l'une des parties, le contrat sera résilié de plein droit. Cela permet d'éviter d'avoir recours à la justice.

Combinaison productive : association, dans des proportions variables, des facteurs de production mis en œuvre dans le processus productif, principalement le travail et le capital, et qui s'avère plus ou moins capitalistique.

Commettant : personne exerçant une autorité sur une ou plusieurs autres et étant en mesure, par exemple, de donner des ordres ou des consignes.

Compétences : aptitudes à combiner des ressources diverses dans le cadre de processus organisationnels, grâce à des savoir-faire individuels et collectifs.

Compétitivité : pour une entreprise, c'est sa capacité à maintenir ou à accroître ses parts de marché, son aptitude à faire face à la concurrence.

Compte de résultat : document comptable synthétisant l'ensemble des charges et des produits d'une entreprise au cours de l'exercice comptable. Il permet de déterminer le résultat net de l'exercice, qui peut être un bénéfice ou une perte.

Concentration : opération juridique résultant généralement d'un accord conclu entre deux ou plusieurs entreprises ou groupes d'entreprises qui parviennent à contrôler tout ou partie des entreprises d'un secteur d'activité.

Concurrence : relation de compétition entre des entreprises qui offrent des biens ou services permettant de satisfaire le même besoin.

Concurrence déloyale : agissements fautifs de la part d'un concurrent consistant, par exemple, en des actes de dénigrement des produits ou de confusion entraînant un préjudice pour l'entreprise victime.

Conditions générales de validité [d'un contrat] : l'article 1128 du Code civil prévoit trois conditions essentielles à la validité du contrat : le consentement « libre et éclairé » des parties ; la capacité des parties à contracter ; un contenu licite et certain.

Conjoncture économique : ensemble des éléments constitutifs de la situation économique d'un secteur d'activité (agriculture, industrie, services, tourisme, secteur bancaire...), d'une branche, d'une région ou d'un pays à un moment donné.

Consentement : volonté de s'engager des parties. Le consentement doit être libre et éclairé. Il ne doit pas être vicié par un vice du consentement (erreur, dol ou violence).

Contenu licite et certain : la chose, l'objet du contrat, doit exister ou être futur, déterminé ou déterminable (certain) et doit être conforme à la loi (licite).

Contrat : accord de volonté entre deux ou plusieurs personnes destiné à créer, modifier, transmettre ou éteindre des obligations. Celui qui doit exécuter une prestation est le débiteur. Celui au profit duquel la prestation est exécutée est le créancier. Ce sont les parties au contrat.

Contrefaçon : imitation (produit identique mais de marque différente) ou usurpation (produit identique de marque identique) d'un produit, d'une marque, d'un dessin ou modèle ou de toute autre création protégée.

Contre-pouvoirs des parties prenantes : possibilité qu'ont les parties prenantes de conserver une marge de manœuvre vis-à-vis de l'autorité pour préserver leurs intérêts en augmentant leur « zone d'incertitude » (Michel Crozier et Erhard Friedberg).

Coopération : relation établie par une entreprise avec d'autres entreprises dans une logique de partenariat, de complémentarité.

Coopérative : forme d'organisation de sociétaires fondée sur le principe de la coopération. Elle a pour objectif de servir au mieux les intérêts économiques de ses membres (sociétaires ou adhérents). La prise de décision repose sur le principe démocratique « un homme = une voix ».

Coûts de production : charges supportées par l'entreprise du fait de la mise en œuvre du processus productif, qui suppose notamment des consommations intermédiaires et la rémunération des salariés. Les coûts de production se décomposent en coûts fixes et coûts variables.

Croissance économique (de la France) : évolution de la richesse produite (sur le territoire français) entre deux années ou entre deux trimestres, mesurée par le taux d'évolution du PIB.

Cycle d'exploitation : ensemble des opérations réalisées, de l'achat des biens et services nécessaires à l'activité de production de l'entreprise jusqu'à l'encaissement des ventes.

Cycle d'investissement : ensemble des opérations qui concerne l'acquisition et l'utilisation des immobilisations nécessaires à l'activité de production de l'entreprise.

Dénigrement : action qui consiste à jeter le discrédit sur une entreprise ou ses produits.

Déterminants économiques des coûts de production : paramètres économiques qui influent sur le niveau des coûts de production. *Ex. : le niveau des salaires sur le coût du travail, le taux d'intérêt sur le coût du capital.*

Développement durable : développement économiquement efficace, socialement équitable et écologiquement soutenable ; les trois piliers : économique, social et écologique (ou « environnemental » au sens étroit).

Développement économique : ensemble de changements (productifs ou sociaux) dont le résultat est d'améliorer les conditions d'existence d'une population donnée dans son ensemble.

Dol : manœuvre frauduleuse destinée à tromper l'une des parties à un contrat en vue d'obtenir son consentement.

Échanges : relations sur un marché qui se traduisent par des flux physiques et monétaires entre des agents économiques.

Économie sociale et solidaire : ensemble d'entreprises organisées sous forme de coopératives, mutuelles, associations ou fondations, dont le fonctionnement interne et les activités sont fondés sur un principe de solidarité et d'utilité sociale. Ces entreprises adoptent des modes de gestion démocratiques et participatifs.

Effet relatif du contrat : principe selon lequel seules les parties à un contrat sont tenues par celui-ci. Sauf exception, un contrat ne produit donc pas d'obligations envers les tiers.

Entente : accord ou action collective concertée entre des entreprises ayant pour objectif de porter atteinte au libre jeu de la concurrence.

Entreprise individuelle : entreprise qui est la propriété exclusive d'une personne physique. L'entrepreneur exerce son activité sans avoir créé de personne juridique distincte. Les différentes formes d'entreprises individuelles sont : commerçant, artisan, profession libérale, agriculteur.

Entreprise individuelle à responsabilité limitée (EIRL) : régime qui s'adresse aux entrepreneurs individuels qui décident de limiter l'étendue de leur responsabilité en constituant un patrimoine d'affectation, dédié à leur activité professionnelle, sans constituer de société.

Entreprise unipersonnelle à responsabilité limitée (EURL) : SARL constituée d'un seul associé. Elle est donc soumise aux mêmes règles qu'une SARL classique, exception faite des aménagements rendus nécessaires par la présence d'un associé unique.

Équilibre financier : principe exigeant que les capitaux mobilisés par l'entreprise pour répondre à un besoin de financement soient d'une durée proportionnelle à la durée de vie ou d'utilisation du bien acquis.

Erreur : appréciation inexacte d'un élément du contrat par l'une des parties.

Exception d'inexécution : fait de ne pas exécuter ses obligations si le débiteur n'exécute pas les siennes.

Exécution en équivalent : paiement d'une somme d'argent afin de compenser l'absence d'exécution en nature du contrat. Il s'agit en fait des dommages et intérêts.

Exécution forcée en nature : fait de contraindre le débiteur à exécuter l'obligation qu'il n'a pas ou qu'il a mal exécutée.

Exonération : dispense que la loi ou le créancier accorde à son débiteur de fournir la prestation qui était due.

Externalités : effets indirects, non recherchés et non comptabilisés qui résultent de l'activité d'une entreprise et ne sont pas pris en compte par le marché. Certaines externalités sont positives, d'autres négatives.

Facteurs de production : éléments entrant dans le processus productif permettant l'élaboration des biens ou services proposés par l'entreprise. On distingue : capital (dont matières premières et connaissances qui correspondent respectivement à du capital matériel et à du capital immatériel) et travail.

Fait d'un tiers : lorsque qu'un tiers est partiellement ou totalement responsable du dommage subi.

Fait générateur : cause d'un dommage pouvant entraîner la responsabilité de son auteur.

Faute : en droit civil, attitude d'une personne qui, par imprudence, négligence ou malveillance, ne respecte pas ses engagements ou cause un dommage à autrui.

Faute de la victime : lorsque la victime est partiellement ou totalement responsable du dommage qu'elle a subi.

Finalités de l'entreprise : buts et objectifs poursuivis par l'entreprise. Peter Drucker précise que la finalité première d'une entreprise est de satisfaire le besoin du client avec des produits de qualité. Pour ce faire, elle doit poursuivre une finalité sociale (conditions de travail, formation, promotion,...) et sociétale (application des principes du développement durable). C'est ainsi qu'elle réalise une finalité économique (lucrative).

Fonds de roulement (FR) : ressource durable (stable) qui permet de financer les investissements et les emplois du cycle d'exploitation.

Force majeure : événement imprévisible, insurmontable et extérieur.

Force obligatoire : principe selon lequel le contrat a force de loi entre les parties. Les parties s'engagent à respecter les obligations contractées sous peine de sanctions.

Gains de productivité : amélioration de la productivité des entreprises, notamment grâce à l'innovation, qui va ensuite se traduire, au niveau global, par l'amélioration des performances de l'économie nationale.

Impartition : externalisation qui consiste, pour une entreprise, à confier à des partenaires extérieurs la réalisation de ses activités non stratégiques.

Indicateurs de performance : les indicateurs traditionnellement et communément utilisés pour analyser la performance d'une entreprise sont les indicateurs financiers, principalement la rentabilité financière et la profitabilité. Cette conception de la performance est réductrice et ne permet pas une analyse du couple valeur-coût. Il convient donc d'analyser aussi la performance sociale et sociétale.

Inexécution : non-réalisation par l'une des parties de ses obligations contractuelles.

Inflation : augmentation du niveau général des prix qui se traduit notamment par une baisse du pouvoir d'achat des revenus monétaires.

Innovation : processus qui consiste à entreprendre, à déployer sa créativité et à expérimenter, afin d'incorporer des connaissances nouvelles dans des produits ou des services créatifs et ainsi de favoriser la croissance économique (croissance endogène).

Innovation : mise en œuvre, au sein de l'entreprise, d'une invention dans le domaine économique et commercial. L'OCDE, dans le *Manuel d'Oslo*, définit quatre catégories d'innovations : l'innovation de produit (introduction d'un bien ou d'un service nouveau) ; l'innovation de procédé, (mise en œuvre d'une méthode de production ou de distribution nouvelle ou sensiblement améliorée) ; l'innovation d'organisation (mise en œuvre d'une nouvelle méthode organisationnelle dans les pratiques, l'organisation du lieu de travail ou les relations extérieures de la firme) et enfin, l'innovation de marketing, soit la mise en œuvre d'une nouvelle méthode de commercialisation.

Institut national de la propriété industrielle (INPI) : institution publique indépendante dont la fonction principale est d'assurer et de protéger les droits sur les titres de propriété industrielle.

Jurisprudence : ensemble des décisions rendues par les tribunaux et les cours. Les décisions de la Cour de cassation sont parmi les plus importantes. Néanmoins, en application des principes de la séparation des pouvoirs, les juges ne disposent pas du pouvoir de « faire » la loi.

Liberté contractuelle : le consentement étant essentiel dans la formation du contrat, les parties sont toujours libres de contracter ou non, ou en tout cas libres de choisir leur contractant dans le cas des contrats obligatoires. *Ex. : assurances responsabilité civile automobile.*

Lien de causalité : lien mécanique entre une cause identifiée et un effet dont il est la conséquence. En matière de responsabilité civile, le demandeur doit prouver le lien de causalité entre le dommage et le fait générateur.

Logique entrepreneuriale : état d'esprit caractérisé par une dynamique d'action et d'innovation permanente. L'entrepreneuriat est un processus qui consiste à prendre le risque d'investir des moyens pour mener un projet économique dont le but est de réaliser des profits et d'assurer le développement de l'entreprise sur le long terme.

Logique managériale : complément indispensable à la logique entrepreneuriale. Elle est assurée par le manager qui dirige, définit des buts, coordonne, gère et optimise les ressources de l'entreprise afin qu'elle atteigne les objectifs préalablement fixés.

Macro-environnement : éléments extérieurs à l'entreprise, dont l'évolution influence sa situation et sur lesquels elle agit difficilement.

Marché : lieu de rencontre entre l'offre et la demande d'un bien ou d'un service et dont le fonctionnement est basé sur la loi de l'offre et de la demande. Il vise à aboutir à un prix d'équilibre.

Marché financier : lieu de rencontre entre l'offre et la demande de capitaux destinés au financement externe des investissements.

Marque : signe distinctif, susceptible de représentations graphiques, permettant à un commerçant, à une entreprise, de singulariser et d'identifier un produit ou un service. Elle vise à attirer et fidéliser la clientèle.

Mécanisme de coordination : système d'échanges et de fonctionnement propre à une entreprise qui permet de répartir les tâches et de coordonner le travail à réaliser (Henry Mintzberg et sa typologie des mécanismes de coordination).

Mise en demeure : acte par lequel le créancier d'une obligation demande à son débiteur de s'exécuter avant une date donnée. C'est un préalable nécessaire à toute action contre le débiteur contractuel.

Modes de financement : ensemble des solutions de financement internes et/ou externes à l'entreprise pour financer les besoins actuels et/ou futurs de ses cycles d'exploitation et d'investissement. Les choix des modes de financement sont contraints par le respect de l'équilibre financier.

Mondialisation : phénomène d'interconnexion des économies nationales qui accroît leur interdépendance.

Mutuelle : groupement à but non lucratif menant des actions de prévoyance, de solidarité et d'entraide dans l'intérêt de ses membres, moyennant le versement d'une cotisation.

Négociation précontractuelle (pourparlers) : phase durant laquelle plusieurs personnes négocient aux fins d'aboutir à un accord, le contrat. Il s'agit d'une phase de discussion comprenant proposition(s) et contre-proposition(s) matérialisées par des échanges oraux, parfois écrits (courriers électroniques ou postaux) en vue d'aboutir à la conclusion d'un contrat.

Nullité : sanction du non-respect des conditions de validité du contrat. Le contrat est censé n'avoir jamais existé. La nullité sanctionne le contrat.

Obligation : lien de droit en vertu duquel une ou plusieurs personnes sont tenues envers une ou plusieurs autres personnes de donner, faire ou ne pas faire quelque chose.

Obligation d'information : notion en vertu de laquelle celui qui sait est tenu d'informer son cocontractant qui ignore.

Offre : proposition faite à une personne déterminée ou indéterminée, comprenant les éléments essentiels du contrat envisagé et exprimant la volonté de son auteur d'être lié en cas d'acceptation.

Parties prenantes : pour Edward Freeman (1984), une partie prenante est « *tout individu ou groupe qui peut affecter ou être affecté par la réalisation des objectifs de l'organisation* ». À partir de cette vision large, il est possible d'affiner la notion de partie prenante en précisant qu'il s'agit de *« tout groupe identifiable dont l'organisation dépend pour sa survie à long terme »* (Stanford Research Institute). Les acteurs sont alors les dirigeants, salariés, fournisseurs, clients, pouvoirs publics, banques, associations…

Performance : selon Philippe Lorino : *« est performance dans l'entreprise tout ce qui, et seulement ce qui, contribue à atteindre les objectifs stratégiques »*.
C'est donc tout ce qui, et seulement ce qui, contribue à améliorer le couple valeur-coût. N'est pas performance ce qui contribue isolément à diminuer le coût ou à augmenter la valeur.

Personnalité juridique : aptitude à avoir des droits et des obligations. La personnalité juridique permet de distinguer la personne physique (tout être humain) et la personne morale (tout groupement de personnes cherchant à atteindre un objectif commun, avec des droits et des obligations distincts selon les membres).

Personnalité morale : attribut des groupements de personnes ou des collectivités disposant de la personnalité juridique. Comme les personnes physiques, les personnes morales disposent d'un nom, d'un domicile, d'une nationalité.

PESTEL : modèle qui permet d'analyser le macro-environnement de l'entreprise en termes d'opportunités et/ou de menaces au travers des facteurs politiques, économiques, socioculturels, technologiques, environnementaux, et légaux.

Politique conjoncturelle : mesures prises par un gouvernement afin de maintenir ou de retrouver les équilibres économiques du « carré magique ».

Politique de demande : ensemble de mesures visant à favoriser la consommation des ménages grâce à une augmentation de leur pouvoir d'achat.

Politique d'offre : ensemble de mesures visant à améliorer les conditions de production des entreprises (notamment pour abaisser leurs coûts de production).

Politique économique : ensemble de mesures prises par un État pour réguler l'activité économique à court terme (CT) et favoriser la croissance économique à long terme (LT).

Politique structurelle : mesures prises par un gouvernement afin d'agir durablement sur les structures d'une économie.

Préjudice : traduction juridique du dommage. En droit, on distingue le préjudice patrimonial (directement évaluable en argent) du préjudice extrapatrimonial (prix de la douleur, préjudice d'agrément, préjudice moral…) entièrement lié à la personne de la victime. On distingue également le dommage matériel du dommage corporel. Un préjudice ne peut faire l'objet d'une indemnisation que s'il est personnel, certain et direct.

Préposé : personne placée sous l'autorité d'un commettant. *Ex. : le salarié dans le cadre du contrat de travail.*

Prescription : moyen d'acquisition ou d'extinction d'un droit du fait du temps qui passe. *Ex. : agir en justice.*

Processus : ensemble d'activités corrélées ou interactives qui transforment des éléments d'entrée en éléments de sortie (processus productifs, processus de support et processus de pilotage).

Propriété industrielle : ensemble des droits intellectuels relevant soit d'une création nouvelle (brevet d'invention, dessin et modèle), soit représentant un signe distinctif (marque, nom commercial, appellation d'origine). Dans une conception plus large, on peut y intégrer les droits d'auteur régissant les logiciels informatiques, les films et l'édition (livres, presse).

Régulation de l'activité économique par l'État (dans le cadre de la politique économique) : ensemble de dispositifs permettant à l'État de contrôler, renforcer ou rétablir les performances de l'économie nationale dans le cadre de ses trois fonctions (allocation, distribution, stabilisation).

Résiliation : fin du lien contractuel pour l'avenir. La résiliation concerne donc les contrats pour lesquels les obligations sont établées dans le temps. *Ex. : contrat de location.*

Résolution : annulation des effets obligatoires du contrat en raison, généralement, de l'inexécution de ses obligations par l'une des parties. La résolution concerne les contrats à exécution instantanée.

Responsabilité : fait de répondre de ses actes.

Responsabilité civile : responsabilité engagée soit en raison de l'inexécution d'un contrat, soit en raison d'un acte volontaire ou non entraînant, pour la personne qui est fautive ou qui est légalement présumée fautive, l'obligation de réparer le dommage qui a été subi par une ou plusieurs autres.

Responsabilité civile contractuelle : obligation de réparer les conséquences d'un dommage né à l'occasion de l'exécution d'un contrat.

Responsabilité civile extracontractuelle : obligation de réparer les conséquences d'un dommage né en dehors d'une situation contractuelle.

Responsabilité pénale : obligation faite à une personne de répondre d'une infraction commise (contravention, délit ou crime) ou dont elle est complice, et de subir la sanction pénale prévue par le texte qui les réprime.

Responsabilité sociale des entreprises (RSE) : la Commission européenne a défini la responsabilité sociale des entreprises comme « *un concept qui désigne l'intégration volontaire, par les entreprises, de préoccupations sociales, environnementales et économiques à leurs activités commerciales et leurs relations avec leurs parties prenantes* ».

Ressources : actifs tangibles ou intangibles spécifiques mobilisés par l'entreprise (ressources financières, physiques, humaines, technologiques, organisationnelles, réputation).

Risque : éventualité d'un événement qui peut causer un dommage.

Société anonyme (SA) : forme juridique des grandes entreprises nécessitant des capitaux importants. Le capital est divisé en actions. Les actionnaires sont responsables à concurrence de leurs apports.

Société à responsabilité limitée (SARL) : forme juridique mixte dans laquelle la responsabilité financière est limitée aux apports, mais qui comprend un « *intuitu personae* » fort (la cession des parts nécessite l'accord d'autres associés).

Société par actions simplifiées (SAS) : forme juridique caractérisée par une très grande liberté contractuelle : le nombre d'associés est indifférent ; les associés sont des personnes physiques et/ou des personnes morales, y compris des associations ; la SAS peut être unipersonnelle ; l'organisation et les attributions des organes de direction sont fixées par les statuts.

Structure : architecture organisationnelle qui prévoit la répartition du pouvoir, la division du travail et les mécanismes de coordination.

Style de management : manière d'exercer le pouvoir de direction au sein d'une entreprise. Il existe quatre styles de direction, selon Rensis Likert : autoritaire exploiteur, autoritaire paternaliste, consultatif, participatif.

Trésorerie : ensemble des sommes d'argent disponibles en caisse ou placées sur des comptes bancaires.

Vice du consentement : fait venant altérer le consentement d'une partie au contrat et empêchant son consentement libre et éclairé. *Ex. : dol, erreur, violence.*

Violence : pression physique ou morale exercée sur une personne afin de l'obliger à contracter.

Crédits photographiques

Couverture : Shutterstock ; lenetstan/Shutterstock; Pressmaster/Shutterstock - p. 9 : Eloi_Omella/Premium Access/Getty Images - p. 11 : Cyril ENTZMANN / DIVERGENCE - p. 12 : Photo12/Alamy - p. 19 : noipornpan/Premium Access/Getty Images - p. 20 : SolStock/Premium Access/Getty Images - p. 22 : Laurent CERINO/REA - p. 23 : Sebastien ORTOLA/REA - p. 25 : Adobe Stock - p. 27 : Kablonk Micro /Adobe Stock - p. 28 : iQoncept /Adobe Stock - p. 29 : Antonio Guillem/Shutterstock - p. 33 : Mike Fouque / Adobe Stock - p. 35 : vege /Adobe Stock - p. 39 : TAVERNIER/ROLLE/REA - p. 40 : Sebastien ORTOLA/REA - p. 43 : slr / dmk, P. Déré / K. Tian / S. Rose / AFP - p. 46 : Bruno Levesque / IP3 - p. 51 : FRANCOIS NASCIMBENI / AFP - p. 57 : Laurent GRAND-GUILLOT/REA - p. 59 : Xavier TESTELIN / Divergence - p. 60 : Xavier TESTELIN/CIT'images - p. 61 : goodluz /Adobe Stock - p. 62 : AFP ; Lydie LECARPENTIER/REA - p. 64 : Gilles ROLLE/REA - p. 69 : HAMILTON/REA - p. 70 : Gilles ROLLE/REA - p. 74 : Bloomberg/ Getty Images - p. 77 : Marlene Awaad / IP3 - p. 81 : GARDEL Bertrand / hemis.fr - p. 89 : McMillan, Brad/Cartoon Stock - p. 91 : Yavuz Meyveci/Shutterstock - p. 94 : CycloSun - p. 95 : Werner Dieterich/Westend61 / Photononstop - p. 97 : Handout / Indian Ministry of External Affairs (MEA) / AFP - p. 106 : Jean Claude MOSCHETTI/REA - p. 109 : Adie Bush/Getty Images - p. 111 : Gilles BERTRAND/CIT'Images - p. 112 : Gilles BERTRAND/CIT'Images - p. 114 : Gilles BERTRAND/CIT'Images - p. 116 : Gilles BERTRAND/CIT'Images - p. 120 : Gilles BERTRAND/CIT'Images - p. 127 : sodafish/Premium Access/Getty Images - p. 128 : mapodile/Premium Access/Getty Images - p. 129 : denisismagilov/Adobe Stock - p. 135 : Ingo Bartussek /Adobe Stock - p. 137 : Gilles BERTRAND/CIT'Images - p. 145 : Adobe Stock - p. 147 : Shutterstock - p. 149 : Adobe Stock - p. 150 : Groupe PSA, Direction de la communication - p. 153 : Romain GAILLARD/REA - p. 155 : RomoloTavani/Premium Access/Getty Images - p. 159 : jacoblund/Premium Access/Getty Images - p. 160 : Oscar Garcia Bayerri/Shutterstock - p. 161 : Anne VAN DER STEGEN / Divergence - p. 165 : delihayat/Premium Access/Getty Images - p. 167 : Damien CARLES/REA - p. 170 : Dreaming Andy /Adobe Stock - p. 172 : BOIGONTIER Pascale et Bruno / hemis.fr - p. 178 : Jean-Christophe MARMARA / Figarophoto.com - p. 180 : Adobe Stock - p. 182 : Anthony MICALLEF/HAYTHAM-REA

Couverture : Véronique Lefebvre
Maquette intérieure : Véronique Lefebvre
Mise en pages : Sabine Beauvallet
Infographies : Valérie Goncalves, Christel Parolini
Iconographie : Virginie Dauvet
Relecture : Sarah Ringeval

Certifié PEFC
Ce livre est issu de forêts gérées durablement et de source contrôlées
PEFC
PEFC/18-31-280
www.pefc-france.org

Achevé d'imprimer en Août 2018 par L.E.G.O. S.p.A. Italy
Dépôt légal : Août 2018 - N° d'éditeur : 2018_0001

IMPRIM'VERT
Votre imprimeur agit pour l'environnement